2011年国家社会科学基金西部项目"西部农民信息需求特征及农村信息服务调查与研究"（项目批准号：11XTQ006）资助

新时代"三农"问题研究丛书

西部农民信息需求特征及农村信息服务调查与研究

INVERSTIGATION AND STUDY ON CHARACTERISTICS OF INFORMATION DEMAND AND RURAL INFORMATION SERVICE OF FARMERS IN WESTERN CHINA

朱立芸　王旭东　王　赫 ○ 著

西南财经大学出版社
Southwestern University of Finance & Economics Press

中国·成都

图书在版编目(CIP)数据

西部农民信息需求特征及农村信息服务调查与研究/ 朱立芸,王旭东,王赫
著 . —成都:西南财经大学出版社,2021.9
ISBN 978-7-5504-4677-9

Ⅰ.①西… Ⅱ.①朱…②王…③王… Ⅲ.①农民—情报需求—特征—西北
地区②农民—情报需求—特征—西南地区③农村—情报服务—研究—西北
地区④农村—情报服务—研究—西南地区 Ⅳ.①F322

中国版本图书馆 CIP 数据核字(2021)第 113072 号

西部农民信息需求特征及农村信息服务调查与研究

XIBU NONGMIN XINXI XUQIU TEZHENG JI NONGCUN XINXI FUWU DIAOCHA YU YANJIU

朱立芸　王旭东　王赫　著

责任编辑:植苗
封面设计:何东琳设计工作室
责任印制:朱曼丽

出版发行	西南财经大学出版社(四川省成都市光华村街55号)
网　　址	http://cbs.swufe.edu.cn
电子邮件	bookcj@ swufe.edu.cn
邮政编码	610074
电　　话	028-87353785
照　　排	四川胜翔数码印务设计有限公司
印　　刷	郫县犀浦印刷厂
成品尺寸	170mm×240mm
印　　张	11.5
字　　数	221 千字
版　　次	2021 年 9 月第 1 版
印　　次	2021 年 9 月第 1 次印刷
书　　号	ISBN 978-7-5504-4677-9
定　　价	72.00 元

前　言

　　经过数年的脱贫攻坚，2020 年，我国的脱贫攻坚工作取得了决定性胜利，充分证明了习近平新时代中国特色社会主义思想的先进性和科学性。但是，乡村振兴仍然任重道远。习近平总书记在 2020 年年末召开的中央农村工作会议上指出，在全面建设社会主义现代化国家、实现中华民族伟大复兴的过程中，最艰巨、最繁重的任务依然在农村，最广泛、最深厚的基础也依然在农村。

　　从 2021 年开始，"三农"工作的重心不再是解决贫困问题了，而是要全面推进乡村振兴。乡村振兴与脱贫攻坚虽说同为"三农"工作，但脱贫攻坚是解决温饱问题，而乡村振兴是解决富有问题，"三农"工作的重心是让农民变富有。未来的农业要高质高效，未来的乡村要宜居宜业，未来的农民要富裕富足。这就是说，"三农"工作的重心有了历史性转移——从脱贫攻坚到全面推进乡村振兴战略。围绕乡村振兴，农村信息化包括了传统农业发展到现代农业进而向信息农业演进的过程，又被包含在从原始社会发展到资本社会进而向信息社会发展的过程中。未来的乡村振兴必须加强顶层设计，以更有力的措施汇集更强大的力量。值得一提的是，2021 年 2 月 25 日，习近平总书记在全国脱贫攻坚总结表彰大会上庄严宣告，我国脱贫攻坚战取得了全面胜利。

　　中国互联网络信息中心发布的报告显示，2009 年，我国农村网民规模达到 1.068 1 亿人，占整体网民的 27.8%；截至 2019 年 6 月底，我国农村网民规模达 2.25 亿人，占整体网民的 26.3%，较 2018 年年底增长 305 万人。10 年时间，我国农村网民净增加 1.181 9 亿人，增长率为 110.7%。截至 2020 年 12 月底，我国农村网民规模为 3.09 亿人，较 2019 年 6 月增长了 6 000 万人。2020 年 2 月 5 日，《中共中央 国务院关于抓好"三农"领域重点工作 确保如期实现全面小康的意见》正式发布。数字乡村试点是深入实施乡村振兴战略的具体行动，也是释放数字红利、催生乡村发展内生动力的重要举措。我们要真正做到向农民提供其需要的信息、用得起的信息和用得好的信息，利用各种各样的应用服务，让农民获取有用的涉农信息，直接帮助其促进生产和销售。这就能让农民"想用"，而在"想用"之后，还得"易用"。对于不具备高深的信息技能的农民来说，"授之以鱼"不如"授之以渔"。

在三网融合的背景下，互联网的主导地位日益凸显，围绕着互联网打造面向农村的综合信息服务体系，在调整农村经济结构、转变农村经济发展方式等方面起着积极的作用。实践证明，互联网在农村的应用价值越来越突出，这也为互联网加快向农村普及奠定了基础。促进农村经济发展、农业现代化和农民增收都离不开信息化的支撑。

尽管农村信息网络建设已取得巨大的成就，但是西部农村还存在应用整合滞后、对农民的真正需求把握不到位等问题。信息化对农村倍增效应的发挥，除提供适用的综合信息服务，帮助当地农民以现代科技手段进行生产外，还需要让当地农民学会使用信息技术手段，在提高当地农民整体素质的同时，以科学致富的方式改变农村贫穷落后的面貌。

经过数年的持续奋斗，我国如期完成了新时代脱贫攻坚目标任务，现行标准下农村贫困人口全部脱贫，贫困县全部"摘帽"，消除了绝对贫困和区域性整体贫困，近1亿的贫困人口实现脱贫。但是，脱贫地区仍然是发展不平衡不充分的重点地区，扭转发展差距拉大的任务还很艰巨。因此，搞好有效衔接，逐步缩小脱贫地区与非贫困地区的发展差距十分重要。脱贫地区与非贫困地区的差距，归根到底是发展阶段上的差距。我们应从规划安排上做好有效衔接，搞好顶层设计，统筹安排脱贫地区和非贫困地区乡村振兴的规划，做到脱贫后精准巩固、精准拓展和精准衔接。

我们国家还有55%的人口在农村，如果把这一块搞好了，会给我们带来很大的发展活力。在未来的新发展格局中，农村是有巨大潜力的，在中华民族伟大复兴这个中国梦的实现过程中，农村是最广泛、最深厚的基础，实际上也是最大的潜力和后劲。

技术创新、产业升级是市场活力的展现，也是一个国家、一个地区提升经济竞争力的必由之路。新的机器和机器人的生产效率、经济效率都将远远高于一般的蓝领工人。由此，越来越多的农民工将难以在城市找到合适的工作，他们将不得不返回农村。如果农村没有就业机会，他们就只能长期处于一种待业或失业状态，这必然导致相对贫困的扩散。乡村产业的孵化和产业组织网络建设是乡村振兴的方向和重点，但前提是必须牢记习近平总书记的要求，即加强农村生态文明建设。这样，乡村就成为返乡农民大有作为的广阔天地，进而在相对贫困消弭的同时，来自乡村巨大的有效需求，可以为国家的"内循环"

注入源源不断的优质能量。

本书共有五章，具体内容如下：

第一章全面论述了国内外学者对本课题的研究现状，本课题研究的理论意义和实践意义，以及本课题研究的主要内容、基本思路、研究方法、重点难点、基本观点和创新之处。

第二章对西部农村信息化发展态势进行综合研究。课题组选取了甘肃白银市、新疆阿拉尔市为本课题研究的田野调查区域。在甘肃白银市发放 300 份调查问卷，获取有效问卷 284 份；在新疆阿拉尔市发放 100 份调查问卷，获取有效问卷 97 份。本章对 381 位有效调查对象的性别、年龄、受教育程度、职业、家庭年人均收入进行了交互式分析，进而研究西部农村信息传播渠道和方式以及西部农村信息传播内容，并进一步分析农村信息传播渠道与内容的内在关联。

本章结合西部农村的信息传播特点及农民对信息利用的习惯方式等，将西部农村信息内容分为农业科技信息、政策与市场信息和民生信息 3 大类。其中，农业科技信息包括气象与灾害预报、病虫害防治、农业科技、种子种苗、特色养殖、职业技术培训信息、农业新闻、技术推广和药材种植等；政策与市场信息包括惠农政策、农业政策、法律法规、市场供求信息、务工信息、农业商机信息、市场预测和金融信贷等；民生信息包括致富信息、子女教育信息、健康信息和家庭生活信息等。对农村信息传播渠道与内容的内在关联，本章也进行了研究。

第三章西部农户信息需求影响因素及农村信息化内在动力研究。在西部农村，农户最希望获取的信息是与提高农业产量、增加科学知识直接相关的信息，之后是需要获取与解决疑难问题相关的信息，较少有人仅是出于好奇而了解信息。农户信息需求具有较大的地区差异性、多样性和不确定性，近 30% 的农户在遇到问题时尚不太明确该如何去解决，甚至说不清问题所在，以及需要获取什么信息才能解决这些问题。农户信息需求模糊性调研数据依然表明不同地区农户在信息关注或获取能力方面存在较大差异。

而在有效信息和无效信息两个方面，地区差异十分明显。甘肃农户获取有效信息的比率远高于新疆，获取无效信息的个案百分比则比新疆地区低很多。这从一个侧面反映了甘肃、新疆两个地区在信息传播渠道建设与信息内容提供方面存在着较大差异。一是农户对农村信息有系统性需求，如生产类信息从种子种苗、农业科技、病虫害防治到气象与灾害预报等各个方面的信息需要全面供给；二是农户的信息需求层次上升，如对上述农业生产信息的供给，农户已经不满足于一般性的信息推介，而是关注所推介信息的整体效能；三是信息需求的知识化，农户在获取信息时不再单纯地只要求其满足生产需要，而是开始注重所获取信息是否有利于自己整体素养的提高。

就农户信息需求整体而言，农户最关注或获取最多的信息是与生活密切相关的社会新闻、医疗保健、法制信息和教育信息，之后才去关注或获取文化信息、娱乐信息和体育信息。甘肃农户对于产前订单信息、农业投放信贷信息、农业生产资料供给、农业科技成果服务等与农业生产直接相关信息的关注度明显高于新疆农户，而新疆农户更重视市场信息，他们对国内、区内相关市场信息的关注度分别高于甘肃农户7.79个百分点和9.48个百分点，即使是整体关注度较低的国外相关市场信息，新疆农户的关注度依然高于甘肃农户。

18~39周岁的家庭成员是家庭中最活跃的生产者，是对现代信息传播工具使用频率最高的人。该年龄段有66.67%的人认为信息对农业生产影响很大，这一比率远高于其他年龄段人群。农户文化程度越高，越关注"三农"信息。文化程度与信息获取难易程度呈正相关关系。西部农村只有54.86%的人容易得到信息，不容易得到或得不到信息的农户比例高达45.14%。

虽然随着年龄的增加，农户利用现代信息传播渠道、传播工具的能力在下降，但是其利用传统信息传播渠道，如通过亲戚朋友、邻居、集贸市场等渠道获取信息的能力并未下降。因此，在西部农村，随着年龄的增加，农户容易得到信息的个案百分比在增加，不容易得到信息的个案百分比在下降。

在西部农村21类信息传播渠道排序结果中，前10位分别是：电视（80.84%）、报纸（40.68%）、图书（30.45%）、手机短信（28.87%）、亲戚邻居朋友（27.03%）、广播（26.25%）、村干部（25.46%）、人际交往（25.20%）、杂志（24.15%）、宣传资料（23.62%）。

农业生产信息资源匮乏、农业生产信息可靠性低等问题，也是我们在调查过程中所发现的。被调查对象中有32.39%的农户不知道信息的真假，有19.72%的农户不知道什么信息有用，还有26.76%的农户因文化水平低而不善于使用农业生产信息。

上述问题说明了信息传播源对所传播信息把控不严、上述渠道所传播信息的质量不高以及信息在非物质性载体传播渠道传播时的失真现象较严重等。

现阶段有86.62%的农户愿意支付费用来获取信息，不过在支付意愿方面略有差异，其中可以付费、付一定费用的农户分别占44.36%和42.26%，这些数据间接反映了信息对农村经济社会发展有着巨大的推动力。

我国农村信息化建设工作是由政府主导开展的，农村信息传播体系的总体规划是由政府制定的，合理地布局信息传播体系、优化配置农业信息资源，有效地避免了资源浪费与重复建设。为了保持农村信息的有效传播，政府制定相应的政策法规，规范和引导农村信息市场的健康发展。

此外，本章还分析了农户信息需求的内在、外在驱动力，并进行了农村信息化与经济发展主要指标间的灰色关联分析。

第四章指出了现阶段西部农村信息化服务中政府部门及各类职业技术培训机构的信息服务方式或所提供内容的不足之处，大多数情况下农户通过自主学习来获取生产生活信息。通过对信息服务方式相关情况的调查，我们得知农户对农业科技类资料的需求旺盛，同时农户也需要定向获取与自己的生产密切相关的信息。农户对信息使用成本十分敏感，为了使低收入农户也能及时获取所需信息，政府及信息服务相关部门应当持续推出一些免费信息服务，帮助低收入农户脱贫致富。

通过信息传播渠道、内容的灰色关联聚类分析，本章探索了农村信息服务优化升级实现机制：推进以"互联网+"为基础的农村综合信息智能化网络服务平台建设；加强专业性信息传播渠道建设；加强专业性农业生产信息的设计与制作。通过这些研究，我们构建了农村信息多元服务体系及运行机制。农村信息化建设效果如何，农户的满意度是一项重要的评判指标。不断提升农村农业信息化公共服务的农户需求满意程度，是提升国家农村农业信息化总体水平的根本动力。

调研数据显示，有88%的被调查对象肯定了农村信息化对农业发展的促进作用，有10%的被调查对象表示对信息化建设本身缺乏认识，对信息服务的作用说不清楚，而明确表示信息服务对农业发展没有作用的调查对象只有2%。这一调查结果表明，农户对信息服务的作用是高度认可的。

第五章农村多元信息化服务可持续发展研究。对农村多元信息服务满意度进行调查的目的在于对农村多元信息化服务进行可持续发展研究。研究表明，西部农村农户对多元信息化服务感到满意的占56.4%，而对多元信息化服务感觉一般的农户有34.9%，这表明西部农村信息化建设不能满足农户的信息获取需求。从事不同职业的农户对信息的获取有不同的需求，其对信息服务的满意度也会有所不同。畜牧业从业者对信息服务的满意度最低。从农户视角看西部农村信息服务工作，信息服务不及时是信息服务中最常出现的问题，之后才是信息服务不到位，这两项数据表明西部农村信息化建设中存在"重渠道建设、轻服务传播"的现象。数据还表明，西部农村信息服务人员专业素质相对较低，其提供的信息服务不能得到农户的认可。调查发现，从事不同职业的农户对信息服务中所存在问题的认识有差异。通过对美国、日本、德国、印度等国农业信息服务体系发展特点的简要提炼，本书认为，国际社会的农业信息化服务发展模式可借鉴，政府部门可以继续发挥其在我国农村信息化建设中的主导作用；积极鼓励多元化的资金投入；进一步完善农村信息服务体系；彻底解决农村信息服务"最后一公里"顽疾。"农家书屋"是近些年来政府动用财政经费向农户免费推广的一项信息服务项目，对农户从事种植、养殖等有很大的帮助，因而有高达77.46%的被调查对象在"农家书屋"查询所需农业生产类信息。我们要重视西部农村农户对农业产前、产中、产后信息服务的不同需求，突破行政区划界线，构建区域性农业农村综合性智能平台；突破政府主导单一模式，构建多方参与的混合型信息化服务模式，改进信息传播运营模式，提升信息化服务效率。结合农村信息贫困治理的可持续问题，政府部门在脱贫攻坚进程中的角色转型方向异常重要，提供多元信息化服务长效机制就是保障。

总体上讲，这些研究是随着我国农村脱贫、扶贫的势头进行的，从客观上研究了西部多地的农村信息化建设服务，也比较、发现了问题的短板，为我国"十四五"时期农村信息化建设指明了修正的方向和目标。当然，也有一定的不足，即本书的主要数据源于2013—2014年的调研和2010—2015年的《中国统计年鉴》，也就是脱贫攻坚的开始几年，对中国农村后来几年的全面脱贫，只能是一个历史参照和对比。西部的发展由于各种原因，其未来发展即使以快速的大踏步的节奏，也不一定完全跟得上全国经济发展水平较高的长三角地区、珠三角地区和中部地区，财政转移支付的能力和内生发展的动力还有待于方方面面的制度完善及顶层设计。

促进西部农村信息化建设、发展的理论构建，有你，有我！期待本书的相关研究，能为未来研究西部"三农"问题的学者提供一个借鉴、对比的参照。限于笔者水平，本书难免挂一漏万，纰漏之处，敬请广大读者批评指正。

朱立芸

2021 年 3 月

目　录

第一章　绪论

第一节　国内外研究现状述评

农村信息化既是农村经济与社会发展的重要支柱，也是农村建设所要实现的社会发展目标之一。自 2005 年起，我国出台的多个中央一号文件都强调要加强农村信息化建设、推进农村信息服务发展。目前，我国正处在由传统农业向现代化农业转变的关键时期，农业逐步市场化、全球化和知识化。西部农民、生产经营者对信息的需求更加强烈。有效获得农业信息，有助于农业生产者掌握科学的生产方法、改善经营管理、了解市场动态、抓住市场机会、规避市场风险和预防自然灾害，从而提高劳动者素质，对增加农民收入和提高经济效益产生很好的影响。

从国外来看，尼日利亚的 Adomi（2003）、以色列的 Blum（1989）、美国的 Ford et al.（1959）、Ortmann（1993）、Riesenberg（1989）等主要考察了种植业农民的信息需求和媒介选择，结果表明农民获得信息的主要渠道各有不同。Gloy et al.（2000）考察的是美国较大型农场对信息源的选择，其研究表明最有用的信息源是种植和养殖方面的专业杂志以及一般的农业杂志，认可包括网络在内的不同信息源的互补作用。而 Otsyina et al.（1999）在坦桑尼亚进行的考察显示，在传播水土保持和植树造林信息时，村级会议是最受欢迎的传播渠道。在考察农村居民信息需求的国外文献中，还存在不少有关农村妇女信息需求的专门研究。Leckie（1996）、Jiyane（2004）研究了女性农民信息需求和信息媒介。大多数研究发现，农村信息传播的主要渠道是人际传播（包括亲戚、朋友、邻居和农业技术推广人员）。有学者在 20 世纪 70 年代就发现，信息服务如果缺乏对其目标用户的了解以致偏离用户需求，它几乎肯定不会被用户使用。不少研究成果反映，农村信息需求既具有共性也存在显著差异性。其中，医疗卫生信息几乎出现在所有研究中，也有比较独特的如宗教、助学金的信息需求等。

20世纪80年代也是我国农村信息问题研究的转折点。20世纪80年代初开始的农村经济改革逐步扩大了农民自主决策的范围，激发了农民的信息需求，也使农村信息服务与传播成为重要的研究领域，从此更加受到"三农"研究、社会学、图书馆学、情报学等领域的共同关注。

随着农村市场经济的深入发展和信息服务网络化，农民对信息服务的需求正发生着一系列变化。马赛平等（2006）从信息经济学的角度出发，概括了我国农民在信息需求方面所具备的主要特征：越是经济贫穷落后的地区，贫困农民群体科技信息需求意识越弱；越是经常寻找和使用各种信息的农民，越渴求信息（谭英，2004）。于良芝（2007）从农民（利用）的角度考察当前各类农村信息服务的效果，剖析了制约信息服务利用率的原因，即相同的信息对不同人群会产生不同的效果，信息意识决定信息利用。孟曰（2009）等认为，在获取农业科技信息时，农民依赖的最主要渠道是乡村能人而不是各类有组织的信息服务渠道；但另一些学者则认为，农民获取科技信息的最主要途径是农业技术推广部门和农业技术员。

对广大农民来说，信息是他们生存和致富的根本途径，所以农民更看重信息内容，更在乎信息的获取渠道，他们对信息服务的要求更高。在农业和农村经济市场化进程中，我国农户信息服务需求的内容呈现出多样化发展的趋势，我国农村信息服务方面存在的突出问题，必须分阶段、有步骤、有重点地去解决（郭作玉，2006）。有学者对我国农村信息服务供给现状做出归纳，指出必须就农村信息服务的模式进行优化（刘伟华，2010）。不论何种农村信息服务模式，都必须依据不同时期和实际情况下农民的信息需求特征来制定；否则，将无法满足农民对信息极大需求的同时，还会造成信息资源及资本的浪费。

近些年来，同类研究产生了许多重要的研究成果，在某些问题上也达成了一定的共识。笔者总体考察与本书相关的研究成果发现，以下几点在国内学界表现得比较明显：

（1）国内研究较多地将目光集中到信息源的建设、信息技术设施等方面，除了少数研究提到了政策信息需求外，几乎没有研究涉及其他信息需求（如医疗卫生信息、教育或助学信息、社区生活信息和宗教信息等）。

（2）我国的相关研究中，几乎不存在专门针对女性信息需求的研究。

（3）在研究设计的规范性方面，国内研究与发达国家的研究还存在比较显著的差距，缺乏一套科学的指标体系和运用推断性统计分析对其进行全面的衡量。

第二节 研究意义

一、理论意义

该书是情报学与传播学、社会学与信息经济学的交叉渗透，这种交叉不仅应该，而且必要，它能够加强学科间的联系和互动；否则，情报学的一般性理论就很难永葆其持久的学科生命力和强烈的现实关注度。

该书有助于情报学、传播学、社会学等相关学科深化对农村信息化服务以农民需求为本的内涵、特征和基本要求的认识，揭示新农村信息化的内在规律，丰富相关学科的理论内涵，具有重要的理论价值。

二、实践意义

西部地区是我国经济欠发达地区之一，其农村信息化发展和农民增收的任务尤为艰巨。本书从农民信息需求的视角出发，探讨西部农村信息化服务和由此带来的和谐发展更显重要和紧迫。

农村信息化是一项伟大的社会实践工程，其生动活泼、发展迅速。农民信息化需求研究即农村信息化研究的"牛鼻子"。目前，多重力量联合作战的研究格局已初具雏形，主要是对农村信息化研究做理论上的归纳和提炼，推进农业信息化和现代农业建设，对成熟的经验和方法予以分区域、分类型推广。这对西部地区乃至全国村镇信息化试点均具有较强的参考价值。

第三节 研究的主要内容、基本思路、研究方法、重点难点、基本观点和创新之处

一、主要内容

本书的主要内容如下：

（1）西部农民信息需求主体、内容分类、渠道分类和需求特点。

（2）农民信息需求影响因素、农村信息服务优化升级实现机制与多元服务体系构建。

（3）建立农村信息化市场运作的长效机制，寻找信息服务进村入户的途径和办法。

（4）探索农村市场信息服务与农村信息化领域的内在动力和可持续发展路径。

（5）实证研究示范村镇数字化技术及其信息技术装备农业。

（6）研究建设标准统一、实用性强的公用农业数据库。

（7）文化信息服务中的农村图书馆（室）、卫星数字农家书屋共建共享。

二、基本思路

本书以马克思主义关于社会、经济、文化相互关系的理论为基础，结合传播学、社会学理论，综合运用社会系统论、社会均衡论等相关原理，力图探索符合欠发达地区农村信息发展及农民信息需求的机制，进而探究如何切实改变城乡之间信息资源不平衡现象，逐步实现信息服务均等化，以求发现真正问题，提出可行对策。力求情报学与传播学、社会学与信息经济学的交叉渗透，运用其他相关学科视角的支撑和社会结构转型的大背景透析是本书的研究特色。

三、研究方法

本书通过对甘肃省、青海省、宁夏回族自治区（以下简称"宁夏"）、新疆维吾尔自治区（以下简称"新疆"）等地区典型个案的选择，在农村对信息服务需求日益强烈的大背景下，借鉴国内外相关研究经验，引入信息经济学、传播学、创新扩散理论和公共产品等理论框架，重点对我国西部农民信息需求及农村信息服务情况进行定性的半结构化调研和焦点式访谈；应用实证研究（KAP工具分析）和参与式农村评估方法，以及定量的问卷调研，通过对调查数据的获取、整理，进行描述性统计、相关分析和二元 Logistic 回归。

四、重点难点

本书将研究重点放在信息需求特征、影响因素和对策研究上，通过对甘肃、青海、宁夏和新疆四个地区的农户信息需求率的比较研究、农户信息获得率的比较分析、农户信息满足度的比较研究，得出相应的农户信息需求情况。

本书的研究难点主要是在农村公共产品供给机制创新与文化创新方面，包括区域模式创新、主体模式创新、传输模式创新和运营模式创新。

五、基本观点和创新之处

农村信息化是农村经济与社会发展的重要支柱，也是农村建设所要实现的社会发展目标之一。只有注重地方差异性，我们才能实现农村信息化突破。通过信息化手段使农业增效、农民增收和农产品竞争力增强，是农村信息化建设的核心。加强农村市场信息服务与农村信息化的研究，我们有必要对农村信息服务效果进行直接考察，剖析农民信息需求特征及制约因素，为政府规划和实施未来信息服务提供依据。

本书的创新之处如下：

（1）本书引入完整的理论框架分析农民信息需求及农村信息服务，将信息经济学理论、传播学理论框架、创新扩散理论和公共产品理论紧密结合进行完整的理论阐述，力求为国内研究农村信息服务需求理论的缺失方面做一些弥补。

（2）本书力求突破国内一般只做描述性统计的窠臼，对可能影响西部农民信息需求的各因子用推断性统计的方法，全面分析其对农村信息服务及农民信息需求各内容分类和渠道分类的影响。

（3）国内有关农村信息服务需求的研究中，少有对民生信息需求和女性信息需求进行研究。本书对农村女性农民和返乡农民工的研究将有所侧重，力求在国内相关研究中有所突破。

本书希望通过对农民信息需求的研究，将不同发展阶段的"农村信息服务"的"公共性"问题在理论上逐一探讨；结合地区差异的特点，对不同区域特征下的信息源及信息产品供给成本的构成给出表达式。

第二章　西部农村信息化发展态势

第一节　西部农村信息化供求主体调查

一、田野调查区域及对象的选取

我们于 2013 年 6—8 月、2014 年 7—8 月分别选取了甘肃白银市、新疆阿拉尔地区为本书的田野调查区域，在甘肃白银市发放 300 份调查问卷，获取有效问卷 284 份；在新疆阿拉尔市发放 100 份调查问卷，获取有效问卷 97 份。甘肃、新疆农村信息化问卷调查范围有效问卷数量统计见表 2-1。

表 2-1　甘肃、新疆农村信息化问卷调查范围有效问卷数量统计

省份	区（市、县）	乡镇	村	有效问卷/份	占比/%
甘肃	白银市景泰县	五佛乡	西源	64	16.80
			兴水	38	9.97
		草窝滩镇	猎虎山	16	4.20
			清泉	10	2.62
		喜泉镇	新民	28	7.35
			兴泉	8	2.10
		条山镇	石门	46	12.07
			水源	10	2.62
		正路镇	正路	10	2.62
		寺滩乡	寺滩	36	9.45
		芦阳镇	东关	16	4.20
			城北	2	0.52

表2-1(续)

省份	区（市、县）	乡镇	村	有效问卷/份	占比/%
新疆	阿克苏地区阿拉尔市	十二团	二连	50	13.12
		托喀依乡	亚苏克村	47	12.36
合计	—	—	—	381	100.00

甘肃白银市景泰县是比较典型的农业大县，其信息化建设程度接近甘肃省平均水准，为了使调查结果更具代表性，在被调查对象的区位选择上既选取了原为县城的村镇（条山镇、芦阳镇），又选取了黄河自流灌区且同属景电二期灌区的五佛乡、一期灌区并干旱山区的喜泉镇、盐碱重灾区的草窝滩镇，以及同是干旱山区的正路镇、寺滩乡；新疆阿克苏地区的信息化建设程度接近新疆平均水准，为了使调查结果更接近新疆的平均状况，我们在做问卷调查时选择了1个农垦兵团和1个普通乡村。

二、被调查对象的基本属性

有效的381位被调查对象的性别、年龄、受教育程度、职业、家庭年人均收入等基本信息见表2-2至表2-6。

（一）被调查对象的性别频数

被调查对象的性别构成见表2-2。

表2-2　被调查对象的性别构成

	性别	频数/人	有效占比/%	累积占比/%
有效	男	249	65.4	65.4
	女	132	34.6	100.0
	合计	381	100.0	—

（二）被调查对象的年龄构成

我们把被调查对象的年龄分为18周岁以下、18~39周岁、40~59周岁、60周岁及以上4个组别进行统计，具体信息见表2-3。

表 2-3   被调查对象的年龄构成

	年龄	频数/人	有效占比/%	累计占比/%
有效	18 周岁以下	7	1.8	1.8
	18~39 周岁	155	40.7	42.5
	40~59 周岁	188	49.3	91.9
	60 周岁及以上	31	8.1	100.0
	合计	381	100.0	—

381 位有效问卷的被调查对象中，只有 1.8% 的被调查对象年龄在 18 周岁以下，8.1% 的被调查对象年龄在 60 周岁以上，18~60 周岁的家庭劳动主力占了 90%，这样的年龄结构符合西部农村的生产参与状况，因而是合理的。

（三）被调查对象的受教育程度

我们把被调查对象的受教育程度分为文盲、小学、初中、高中（职高/技校）和大专及以上 5 个组别进行统计，具体信息见表 2-4。

表 2-4   被调查对象的受教育程度统计

	受教育程度	频数/人	有效占比/%	累计占比/%
有效	文盲	6	1.6	1.6
	小学	60	15.7	17.3
	初中	185	48.6	65.9
	高中（职高/技校）	87	22.8	88.7
	大专及以上	43	11.3	100.0
	合计	381	100.0	—

被调查对象中，初中文化程度者所占比例高达 48.6%，高中（职高/技校）文化程度者所占比例达 22.8%，高于小学文化程度者的整体比例达 82.7%，这与甘肃农村农户现阶段实际的文化程度接近，表明本项研究在具体被调查对象的选择上比较合理。

（四）被调查对象从事的职业

我们把被调查对象从事的职业分为种植、畜牧、养殖、加工、运输、管理、打工①和其他8个组别进行统计，具体信息见表2-5。

表2-5　被调查对象职业统计

职业		频数/人	有效占比/%	累计占比/%
有效	种植	226	59.3	59.3
	畜牧	19	5.0	64.3
	养殖	25	6.6	70.9
	加工	10	2.6	73.5
	运输	4	1.0	74.5
	管理	14	3.7	78.2
	打工	46	12.1	90.3
	其他	37	9.7	100.0
	合计	381	100.0	—

被调查对象中有打工经历者的比例只占12.1%，低于甘肃省农村劳动力外出务工比例，其主要原因是进村调查时外出务工人员多数不在家中，在家打工者基本是一边务农一边做临时工，所以被调查对象中的打工者比例低于其合理范围。

（五）被调查对象的家庭年人均收入

我们把被调查对象家庭年人均收入分为2 000元以下、2 000~3 000元、3 001~4 000元、4 001~5 000元、5 000元以上5个组别进行统计，具体信息见表2-6。

———————————

① 因被调查对象中有一部分人属于在家打工者，即一边务农一边做临时工，故我们统称这类人为"打工者"，其职业划分为"打工"，一并放入相关数据进行统计。

表 2-6　被调查对象的家庭年人均收入统计

家庭年人均收入		频数/人	有效占比/%	累计占比/%
有效	2 000 元以下	123	32.3	32.3
	2 000~3 000 元	80	21.0	53.3
	3 001~4 000 元	29	7.6	60.9
	4 001~5 000 元	41	10.8	71.7
	5 000 元以上	108	28.3	100.0
	合计	381	100.0	——

表 2-6 的数据显示，年人均收入在 3 000 元及以下的家庭所占比例高达 53.3%，年人均收入在 4 000 元以上的家庭所占比例为 39.1%，而年人均收入在 3 001~4 000 元的家庭所占比例仅为 7.6%。我们在实地调研中发现，年人均收入在 3 000 元及以下家庭的主业是种植业，外出打工及从事养殖、加工、运输业者较少；而年人均收入在 4 000 元以上家庭的主业是打工、养殖、加工及运输业，种植业对于他们来说是次要业务。

三、被调查对象的基本属性交叉情况统计

根据被调查对象基本属性 6 项指标的内在关系和各项指标对后续研究的影响程度，我们分别以年龄、从事职业和家族年人均收入为纵向栏统计了与其内在关系最为紧密的指标间的交叉情况。

（一）被调查对象的年龄指标与其他属性指标的交叉情况

我们分析了调查对象的年龄、受教育程度、家庭年人均收入等指标的基本属性及其内在关系，以年龄为纵向标题栏，受教育程度、家庭年人均收入、从事职业及其次级分组为横向标题栏，提取了被调查对象基本属性指标的交叉统计数据，具体情况见表 2-7。

表 2-7　被调查对象年龄指标与受教育程度等指标的交叉统计数据

年龄		受教育程度					家庭年人均收入					从事职业								合计
		文盲	小学	初中	高中(职高/技校)	大专及以上	2000元以下	2000~3000元	3001~4000元	4001~5000元	5000元以上	种植	畜牧	养殖	加工	运输	管理	打工	其他	
18周岁以下	计数/人	2	2	3	0	0	3	3	1	0	0	5	0	1	0	0	0	1	0	7
	占年龄之比/%	28.6	28.6	42.8	0.0	0.0	42.9	42.9	14.2	0.0	0.0	71.4	0.0	14.3	0.0	0.0	0.0	14.3	0.0	100.0
18~39周岁	计数/人	0	9	73	44	29	40	41	8	23	43	81	11	4	7	3	10	19	20	155
	占年龄之比/%	0.0	5.8	47.1	28.4	18.7	25.8	26.5	5.2	14.8	27.7	52.3	7.1	2.6	4.5	1.9	6.5	12.3	12.8	100.0
40~59周岁	计数/人	2	41	98	36	11	76	30	15	16	51	117	8	19	3	0	3	26	12	188
	占年龄之比/%	1.1	21.8	52.1	19.1	5.9	40.4	16.0	8.0	8.5	27.1	62.2	4.3	10.1	1.6	0.0	1.6	13.8	6.4	100.0
60周岁及以上	计数/人	2	8	11	7	3	4	6	5	2	14	23	0	1	0	1	1	0	5	31
	占年龄之比/%	6.5	25.8	35.5	22.6	9.6	12.9	19.4	16.1	6.5	45.1	74.2	0.0	3.2	0.0	3.2	3.2	0.0	16.2	100.0
总计	计数/人	6	60	185	87	43	123	80	29	41	108	226	19	25	10	4	14	46	37	—
	占年龄之比/%	1.6	15.7	48.6	22.8	11.3	100.0	21.0	7.6	10.8	28.3	59.3	5.0	6.6	2.6	1.0	3.7	12.1	9.7	—

注："合计"一列中的数据为受教育程度、家庭年人均收入、从事职业的单独合计。表2-7突破了表2-2至表2-6中被调查对象属性统计的单一性，更具体地体现了4个年龄段的被调查对象的受教育程度、家庭年人均收入及从事职业的统计情况，便于我们更清晰地了解被调查对象的基本情况，为后续的研究提供更精确的依据。

（二）被调查对象从事职业与家庭年人均收入及受教育程度的交叉统计数据

我们进行被调查对象从事职业与家庭年人均收入及受教育程度的交叉统计，可更精确地掌握西部农村农户具体从事职业与受教育程度之间的关联情况，同时也有助于我们准确掌握农户从事职业对其家庭年人均收入的影响情况，具体见表2-8。

表2-8　被调查对象从事职业与家庭年人均收入及受教育程度的交叉统计数据

从事职业		家庭年人均收入/个					受教育程度/人					合计
		2 000元以下	2 000~3 000元	3 001~4 000元	4 001~5 000元	5 000元以上	文盲	小学	初中	高中（职高/技校）	大专及以上	
种植	计数/人	76	48	15	23	64	6	48	105	54	13	226
	占从事职业比例/%	33.6	21.2	6.6	10.2	28.4	2.7	21.2	46.5	23.9	5.7	100.0
畜牧	计数/人	7	6	2	3	1	0	2	14	1	2	19
	占从事职业比例/%	36.8	31.6	10.5	15.8	5.3	0.0	10.5	73.7	5.3	10.5	100.0
养殖	计数/人	11	5	0	6	3	0	2	15	8	0	25
	占从事职业比例/%	44.0	20.0	0.0	24.0	12.0	0.0	8.0	60.0	32.0	0.0	100.0
加工	计数/人	0	4	1	1	4	0	0	4	5	1	10
	占从事职业比例/%	0.0	40.0	10.0	10.0	40.0	0.0	0.0	40.0	50.0	10.0	100.0
运输	计数/人	0	2	0	1	1	0	1	2	1	0	4
	占从事职业比例/%	0.0	50.0	0.0	25.0	25.0	0.0	25.0	50.0	25.0	0.0	100.0
管理	计数/人	0	1	4	3	6	0	1	2	3	8	14
	占从事职业比例/%	0.0	7.1	28.6	21.4	42.9	0.0	7.1	14.3	21.4	57.2	100.0
打工	计数/人	24	9	3	2	8	0	6	30	8	2	46
	占从事职业比例/%	52.2	19.6	6.5	4.3	17.4	0.0	13.0	65.2	17.4	4.4	100.0
其他	计数/人	5	5	4	2	21	0	0	13	7	17	37
	占从事职业比例/%	13.5	13.5	10.8	5.4	56.8	0.0	0.0	35.2	18.9	45.9	100.0
总计	计数/人	123	80	29	41	108	6	60	185	87	43	381
	占从事职业比例/%	32.3	21.0	7.6	10.8	28.3	1.6	15.7	48.6	22.8	11.3	100.0

注："合计"一列中的数据为家庭年人均收入及受教育程度的单独合计。

（三）被调查对象家庭年人均收入与受教育程度的交叉统计数据

表2-7和表2-8反映了被调查对象年龄、从事职业与家庭年人均收入及受教育程度的交叉统计情况，表2-9则反映了被调查对象家庭年人均收入与受教育程度的交叉统计情况，从该表可以了解西部农村家庭年人均收入与受教

育程度之间的一些关联信息。

表 2-9　被调查对象家庭年人均收入与受教育程度的交叉统计数据

家庭人均收入		受教育程度					
		文盲	小学	初中	高中（职高/技校）	大专及以上	合计
2 000 元以下	计数/人	0	34	69	14	6	123
	占家庭年人均收入比例/%	0.0	27.6	56.1	11.4	4.9	100.0
2 000~3 000 元	计数（人）	2	13	43	15	7	80
	占家庭年人均收入比例/%	2.5	16.3	53.8	18.7	8.7	100.0
3 001~4 000 元	计数/人	0	4	16	5	4	29
	占家庭年人均收入比例/%	0.0	13.8	55.2	17.2	13.8	100.0
4 001~5 000 元	计数/人	0	6	15	19	1	41
	占家庭年人均收入比例/%	0.0	14.6	36.6	46.3	2.5	100.0
5 000 元以上	计数/人	4	3	42	34	25	108
	占家庭年人均收入比例/%	3.7	2.8	38.9	31.5	23.1	100.0
总计	计数/人	6	60	185	87	43	381
	占家庭年人均收入比例/%	1.6	15.7	48.6	22.8	11.3	100.0

第二节　西部农村信息传播渠道及方式研究

一、西部农村信息传播渠道

关于农村信息传播渠道，贺文慧和邹奎（2006）从农民信息获取的角度进行了研究。他们认为，农户信息获得的渠道排序依次是传统媒体、人员、组织机构和现代媒体；人员按来源排序依次是亲戚、邻居、朋友，外出就业的家庭成员和产销大户；传统媒体主要是电视和广播，现代媒体主要是电话、手机和计算机网络；组织机构来源排序依次是政府机构、信息服务站、专业协会和企业。综合来看，当前亲戚、邻居、朋友以及电视、政府是农户获得信息服务的最主要途径。

赵洪亮等（2010）则从信息属性的角度将农村信息传播渠道划分为农村政策信息获取渠道和农业生产资料信息获取渠道、农产品销售信息获取渠道和农业新技术信息获取渠道。其中，农业政策的获取渠道可细分为三种：一是大众传媒，包括电视、广播、报纸、杂志、书籍、网络，其中电视的使用最多；二是政府和信息机构，这方面的情况不是很理想；三是口头传播，如亲戚、邻居、朋友等相互传播。生产资料信息的渠道首先是电视广告，其次是自己以往的种植经验和亲戚、邻居、朋友间的经验交流。农产品销售信息的获取渠道太少，对市场供求的反应较为迟缓。农业新技术信息的获取渠道主要是电视、科普讲座、科技下乡和当地的推广部门。

结合贺文慧等（2008）和赵洪亮等（2010）的研究结果，我们实地调研西部农村经济发展与社会生活的方方面面，将西部农村信息传播渠道总结、归纳如下：电视，报纸，杂志，图书，广播，网站，宣传资料，人际交往，亲戚、邻居、朋友，种养大户，农业技术员，信息员，集贸市场，农业合作社，讲座培训，远程教育，技术示范观摩，手机短信，村干部和农业企业等。甘肃、新疆农村信息传播渠道使用频数统计见表2-10。

表2-10　甘肃、新疆农村信息传播渠道使用频数统计

信息传播渠道	甘肃		新疆		（甘肃、新疆）合并	
	频数/人	个案占比/%	频数/人	个案占比/%	频数/人	个案占比/%
电视	254	89.44	54	55.67	308	80.84
报纸	114	40.14	41	42.27	155	40.68
图书	92	32.39	24	24.74	116	30.45
手机短信	86	30.28	24	24.74	110	28.87
亲戚、邻居、朋友	82	28.87	21	21.65	103	27.03
广播	72	25.35	28	28.87	100	26.25
村干部	92	32.39	5	5.15	97	25.46
人际交往	88	30.99	8	8.25	96	25.20
杂志	60	21.13	32	32.99	92	24.15
宣传资料	66	23.24	24	24.74	90	23.62
网站	48	16.90	33	34.02	81	21.26

表2-10（续）

信息传播渠道	甘肃		新疆		（甘肃、新疆）合并	
	频数/人	个案占比/%	频数/人	个案占比/%	频数/人	个案占比/%
讲座培训	42	14.79	16	16.49	58	15.22
农业技术员	34	11.97	12	12.37	46	12.07
其他渠道	30	10.56	12	12.37	42	11.02
远程教育	34	11.97	8	8.25	42	11.02
种养大户	22	7.75	11	11.34	33	8.66
农业合作社	28	9.86	2	2.06	30	7.87
集贸市场	20	7.04	7	7.22	27	7.09
技术示范观摩	14	4.93	11	11.34	25	6.56
农业企业	10	3.52	4	4.12	14	3.67
信息员	8	2.82	2	2.06	10	2.62

注：甘肃地区样本数为284，新疆地区样本数为97，两地区样本数合计为381。

由表2-10中的调查数据可知，西部农村电视、报纸为农村信息传播的主渠道；随着智能手机的全面普及，手机信息也成了农村主要的信息传播渠道；现阶段远程教育、种养大户、农业合作社、集贸市场、技术示范观摩、农业企业、信息员等专业信息传播渠道在农村的使用频数低于10%，这一结果表明，当前农村专业信息传播渠道建设还十分落后。

由于两省经济社会发展状况、百姓生态习惯等方面存在差异，人们对具体信息传播渠道的使用频数也存在差异，一些信息传播渠道在甘肃农村的使用频数明显高于新疆农村地区，如甘肃有89.44%的人通过电视获取信息，新疆的这一比率只有55.67%；甘肃32.39%的人通过与村干部交流获取信息，新疆这一比率只有5.15%；甘肃30.99%的人通过人际交往获取信息，新疆这一比率仅有8.25%。而另外一些信息传播渠道在新疆农村的使用频数则明显高于甘肃，如新疆有32.99%的人通过杂志获取信息，甘肃这一比率为21.13%；新疆有34.02%的人员通过网站获取信息，甘肃这一比率为16.90%；新疆有11.34%的人通过技术观摩获取信息，甘肃这一比率仅有4.12%。甘肃、新疆农村信息传播渠道使用频数方面的差异，可见一斑。

借助SPSS统计软件，我们提取了西部农村信息传播渠道与农民从事职业的统计数据（见表2-11）。由表2-11可知，在西部农村，现阶段人们主要是依靠传统的信息传播渠道获取信息，而在传统的信息传播渠道中，电视、报纸是各种职业人员都高度依赖的信息传播渠道。其中，电视使用频数个案占比高达 80.84%，报纸的使用频数个案占比为 40.68%；图书，亲戚、邻居、朋友，广播，村干部，人际交往，杂志和宣传材料 7 类传统信息传播渠道也比较重要，它们的使用频数个案占比为 20%~30%。网站、讲座培训、农业技术员、远程教育、其他渠道、种养大户、农业合作社、集贸市场、技术示范观摩、农业企业、信息员 11 类新兴的专业信息传播渠道的使用频数明显较低，它们之中使用频数最高的网站的个案占比也只有 21.26%，而种养大户、农业合作社、集贸市场、技术示范观摩、农业企业、信息员 6 类信息传播渠道的使用频数个案占比都低于 10%。

表 2-11 的数据表明，不同职业的农村人口对上述信息传播渠道的使用偏好不同。例如，从事种植业及打工的人更倾向于通过传统信息传播渠道获取所需信息；而从事养殖、畜牧、管理、加工和运输等职业的人，在通过传统信息传播渠道获取信息的同时，也注重利用新兴的专业性信息传播渠道获取自己所需的信息。

调查数据还表明，农村人口的受教育程度、家庭收入水平也影响其对表 2-11 中的信息传播渠道的使用。

表 2-12 的西部农村信息传播渠道与农民受教育程度的统计数据显示，在电视、报纸、图书、广播、杂志等传统的普适性信息传播渠道的使用方面，从文盲到大专及以上文化程度的农村人口之间的差异不大，对于手机短信、网站、讲座培训、农业技术员、远程教育、农业合作社、技术示范观摩、信息员等新兴的专业信息传播渠道，农村人口文化程度越高其使用概率就越大。此外，农民的文化程度越高，其使用的信息传播渠道越多，其中文盲、小学、初中、高中（职高/技校）、大专及以上文化程度的农村人口使用信息传播渠道的平均种类数分别为 4.33、3.88、3.98、4.78 和 6.12。值得注意的是本项调研中，文盲人口的信息传播渠道使用频数略高于小学和初中人口，出现这一例外情况的根本原因，在于文盲人数只占统计样本数的 1.6%，因其人数过少而增大了统计偏差。

表 2-11 西部农村信息传播渠道与农民从事职业的统计数据

信息传播渠道	种植		打工		养殖		畜牧		管理		加工		运输		其他		总计	
	频数/人	个案占比/%	频数/人	个案占比/%	频数/人	个案占比/%	频数/人	个案占比/%	频数/人	个案占比/%	频数/人	个案占比/%	频数/人	个案占比/%	频数/人	个案占比/%	频数/人	个案占比/%
电视	199	88.05	35	76.09	17	68.00	13	68.42	6	42.86	9	90.00	4	100.0	25	67.57	308	80.84
报纸	93	41.15	15	32.61	3	12.00	8	42.11	5	35.71	5	50.00	3	75.00	23	62.16	155	40.68
图书	63	27.88	10	21.74	9	36.00	5	26.32	5	35.71	3	30.00	2	50.00	19	51.35	116	30.45
手机短信	61	26.99	17	36.96	5	20.00	6	31.58	2	14.29	3	30.00	2	50.00	14	37.84	110	28.87
亲戚邻居朋友	70	30.97	15	32.61	3	12.00	3	15.79	2	14.29	0	0.00	0	0.00	10	27.03	103	27.03
广播	68	30.09	12	26.09	2	8.00	0	0.00	3	21.43	1	10.00	3	75.00	11	29.73	100	26.25
村干部	73	32.30	15	32.61	5	20.00	3	15.79	0	0.00	0	0.00	0	0.00	1	2.70	97	25.46
人际交往	58	25.66	14	30.43	4	16.00	3	15.79	0	0.00	1	10.00	3	75.00	13	35.14	96	25.20
杂志	46	20.35	8	17.39	3	12.00	6	31.58	5	35.71	4	40.00	1	25.00	19	51.35	92	24.15
宣传资料	57	25.22	9	19.57	7	28.00	3	15.79	4	28.57	1	10.00	0	0.00	9	24.32	90	23.62
网站	41	18.14	9	19.57	3	12.00	6	31.58	6	42.86	4	40.00	2	50.00	10	27.03	81	21.26
讲座培训	41	18.14	2	4.35	6	24.00	2	10.53	4	28.57	0	0.00	0	0.00	3	8.11	58	15.22
农业技术员	35	15.49	1	2.17	5	20.00	2	10.53	1	7.14	1	10.00	0	0.00	1	2.70	46	12.07
远程教育	25	11.06	4	8.70	3	12.00	0	0.00	1	7.14	0	0.00	0	0.00	9	24.32	42	11.02
其他渠道	23	10.18	8	17.39	0	0.00	0	0.00	3	21.43	1	10.00	2	50.00	5	13.51	42	11.02

表2-11（续）

信息传播渠道	种植		打工		养殖		畜牧		管理		加工		运输		其他		总计	
	频数/人	个案占比/%	频数/人	个案占比/%	频数/人	个案占比/%	频数/人	个案占比/%	频数/人	个案占比/%	频数/人	个案占比/%	频数/人	个案占比/%	频数/人	个案占比/%	频数/人	个案占比/%
种养大户	24	10.62	2	4.35	2	8.00	2	10.53	0	0.00	0	0.00	1	25.00	2	5.41	33	8.66
农业合作社	21	9.29	5	10.87	2	8.00	0	0.00	0	0.00	0	0.00	0	0.00	2	5.41	30	7.87
集贸市场	19	8.41%	3	6.52	0	0.00	1	5.26	2	14.29	1	10.00	0	0.00	1	2.70	27	7.09
技术示范观摩	15	6.64	1	2.17	3	12.00	1	5.26	3	21.43	1	10.00	0	0.00	1	2.70	25	6.56
农业企业	7	3.10	5	10.87	0	0.00	1	5.26	0	0.00	0	0.00	0	0.00	1	2.70	14	3.67
信息员	9	3.98	1	2.17	0	0.00	0	0.00	0	0.00	0	0.00	0	0.00	0	0.00	10	2.62
总计	226	—	46	—	25	—	19	—	14	—	10	—	4	—	37	—	381	—

注：本表中最后一行总计数字表示381位被调查对象中从事该职业的总体人员数，倒数第2列总计数字表示381位被调查对象对该传播渠道的使用频数；个案占比表示某一职业对某一渠道的使用的使用频数占该职业总体从业人员数数的比例。

表 2-12　西部农村信息传播渠道与农民受教育程度的统计数据

信息传播渠道	受教育程度											
	文盲		小学		初中		高中		大专及以上		总计	
	频数/人	个案占比/%	频数/人	个案占比/%	频数/人	个案占比/%	频数/人	个案占比/%	频数/人	个案占比/%	频数/人	个案占比/%
电视	4	66.67	50	83.33	144	77.84	76	87.36	34	79.07	308	80.84
报纸	0	0.00	15	25.00	68	36.76	43	49.43	29	67.44	155	40.68
图书	2	33.33	11	18.33	44	23.78	37	42.53	22	51.16	116	30.45
手机短信	2	33.33	12	20.00	55	29.73	25	28.74	16	37.21	110	28.87
亲戚、邻居、朋友	0	0.00	15	25.00	53	28.65	24	27.59	11	25.58	103	27.03
广播	2	33.33	22	36.67	48	25.95	16	18.39	12	27.91	100	26.25
村干部	2	33.33	17	28.33	48	25.95	24	27.59	6	13.95	97	25.46
人际交往	2	33.33	13	21.67	47	25.41	17	19.54	17	39.53	96	25.20
杂志	2	33.33	9	15.00	40	21.62	21	24.14	20	46.51	92	24.15
宣传资料	2	33.33	13	21.67	45	24.32	17	19.54	13	30.23	90	23.62
网站	0	0.00	1	1.67	32	17.30	27	31.03	21	48.84	81	21.26
讲座培训	4	66.67	10	16.67	14	7.57	20	22.99	10	23.26	58	15.22
农业技术员	0	0.00	8	13.33	16	8.65	17	19.54	5	11.63	46	12.07
远程教育	0	0.00	3	5.00	16	8.65	9	10.34	14	32.56	42	11.02
其他渠道	0	0.00	11	18.33	18	9.73	6	6.90	7		42	11.02
种养大户	0	0.00	4	6.67	17	9.19	7	8.05	5	11.63	33	8.66
农业合作社	2	33.33	8	13.33	12	6.49	6	6.90	2	4.65	30	7.87
集贸市场	0	0.00	6	10.00	5	2.70	8	9.20	8	18.60	27	7.09
技术示范观摩	0	0.00	2	3.33	7	3.78	9	10.34	7	16.28	25	6.56
农业企业	2	33.33	1	1.67	7	3.78	2	2.30	2	4.65	14	3.67
信息员	0	0.00	2	3.33	1	0.54	5	5.75	2	4.65	10	2.62
总计	6	—	60	—	185	—	87	—	43	—	381	—

　　表2-13的西部农村信息传播渠道与家庭年人均收入的统计数据显示，在电视、报纸、图书、广播、杂志等传统的普适性信息传播渠道的使用方面，从2 000元以下家庭到5 000元以上家庭之间的差异不大，对于手机短信、网站、讲座培训、农业技术员、远程教育、农业合作社、技术示范观摩、信息员等新兴的专业信息传播渠道，农村家庭年人均收入越高的，其使用概率就越大。此外，家庭年人均收入越高，其使用的信息传播渠道越多。其中，家庭年人均收入在2 000元以下、2 000~3 000元、3 001~4 000元、4 001~5 000元、5 000元以上的家庭，使用信息传播渠道的平均种类数分别为3.85、3.96、4.66、4.83和5.11。

表 2-13　西部农村信息传播渠道与家庭年人均收入的统计数据

信息传播渠道	家庭年人均收入											
	2 000 元以下		2 000~3 000 元		3 001~4 000 元		4 001~5 000 元		5 000 元以上		总计	
	频数/人	个案占比/%	频数/人	个案占比/%	频数/人	个案占比/%	频数/人	个案占比/%	频数/人	个案占比/%	频数/人	个案占比/%
电视	105	85.37	66	82.50	23	79.31	28	68.29	86	79.63	308	80.84
报纸	39	31.71	27	33.75	15	51.72	15	36.59	59	54.63	155	40.68
图书	29	23.58	26	32.50	6	20.69	11	26.83	44	40.74	116	30.45
手机短信	32	26.02	23	28.75	8	27.59	15	36.59	32	29.63	110	28.87
亲戚、邻居、朋友	40	32.52	19	23.75	9	31.03	10	24.39	25	23.15	103	27.03
广播	34	27.64	19	23.75	4	13.79	13	31.71	30	27.78	100	26.25
村干部	34	27.64	17	21.25	6	20.69	9	21.95	31	28.70	97	25.46
人际交往	38	30.89	19	23.75	6	20.69	8	19.51	25	23.15	96	25.20
杂志	14	11.38	17	21.25	8	27.59	12	29.27	41	37.96	92	24.15
宣传资料	28	22.76	16	20.00	11	37.93	7	17.07	28	25.93	90	23.62
网站	7	5.69	17	21.25	8	27.59	15	36.59	34	31.48	81	21.26
讲座培训	9	7.32	10	12.50	8	27.59	12	29.27	19	17.59	58	15.22
农业技术员	7	5.69	7	8.75	5	17.24	9	21.95	18	16.67	46	12.07
远程教育	8	6.50	11	13.75	1	3.45	6	14.63	16	14.81	42	11.02
其他渠道	13	10.57	11	13.75	6	20.69	6	14.63	6	5.56	42	11.02
种养大户	11	8.94	4	5.00	4	13.79	3	7.32	11	10.19	33	8.66
农业合作社	10	8.13	0	0.00	4	13.79	5	12.20	11	10.19	30	7.87
集贸市场	10	8.13	2	2.50	1	3.45	3	7.32	11	10.19	27	7.09
技术示范观摩	0	0.00	5	6.25	2	6.90	6	14.63	12	11.11	25	6.56
农业企业	0	0.00	1	1.25	0	0.00	4	9.76	9	8.33	14	3.67
信息员	5	4.07	0	0.00	0	0.00	1	2.44	4	3.70	10	2.62
总计	123	—	80	—	29	—	41	—	108	—	381	—

表 2-14 的西部农村信息传播渠道与农民年龄的统计数据显示，381 位被调查对象中 18 周岁以下的农村人口只有 7 人，仅 7 人的数据不能准确反映农村该年龄段人口真实的信息传播渠道使用情况。表 2-14 中的数据表明，在电视、报纸、图书、广播、杂志等传统的普适性信息传播渠道的使用方面，18~39 周岁、40~59 周岁、60 周岁及以上年龄组之间整体上差别不大，只在个别渠道上有所不同。如 60 周岁及以上年龄组人口图书的使用频数个案占比只有 16.13%，明显低于其他年龄组；通过人际交往获取信息的频数个案占比只有 16.13%，也明显低于其他年龄组。这种情况符合 60 周岁及以上年龄组人口文化程度低、社会活动锐减的事实。对于手机短信、网站、讲座培训、农业技术员、远程教育、农业合作社、技术示范观摩、信息员等新兴的专业信息传播渠道，年龄越大的人其使用概率就越小，不同年龄组人口在手机短信、网站、远程教育、技术示范观摩 4 种传播渠道的使用频数方面差异尤其明显。

对于成年人，年龄越大其使用的信息传播渠道越少，其中，18~39周岁、40~59周岁、60周岁及以上年龄组使用信息传播渠道的平均种类数分别为4.91、4.01和3.86。

表2-14 西部农村信息传播渠道与农民年龄的统计数据

信息传播渠道	年龄									
	18周岁以下		18~39周岁		40~59周岁		60周岁及以上		总计	
	频数/人	个案占比/%	频数/人	个案占比/%	频数/人	个案占比/%	频数/人	个案占比/%	频数/人	个案占比/%
电视	2	28.57	128	82.58	153	81.38	25	80.65	308	80.84
报纸	0	0.00	67	43.23	66	35.11	22	70.97	155	40.68
图书	2	28.57	55	35.48	54	28.72	5	16.13	116	30.45
手机短信	0	0.00	65	41.94	40	21.28	5	16.13	110	28.87
亲戚邻居朋友	0	0.00	47	30.32	48	25.53	8	25.81	103	27.03
广播	1	14.29	40	25.81	49	26.06	10	32.26	100	26.25
村干部	0	0.00	32	20.65	54	28.72	11	35.48	97	25.46
人际交往	0	0.00	45	29.03	46	24.47	5	16.13	96	25.20
杂志	2	28.57	46	29.68	34	18.09	10	32.26	92	24.15
宣传资料	2	28.57	33	21.29	47	25.00	8	25.81	90	23.62
网站	1	14.29	51	32.90	28	14.89	1	3.23	81	21.26
讲座培训	1	14.29	24	15.48	29	15.43	4	12.90	58	15.22
农业技术员	1	14.29	23	14.84	22	11.70	0	0.00	46	12.07
远程教育	0	0.00	22	14.19	18	9.57	2	6.45	42	11.02
其他渠道	0	0.00	19	12.26	19	10.11	4	12.90	42	11.02
种养大户	0	0.00	18	11.61	13	6.91	2	6.45	33	8.66
农业合作社	0	0.00	5	3.23	21	11.17	4	12.90	30	7.87
集贸市场	0	0.00	15	9.68	7	3.72	5	16.13	27	7.09
技术示范观摩	0	0.00	16	10.32	8	4.26	1	3.23	25	6.56
农业企业	0	0.00	5	3.23	9	4.79	0	0.00	14	3.67
信息员	0	0.00	5	3.23	5	2.66	0	0.00	10	2.62
总计	7	—	155	—	188	—	31	—	381	—

二、农户拥有的信息传播媒介

马振（2010）认为，媒介触频的高低直接影响了受众选择信息接收的方式，而媒介触频的高低是由两方面决定的：一方面是媒介接触难易度，越易接触的媒介其触频越高，越难接触的媒介其触频就越低；另一方面则是媒介印象，印象越好的媒介其触频越高，反之也是。

表2-15是西部农村家庭拥有信息设备的情况统计。由表2-15可知，手机、电视是该地区农村人口使用最广泛的信息设备，其在西部农村的使用频数

个案占比分别达到了 83.99% 和 80.31%，远高于固定电话、电脑、报纸、图书和杂志等媒介。20 世纪末期，在农村广泛使用的 VCD 机、收音机、光盘等媒介现在在西部农村的使用频数也急剧下降，其在西部农村现阶段的使用频数个案占比分别只有 16.54%、11.55% 和 11.55%。

表 2-15　西部农村家庭拥有信息设备的情况统计

信息传播媒介	甘肃		新疆		（甘肃、新疆）合并	
	频数/人	个案占比/%	频数/人	个案占比/%	频数/人	个案占比/%
手机	242	85.20	78	80.40	320	83.99
电视	240	84.50	66	68.00	306	80.31
固定电话	86	30.30	51	52.60	137	35.96
电脑	76	26.80	49	50.50	125	32.81
报纸	72	25.40	32	33.00	104	27.30
图书	68	23.90	18	18.60	86	22.57
杂志	50	17.60	21	21.60	71	18.64
VCD、DVD 机	50	17.60	13	13.40	63	16.54
收音机	28	9.90	16	16.50	44	11.55
光盘	36	12.70	8	8.20	44	11.55

注：甘肃地区样本数为 284，新疆地区样本数为 97，两地区样本数合计为 381。

表 2-16 的西部农村家庭拥有信息设备统计与农村人口从事职业的统计数据表明，从事不同职业的农村人口，其在信息设备使用方面有着较明显的差异。如运输业者，其使用手机、电视的频数个案占比只有 50% 和 25%，分别比这两项信息设备的使用频数个案占比的平均值低 33.99% 和 50.31%。电脑、报纸、图书和杂志等信息媒介的使用频数整体较低，由于其中含有更多专业知识，专业性相对较强的养殖从业者、管理者对其使用频数明显高于专业性相对较弱的种植、畜牧、打工等从业者。如电脑的使用情况，种植从业者、打工人员的使用频数个案占比分别只有 29.65% 和 19.57%，而运输、管理、畜牧、养殖从业者的使用频数个案占比分别达到了 75%、50%、47.37% 和 44%。

表2-16 西部农村家庭拥有信息设备统计与农村人口从事职业的统计数据

家庭信息设备	从事职业																		
	种植		畜牧		养殖		加工		运输		管理		打工		其他		总计	
	频数/人	个案占比/%	频数/人	个案占比/%	频数/人	个案占比/%	频数/人	个案占比/%	频数/人	个案占比/%	频数/人	个案占比/%	频数/人	个案占比/%	频数/人	个案占比/%	频数/人	个案占比/%
手机	194	85.84	15	78.95	19	76.00	9	90.00	2	50.00	12	85.71	39	84.78	30	81.08	320	83.99
电视	189	83.63	13	68.42	21	84.00	6	60.00	1	25.00	10	71.43	37	80.43	29	78.38	306	80.31
固定电话	84	37.17	5	26.32	9	36.00	3	30.00	2	50.00	7	50.00	11	23.91	16	43.24	137	35.96
电脑	67	29.65	9	47.37	11	44.00	6	60.00	3	75.00	7	50.00	9	19.57	13	35.14	125	32.81
报纸	58	25.66	6	31.58	7	28.00	3	30.00	2	50.00	6	42.86	7	15.22	15	40.54	104	27.30
图书	50	22.12	4	21.05	6	24.00	3	30.00	0	0.00	4	28.57	10	21.74	9	24.32	86	22.57
杂志	42	18.58	3	15.79	4	16.00	4	40.00	0	0.00	2	14.29	8	17.39	8	21.62	71	18.64
VCD、DVD机	41	18.14	3	15.79	6	24.00	1	10.00	0	0.00	2	14.29	7	15.22	3	8.11	63	16.54
收音机	22	9.73	3	15.79	4	16.00	0	0.00	0	0.00	6	42.86	8	17.39	1	2.70	44	11.55
光盘	28	12.39	2	10.53	4	16.00	0	0.00	1	25.00	4	28.57	3	6.52	2	5.41	44	11.55
合计	226	—	19	—	25	—	10	—	4	—	14	—	46	—	37	—	381	—
总计	775	3.43	63	3.32	91	3.64	35	3.50	11	2.75	60	4.29	139	3.02	126	3.41	—	—

农民家庭经济状况对信息设备的使用有着较大的影响。表 2-17 的西部农村家庭拥有信息设备与家庭年人均收入的统计数据表明，手机、电视是两项必备的基本家庭信息设备，其使用频数个案占比在各收入水平的家庭中相差不大，但是对于固定电话、电脑、报纸、图书和杂志等非必备的信息设备，其使用率随着家庭经济收入的增高而逐步增大。在电脑、报纸、图书等信息设备的使用上，家庭年人均收入在 4 000 元以上的家庭与低于 4 000 元的家庭分化比较明显，而家庭年人均收入在 5 000 元以上者，其电脑、报纸、图书、杂志等信息设备的使用频数个案占比均高于农村家庭的该数值的平均值，达到了家庭年人均收入 2 000 元以下家庭的 2.5 倍。

表 2-17　西部农村家庭拥有信息设备与家庭年人均收入的统计数据

家庭信息设备	家庭年人均收入											
	2 000 元以下		2 000~3 000 元		3 001~4 000 元		4 001~5 000 元		5 000 元以上		总计	
	频数/人	个案占比/%	频数/人	个案占比/%	频数/人	个案占比/%	频数/人	个案占比/%	频数/人	个案占比/%	频数/人	个案占比/%
手机	97	78.86	68	85.00	24	82.76	32	78.05	99	91.67	320	83.99
电视	100	81.30	64	80.00	26	89.66	30	73.17	86	79.63	306	80.31
固定电话	35	28.46	24	30.00	13	44.83	17	41.46	48	44.44	137	35.96
电脑	20	16.26	28	35.00	14	48.28	15	36.59	48	44.44	125	32.81
报纸	22	17.89	18	22.50	8	27.59	19	46.34	37	34.26	104	27.30
图书	17	13.82	22	27.50	2	6.90	7	17.07	38	35.19	86	22.57
杂志	10	8.13	21	26.25	1	3.45	12	29.27	27	25.00	71	18.64
VCD、DVD 机	19	15.45	13	16.25	4	13.79	4	9.76	23	21.30	63	16.54
收音机	7	5.69	11	13.75	6	20.69	9	21.95	11	10.19	44	11.55
光盘	2	1.63	13	16.25	3	10.34	5	12.20	21	19.44	44	11.55
总计	329	2.67	282	3.53	101	3.48	150	3.66	438	4.06	—	

　　我们还做了西部农村家庭拥有信息设备与受教育程度以及与年龄的统计数据（见表 2-18 和表 2-19）。表 2-18 的数据表明，在非生活必需的固定电话、电脑和报纸等媒介的使用方面，呈现出受教育程度越高，其对这些媒介的使用频数个案占比越大的趋势。初中及以上受教育程度者与小学、文盲受教育程度者在上述媒介的使用上分化比较明显，其中，大专及以上受教育程度者上述设备的使用频数个案占比是小学及以下受教育程度者的两倍左右。

表 2-18　西部农村家庭拥有信息设备与受教育程度的统计数据

家庭信息设备	受教育程度											
	文盲		小学		初中		高中(职高/技校)		大专及以上		总计	
	频数/人	个案占比/%	频数/人	个案占比/%	频数/人	个案占比/%	频数/人	个案占比/%	频数/人	个案占比/%	频数/人	个案占比/%
手机	6	100.00	46	76.67	151	81.62	75	86.21	42	97.67	320	83.99

表2-18(续)

家庭信息设备	受教育程度										
	文盲		小学		初中		高中(职高/技校)		大专及以上		总计	
	频数/人	个案占比/%	频数/人	个案占比/%	频数/人	个案占比/%	频数/人	个案占比/%	频数/人	个案占比/%	频数/人	个案占比/%
电视	6	100.00	46	76.67	146	78.92	72	82.76	36	83.72	306	80.31
固定电话	2	33.33	21	35.00	60	32.43	37	42.53	17	39.53	137	35.96
电脑	0	0.00	7	11.67	61	32.97	33	37.93	24	55.81	125	32.81
报纸	0	0.00	9	15.00	48	25.95	29	33.33	18	41.86	104	27.30
图书	2	33.33	2	3.33	40	21.62	25	28.74	17	39.53	86	22.57
杂志	0	0.00	7	11.67	29	15.68	24	27.59	11	25.58	71	18.64
VCD、DVD机	2	33.33	5	8.33	32	17.30	17	19.54	7	16.28	63	16.54
收音机	0	0.00	5	8.33	26	14.05	7	8.05	6	13.95	44	11.55
光盘	0	0.00	4	6.67	18	9.73	14	16.09	8	18.60	44	11.55

表2-19的数据表明,18~39周岁年龄组对固定电话、电脑、报纸、图书和杂志等媒介的使用频数个案占比均高于农村人口该数值的平均值,且随着年龄的增加,各年龄段农村人口对这些媒介的使用频数个案占比呈下降趋势。18周岁以下年龄组,正是受文化教育的重要阶段,所以这一年龄段的人口可能由于文化课学习的影响,其除了在电脑、图书和VCD机的使用频数个案占比高于其他各年龄组外,对于其他媒介的使用频数个案占比则远低于其他年龄组。

表 2-19　西部农村家庭拥有信息设备与年龄的统计数据

家庭信息设备	年龄									
	18周岁以下		18~39周岁		40~59周岁		60周岁及以上		总计	
	频数/人	个案占比/%	频数/人	个案占比/%	频数/人	个案占比/%	频数/人	个案占比/%	频数/人	个案占比/%
手机	4	57.14	136	87.74	154	81.91	26	83.87	320	83.99
电视	5	71.43	125	80.65	152	80.85	24	77.42	306	80.31
固定电话	0	0.00	59	38.06	63	33.51	15	48.39	137	35.96
电脑	3	42.86	66	42.58	49	26.06	7	22.58	125	32.81
报纸	0	0.00	50	32.26	45	23.94	9	29.03	104	27.30
图书	2	28.57	40	25.81	39	20.74	5	16.13	86	22.57
杂志	0	0.00	36	23.23	28	14.89	7	22.58	71	18.64
VCD、DVD机	2	28.57	31	20.00	28	14.89	2	6.45	63	16.54
收音机	2	28.57	21	13.55	18	9.57	3	9.68	44	11.55
光盘	0	0.00	24	15.48	16	8.51	4	12.90	44	11.55

三、西部农村信息传播方式

(一) 政府主导型的信息传播方式

目前在西部地区，为了响应国务院号召，政府部门非常重视农村信息化建设，投入相当大的财力发展有线电视、广播、网络、报刊、信息公告栏、信息服务站的建设，从农业科研院所抽调农业科技特派员，从农技站委派农业技术员进行农村技术推广，或派人上门服务，以解决农村经济社会发展对各类信息的需求问题。受农村家庭经济条件、个人文化程度及信息传播渠道建设、信息媒介的操作性能等因素的影响，农村人口对政府主导的信息传播方式的接受程度或使用频数有较大的差异。表 2-20 为地方政府开展的农业信息服务方式，其数据表明，在现阶段电视仍是人们接受程度最高的信息传播方式，农民对其的使用频数个案占比为 64.57%；农业技术推广、广播、信息公告栏也是大家比较容易接纳的信息传播方式，农民对其使用频数个案占比分别达到了44.62%、43.31% 和 39.11%；而农民对信息服务站、网站、农业科技特派员、派人上门服务的使用频数个案占比则分别只有 21.52%、19.69%、17.32% 和15.32%。农村人口对政府主导型的信息服务方式的使用频数个案占比，既反映了其对政府主导型信息服务方式的接受程度，也反映出政府在不同信息服务方式上的人力、物力投入水平。

表 2-20　地方政府开展的农业信息服务方式

信息服务方式	甘肃		新疆		（甘肃、新疆）合并	
	频数/人	个案占比/%	频数/人	个案占比/%	频数/人	个案占比/%
电视	202	71.13	44	45.36	246	64.57
农业技术推广	138	48.59	32	32.99	170	44.62
广播	124	43.66	41	42.27	165	43.31
信息公告栏	118	41.55	31	31.96	149	39.11
报刊	84	29.58	27	27.84	111	29.13
信息服务站	64	22.54	18	18.56	82	21.52
网站	40	14.08	35	36.08	75	19.69
农业科技特派员	60	21.13	6	6.19	66	17.32
派人上门服务	48	16.90	10	10.31	58	15.22

注：甘肃地区样本数为284，新疆地区样本数为97，两地区样本数合计为381。

表 2-20 反映了西部农村农民对政府主导型农业信息服务方式的认可度与使用情况，而表 2-21 则进一步反映了从事不同职业的农民对政府主导型农业信息服务方式的认可度与使用状况。在农村，从事种植业者占从业人口总数的58.79%，种植业从业人口对政府主导型农业信息服务方式使用频数的个案占比，比较接近农民该数值的平均值，其他从业人口由于职业的特性，对信息的需求差异较大，因而其对政府主导的农业信息服务方式的认可度与使用频数差异也较大。从事畜牧业的农村人口，其生产流动性较大，对电视、信息公告栏、农业科技特派员三类信息服务方式的认可度与使用频数个案占比就比该数值平均值分别低 12.28%、7.73% 和 6.88%，对广播、报刊、网站的使用频数个案占比分别比平均值高 14.35%、12.82% 和 6.88%。从事养殖业的农村人口，其对电视、广播的使用频数个案占比较平均值分别低 16.91% 和 15.54%，对农业技术推广、网站科技两种要求更高的信息服务方式，其使用频数个案占比分别较平均值高11.15% 和 8.21%。从事加工业的农村人口，其对电视、信息公告栏、网站的使用频数个案占比较该数值平均值分别低 24.91%、19.31% 和 9.79%，对信息服务站的使用频数个案占比较该数值平均值高 18.36%。从事管理工作的农村人口，对电视、农业技术推广、派人上门服务的使用频数个案占比较该数值平均值分别低 22.05%、9.14% 和 8.16%，对广播、报刊、网站的使用频数个案占比较该数值平均值分别高 13.6%、6.42% 和 23.07%。打工者更倾向于通过电视、信息公告栏获取农业服务信息，其利用上述两种信息服务方式的使用频数个案占比分别比该数值平均值高 6.83% 和 6.34%，对农业技术推广、农业科技特派员并不关注，其使用频数个案占比分别比该数值平均值低 10.07% 和 8.71%。运输从业者只有 4 人，其使用频数的统计可忽略不计。地方政府开展的农业信息服务方式与农民从事职业的统计数据见表 2-21。

表 2-21 地方政府开展的农业信息服务方式与农民从事职业的统计数据

农业信息服务方式	从事职业																	总计	
	种植		畜牧		养殖		加工		运输		管理		打工		其他					
	频数/人	个案占比/%	频数/人	个案占比/%	频数/人	个案占比/%	频数/人	个案占比/%	频数/人	个案占比/%	频数/人	个案占比/%	频数/人	个案占比/%	频数/人	个案占比/%	频数/人	个案占比/%
电视	160	71.43	10	52.63	12	48.00	4	40.00	1	25.00	6	42.86	33	71.74	20	54.05	246	64.91
农业技术推广	108	48.21	8	42.11	14	56.00	4	40.00	0	0.00	5	35.71	16	34.78	15	40.54	170	44.85
广播	105	46.88	11	57.89	7	28.00	5	50.00	1	25.00	8	57.14	19	41.30	9	24.32	165	43.54
信息公告栏	90	40.18	6	31.58	9	36.00	2	20.00	1	25.00	5	35.71	21	45.65	15	40.54	149	39.31
报刊	62	27.68	8	42.11	8	32.00	3	30.00	1	25.00	5	35.71	14	30.43	10	27.03	111	29.29
信息服务站	47	20.98	4	21.05	4	16.00	4	40.00	0	0.00	3	21.43	10	21.74	10	27.03	82	21.64
网站	33	14.73	7	36.84	7	28.00	1	10.00	3	75.00	6	42.86	10	21.74	8	21.62	75	19.79
农业科技特派员	49	21.88	2	10.53	4	16.00	0	0.00	0	0.00	3	21.43	4	8.70	4	10.81	66	17.41
派人上门服务	40	17.86	3	15.79	3	12.00	0	0.00	0	0.00	1	7.14	9	19.57	2	5.41	58	15.30

（二）农民易接收的信息利用方式及不同职业农户对信息传播方式的偏好

1. 农户易接收的信息利用方式

信息传播方式不仅受媒介的影响，还受人们的行为习惯及信息需求特征的影响，人们实际上运用的信息传播方式远比政府主导的信息传播方式多。农民易接收的信息利用方式见表 2-22。

表 2-22　农民易接收的信息利用方式

信息利用方式	甘肃		新疆		（甘肃、新疆）合并	
	频数/人	个案占比/%	频数/人	个案占比/%	频数/人	个案占比/%
看电视	166	58.45	39	40.21	205	53.81
农家书屋	154	54.23	22	22.68	176	46.19
农技人员传授	106	37.32	16	16.49	122	32.02
手机短信	90	31.69	26	26.80	116	30.45
上网查询信息	72	25.35	37	38.14	109	28.61
乡村黑板报	78	27.46	27	27.84	105	27.56
村头聊天	82	28.87	16	16.49	98	25.72
合作社提供信息	82	28.87	8	8.25	90	23.62
人际交往	54	19.01	19	19.59	73	19.16
信息服务站点提供信息	54	19.01	5	5.15	59	15.49
农业企业提供信息	34	11.97	13	13.40	47	12.34
经纪人发布信息	44	15.49	2	2.06	46	12.07
集贸市场获取信息	32	11.27	9	9.28	41	10.76
报纸杂志图书	12	4.23	26	26.80	38	9.97
热线电话	14	4.93	4	4.12	18	4.72
样本数/个	284	—	97	—	381	—

表 2-22 的数据表明，在位居前 6 位的农民最易接收的信息利用方式中，政府主导型信息传播方式有 5 种，分别是看电视、农家书屋、农技人员传授、上网查询信息和乡村黑板报，这样的统计结果也说明政府在构建农村信息传播体系时的建设方向是正确的、建设路径是可行的。村头聊天、人际交往、集贸市场获取信息 3 种方式是农村历史最悠久的信息传播方式，在新传播媒介大行其道的今天，依然是农民习惯性获取信息的方式。近 10 年来，伴随着手机的普及，手机短信（微信）迅速被人们用来传播信息。"互联网+"形势下，合作社提供信息、信息服务站点提供信息、农业企业提供信息、经纪人发布信息、热线电话等方式的专业性较强，虽然总体被运用的频率较低，但对专业性较强的从业者影响较

大，这又说明政府在构建农村信息传播体系的过程中还存在明显的不足，构建农村信息传播体系还有很大的发展空间，加强专业性农业信息服务方式建设应当是政府部门今后打造农村信息传播体系的工作重点。

2. 不同职业农户对信息传播方式的偏好

表 2-22 是对西部农村农民最易接收的农业信息利用方式的整体反映，表 2-23 则进一步反映了不同职业农民对各类信息传播方式的认可度或使用状况。不同的从业人员由于其职业特性不同，对信息的需求差异较大，其对各类农业信息服务方式的认可度与使用频数的差异也较大。农民从事职业与农户易接收信息服务方式的统计数据见表 2-23。

由表 2-23 可知，种植业从事者对农家书屋、农技人员传授、信息服务站点提供信息的使用频数个案占比分别比该数值的平均值高 6.02%、9.13% 和 4.42%，对其他各种信息服务方式的使用频数个案占比十分接近该数值的平均值。

从事畜牧业的农村人口则更偏好于通过集贸市场、乡村黑板报、农业企业、合作社和人际交往获取信息，这 5 种农业信息利用方式在牧民中的使用频数个案占比分别比该数值的平均值高 15.56%、14.55%、8.71%、7.96% 和 7.16%；牧民较少看电视、发手机短信、村头聊天、上网查询，其对这 4 种信息利用方式的使用频数个案占比分别低于该数值的平均值的 22.23%、14.66%、9.93% 和 7.56%。

从事养殖业的农村人口，其对报纸杂志图书、乡村黑板报、合作社提供信息的利用比较多。养殖业从业者对这 3 种农业信息利用方式的使用频数个案占比分别比该数值的平均值高 10.03%、8.44% 和 4.38%，对其他信息服务方式的使用频数个案占比则十分接近该数值的平均值。

从事加工业的农村人口，其非常倾向于通过上网查询信息、村头聊天、乡村黑板报、集贸市场来获取信息，对上述 4 种信息服务方式的使用频数个案占比分别比该数值的平均值高 41.39%、14.28%、12.44% 和 9.24%；或许是因为受到加工业特点的影响，加工业从业者很少利用农家书屋、农技人员传授、人际交往、信息服务站提供信息、农业企业提供信息、经纪人发布信息、报纸杂志图书 7 种农业信息服务方式，对这 7 种信息服务方式的使用频数个案占比分别比该数值的平均值低 26.19%、22.02%、19.16%、15.49%、12.34%、12.07% 和 9.97%。

表 2-23　农民从事职业与农户易接收信息服务方式的统计数据

信息服务方式	种植		畜牧		养殖		加工		运输		管理		打工		其他		合计	
	频数/人	个案占比/%	频数/人	个案占比/%	频数/人	个案占比/%	频数/人	个案占比/%	频数/人	个案占比/%	频数/人	个案占比/%	频数/人	个案占比/%	频数/人	个案占比/%	频数/人	个案占比/%
看电视	126	55.75	6	31.58	13	52.00	5	50.00	1	25.00	6	42.86	25	54.35	23	62.16	205	53.81
农家书屋	118	52.21	10	52.63	12	48.00	2	20.00	1	25.00	3	21.43	13	28.26	17	45.95	176	46.19
农技人员传授	93	41.15	5	26.32	8	32.00	1	10.00	0	0.00	3	21.43	5	10.87	7	18.92	122	32.02
手机短信	70	30.97	3	15.79	8	32.00	3	30.00	0	0.00	6	42.86	15	32.61	11	29.73	116	30.45
上网查询信息	58	25.66	4	21.05	7	28.00	7	70.00	1	25.00	6	42.86	11	23.91	15	40.54	109	28.61
乡村黑板报	65	28.76	8	42.11	9	36.00	4	40.00	1	25.00	1	7.14	12	26.09	5	13.51	105	27.56
村头聊天	59	26.11	3	15.79	2	8.00	4	40.00	1	25.00	1	7.14	19	41.30	9	24.32	98	25.72
合作社提供信息	57	25.22	6	31.58	7	28.00	2	20.00	2	50.00	0	0.00	10	21.74	6	16.22	90	23.62
人际交往	40	17.70	5	26.32	5	20.00	0	0.00	0	0.00	2	14.29	6	13.04	15	40.54	73	19.16
信息服务站点提供信息	45	19.91	3	15.79	4	16.00	0	0.00	0	0.00	1	7.14	6	13.04	0	0.00	59	15.49
农业企业提供信息	26	11.50	4	21.05	3	12.00	0	0.00	0	0.00	1	7.14	10	21.74	3	8.11	47	12.34
经纪人发布信息	25	11.06	2	10.53	4	16.00	0	0.00	0	0.00	0	0.00	9	19.57	6	16.22	46	12.07
集贸市场获取信息	30	13.27	5	26.32	3	12.00	2	20.00	0	0.00	0	0.00	1	2.17	0	0.00	41	10.76
报纸杂志图书	20	8.85	3	15.79	5	20.00	0	0.00	0	0.00	2	14.29	4	8.70	4	10.81	38	9.97
热线电话	13	5.75%	0	0.00	0	0.00	1	10.00	0	0.00	1	7.14	2	4.35	1	2.70	18	4.72

从事管理工作的农村人口，更喜欢通过上网查询信息及手机短信来获取信息，其对这 2 种信息服务方式的使用频数个案占比分别比该数值的平均值高 14.25% 和 12.41%；受其职业特性的影响，管理工作者很少利用农家书屋、乡村黑板报、村头聊天、看电视、农技人员传授、信息服务站提供信息，对这 8 种信息服务方式的使用频数个案占比分别比该数值的平均值低 24.76%、20.42%、18.58%、10.95% 和 10.59%。表 2-23 的统计数据表明，管理工作者尚没有使用过合作社提供信息、经纪人发布信息、集贸市场获取信息 3 种信息服务方式。

打工者更倾向于村头聊天、农业企业提供信息、经纪人发布信息，其对这 3 种信息服务方式的使用频数个案占比较该数值的平均值分别高 9.40% 和 7.50%，他们使用农技人员传授、农家书屋、集贸市场获取信息、人际交往这 4 种信息服务方式的频数个案占比较该数值的平均值分别低 21.15%、17.93%、8.59% 和 6.12%，打工者对其他信息服务方式的使用频数个案占比接近该数值的平均值。

运输从业者只有 4 人，其使用频数的个案占比容易出现统计偏离，因此我们对其的分析暂略。

第三节　西部农村信息传播内容研究

一、西部农村信息传播内容分类

肖倞（2009）把农村信息服务需求内容分为农业信息服务需求、民生信息服务需求和行政管理信息服务需求（肖倞，2009）。本书参考肖倞的分类结果，结合西部农村的信息传播特点及农民对信息利用的习惯方式等，将西部农村信息内容分为农业科技信息、政策与市场信息、民生信息三大类。其中，农业科技信息包括气象与灾害预报、病虫害防治、农业科技、种子种苗、特色养殖、职业技术培训信息、农业新闻、技术推广和药材种植等；政策与市场信息包括惠农政策、农业政策、法律法规、市场供求信息、务工信息、农业商机信息、市场信息、市场预测和金融信贷等；民生信息包括致富类信息、子女教育、健康信息、家庭生活等。西部农村信息内容需求统计见表 2-24。

表 2-24 西部农村信息内容需求统计

信息传播内容		甘肃		新疆		（甘肃、新疆）合并	
		频数/人	个案占比/%	频数/人	个案占比/%	频数/人	个案占比/%
农业科技信息	气象与灾害预报	98	34.51	13	13.40	111	29.13
	病虫害防治	86	30.28	20	20.62	106	27.82
	农业科技	104	36.62	2	2.06	106	27.82
	种子种苗	84	29.58	13	13.40	97	25.46
	特色养殖	86	30.28	4	4.12	90	23.62
	职业技术培训信息	76	26.76	9	9.28	85	22.31
	农业新闻	70	24.65	5	5.15	75	19.69
	技术推广	56	19.72	10	10.31	66	17.32
	药材种植	34	11.97	1	1.03	35	9.19
政策与市场信息	惠农政策	224	78.87	53	54.64	277	72.70
	农业政策	184	64.79	42	43.30	226	59.32
	法律法规	96	33.80	17	17.53	113	29.66
	市场供求信息	58	20.42	11	11.34	69	18.11
	务工信息	56	19.72	9	9.28	65	17.06
	农业商机信息	46	16.20	10	10.31	56	14.70
	市场信息	48	16.90	5	5.15	53	13.91
	市场预测	30	10.56	2	2.06	32	8.40
	金融信贷	14	4.93	6	6.19	20	5.25
民生信息	致富类信息	128	45.07	33	34.02	161	42.26
	子女教育	126	44.37	13	13.40	139	36.48
	健康信息	100	35.21	21	21.65	121	31.76
	家庭生活	36	12.68	20	20.62	56	14.70
	其他信息	16	5.63	10	10.31	26	6.82
样本数/个		284	—	97	—	381	—

　　表 2-24 的统计数据表明，农民最关心的前 5 类信息是惠农政策、农业政策、致富类信息、子女教育和健康信息，上述 5 类信息在西部农村被关注程度分别达到了 72.70%、59.32%、42.26%、36.48% 和 31.76%，其中最被关注的 2 项内容属于政策与市场信息，另外的 3 项内容则属于民生类信息。这从一个侧面表明，现阶段农民非常重视政策与市场信息，同时十分关注民生信息，而对于农业科技信息的关注度相对较低。

按内容类型进一步分析农民对三大类信息的关注程度可知，政策与市场信息中的惠农政策、农业政策与农民的生产生活息息相关，非常受农民关注，而金融信贷、市场预测、市场信息、农业商机信息、务工信息、市场供求信息可能更多的是与特定职业的农民有关，因而受关注程度比较低，分别只有5.25%、8.40%、13.91%、14.70%、17.06%和18.11%。民生信息中农民最关注的是致富类信息、子女教育和健康信息，农民对家庭生活类信息的关注度相对较低，只有14.70%。农业科技类信息中没有特别受关注的信息，但多数信息的受关注程度为20%~30%，而药材种植、技术推广和农业新闻的受关注程度低于20%，分别为9.19%、17.32%和19.69%，其中药材种植因专业性过强，从事人员在农村人口中所占比例较低，所以与之有关的信息关注度远低于其他类信息。

二、不同农户信息内容需求偏好

农户对农村信息的需求除了总体上存在差异，在不同收入水平的家庭，或从事不同职业的农村人口之间也存在差异。

（一）家庭收入水平与农村信息内容需求偏好（见表2-25）

表2-25中的统计数据表明，家庭年人均收入不同的农户对农村信息的关注情况有如下3个趋势：

一是惠农政策、农业政策、致富类信息、子女教育、健康信息、法律法规等与农户生活密切相关的信息在各种收入水平的家庭中都很受关注，但由于气象与灾害预报、病虫害防治、农业科技、特色养殖、职业技术培训信息、农业新闻等信息具有较强的针对性，多数情况下只能吸引与之相关的农户关注。

二是随着家庭收入水平的提高，农户对各类信息的总体关注度分化更明显。在23项农村信息中，家庭年人均收入在2 000元以下的家庭只对7项信息的关注度超过了全体农户的平均值，且由务工信息形成的关注度最大领先幅度只有4.84%，对16项信息的关注度低于全体农户的平均值，由气象与灾害预报形成的关注度最大落后幅度为6.45%；3 001~4 000元家庭对7项信息的关注度超过了全体农户的平均值，且由健康信息形成的关注度最大领先幅度只有12.99%，对16项信息的关注度低于全体农户的平均值，由农业科技形成的关注度最大落后幅度为24.44%；5 000元以上家庭对19项信息的关注度超过了全体农户的平均值，且由气象与灾害预报形成的关注度最大领先幅度达10.60%，对4项信息的关注度低于全体农户的平均值，由惠农政策形成的关注度最大落后幅度只有3.45%。

表2-25 家庭收入水平与农村信息内容需求偏好

信息传播内容	2000元以下 频数/人	2000元以下 个案占比/%	2000~3000元 频数/人	2000~3000元 个案占比/%	3001~4000元 频数/人	3001~4000元 个案占比/%	4001~5000元 频数/人	4001~5000元 个案占比/%	5000元以上 频数/人	5000元以上 个案占比/%	总计 频数/人	总计 个案占比/%
惠农政策	95	77.24	56	70.89	21	72.41	30	73.17	75	69.44	277	72.89
农业政策	75	60.98	51	64.56	19	65.52	19	46.34	62	57.41	226	59.47
致富类信息	49	39.84	34	43.04	10	34.48	19	46.34	49	45.37	161	42.37
子女教育	48	39.02	26	32.91	4	13.79	13	31.71	48	44.44	139	36.58
健康信息	37	30.08	23	29.11	13	44.83	9	21.95	39	36.11	121	31.84
法律法规	35	28.46	25	31.65	10	34.48	8	19.51	35	32.41	113	29.74
气象与灾害预报	28	22.76	18	22.78	11	37.93	11	26.83	43	39.81	111	29.21
病虫害防治	36	29.27	20	25.32	5	17.24	8	19.51	37	34.26	106	27.89
农业科技	32	26.02	32	40.51	1	3.45	8	19.51	33	30.56	106	27.89
种子种苗	29	23.58	17	21.52	3	10.34	10	24.39	38	35.19	97	25.53
特色养殖	31	25.20	22	27.85	4	13.79	6	14.63	27	25.00	90	23.68
职业技术培训信息	28	22.76	19	24.05	6	20.69	5	12.20	27	25.00	85	22.37
农业新闻	24	19.51	17	21.52	6	20.69	7	17.07	21	19.44	75	19.74
市场供求信息	16	13.01	16	20.25	5	17.24	7	17.07	25	23.15	69	18.16
技术推广	18	14.63	13	16.46	2	6.90	11	26.83	22	20.37	66	17.37

表2-25（续）

信息传播内容	2 000 元以下		2 000～3 000 元		3 001～4 000 元		4 001～5 000 元		5 000 元以上		总计	
	频数/人	个案占比/%	频数/人	个案占比/%	频数/人	个案占比/%	频数/人	个案占比/%	频数/人	个案占比/%	频数/人	个案占比/%
务工信息	27	21.95	16	20.25	1	3.45	3	7.32	18	16.67	65	17.11
农业商机信息	12	9.76	15	18.99	6	20.69	4	9.76	19	17.59	56	14.74
家庭生活	12	9.76	8	10.13	4	13.79	11	26.83	21	19.44	56	14.74
市场信息	16	13.01	11	13.92	0	0.00	4	9.76	22	20.37	53	13.95
药材种植	8	6.50	6	7.59	3	10.34	4	9.76	14	12.96	35	9.21
市场预测	6	4.88	11	13.92	0	0.00	5	12.20	10	9.26	32	8.42
其他信息	8	6.50	5	6.33	1	3.45	4	9.76	8	7.41	26	6.84
金融信贷	3	2.44	2	2.53	1	3.45	2	4.88	12	11.11	20	5.26

三是农户整体关注度低的信息中，不同收入水平家庭的关注度差异更大。如气象与灾害预报信息中，家庭年人均收入 2 000 元以下家庭的关注度低于该数值的平均值 6.45%，5 000 元以上家庭的关注度高于该数值平均值 10.60%；农业科技信息中，家庭年人均收入 3 001~4 000 元家庭的关注度低于该数值的平均值 24.44%，2 000~3 000 元家庭的关注度高于该数值平均值 12.62%；种子种苗信息中，家庭年人均收入 3 001~4 000 元家庭的关注度低于该数值的平均值 15.19%，5 000 元以上家庭的关注度高于该数值平均值 9.66%；技术推广信息中，家庭年人均收入 3 001~4 000 元家庭的关注度低于该数值的平均值 10.47%，4 001~5 000 元家庭的关注度高于该数值平均值 9.46%；技术推广信息和市场信息中，家庭年人均收入 3 001~4 000 元家庭的关注度低于该数值的平均值 13.95%，5 000 元以上家庭的关注度高于该数值平均值 6.42%；家庭生活信息中，家庭年人均收入 2 000 元以下家庭的关注度低于该数值的平均值 4.98%，4 001~5 000 元家庭的关注度高于该数值平均值 12.09%。

（二）不同职业农户与农村信息内容需求偏好（见表 2-26）

表 2-26 中的统计数据表明，从事不同职业的农户对农村信息的关注情况有如下两种趋势：

一是不同职业的从业者对同一内容的农村信息关注度差异较大。如惠农政策中，加工业者对其关注度达 80.00%（运输业从业者的关注度虽然达到 100%，但样本量太小只有 4 个，故忽略其关注度），管理者的关注度只有 42.86%，两者相差 37.14%；农业政策中，管理者对其关注度达 71.34%，加工业者的关注度只有 30.00%（运输业从业者的关注度虽然达到 0%，但样本量太小只有 4 个，故忽略其关注度），两者相差 41.34%；致富类信息中，畜牧业从业者对其关注度达 52.63%，管理者的关注度只有 28.57%（运输业从业者的关注度虽然达到 25%，但样本量太小只有 4 个，故忽略其关注度），两者相差 24.06%；子女教育信息中，养殖业从业者对其关注度达 56.00%，管理者的关注度只有 14.29%，两者相差 41.71%；健康信息中，畜牧业从业者对其关注度达 47.37%，养殖业从业者的关注度只有 16.00%，两者相差 31.37%；法律法规中，打工者对其关注度达 50.00%，养殖业从业者的关注度只有 8.00%，两者相差 42.00%；气象与灾害预报中，种植业从业者对其关注度达 33.78%，加工业者的关注度只有 10.00%，两者相差 23.78%；病虫害防治信息中，种植业对其关注度达 36.89%，打工者的关注度只有 8.70%（运输业从业者的关注度虽然达到 0%，但样本量太小只有 4 个，故忽略其关注度），两者相差 28.19%；农业科技类信息中，种植业从业者对其关注度达 35.89%，管理者的关注度只有 7.14%，两者相差 28.75%；职业技术培训信息中，打工者对其关注度达 30.43%，管理者的关注度只有 7.14%，两者相差 23.29%。

表 2-26 不同职业农户与农村信息内容需求偏好

信息内容需求偏好	种植		畜牧		养殖		加工		运输		管理		打工		其他		合计	
	频数/人	个案占比/%	频数/人	个案占比/%	频数/人	个案占比/%	频数/人	个案占比/%	频数/人	个案占比/%	频数/人	个案占比/%	频数/人	个案占比/%	频数/人	个案占比/%	频数/人	个案占比/%
惠农政策	178	79.11	9	47.37	18	72.00	8	80.00	4	100.00	6	42.86	31	67.39	23	62.16	277	72.89
农业政策	158	70.22	6	31.58	9	36.00	3	30.00	0	0.00	10	71.43	25	54.35	15	40.54	226	59.47
致畜类信息	103	45.78	10	52.63	9	36.00	3	30.00	1	25.00	4	28.57	15	32.61	16	43.24	161	42.37
子女教育	84	37.33	7	36.84	14	56.00	2	20.00	0	0.00	2	14.29	20	43.48	10	27.03	139	36.58
健康信息	68	30.22	9	47.37	4	16.00	4	40.00	0	0.00	6	42.86	21	45.65	9	24.32	121	31.84
法律法规	71	31.56	2	10.53	2	8.00	2	20.00	1	25.00	3	21.43	23	50.00	9	24.32	113	29.74
气象与灾害预报	76	33.78	3	15.79	5	20.00	1	10.00	0	0.00	2	14.29	13	28.26	11	29.73	111	29.21
病虫害防治	83	36.89	5	26.32	4	16.00	0	0.00	0	0.00	3	21.43	4	8.70	7	18.92	106	27.89
农业科技	83	36.89	2	10.53	8	32.00	2	20.00	0	0.00	1	7.14	6	13.04	4	10.81	106	27.89
种子种苗	60	26.67	9	47.37	6	24.00	0	0.00	2	50.00	0	0.00	8	17.39	12	32.43	97	25.53
特色养殖	67	29.78	4	21.05	7	28.00	0	0.00	0	0.00	1	7.14	4	8.70	7	18.92	90	23.68
职业技术培训信息	52	23.11	4	21.05	4	16.00	0	0.00	0	0.00	1	7.14	14	30.43	10	27.03	85	22.37
农业新闻	46	20.44	3	15.79	4	16.00	0	0.00	0	0.00	2	14.29	11	23.91	9	24.32	75	19.74
市场供求信息	48	21.33	2	10.53	9	36.00	2	20.00	1	25.00	1	7.14	1	2.17	5	13.51	69	18.16
技术推广	55	24.44	2	10.53	0	0.00	0	0.00	0	0.00	2	14.29	7	15.22	0	0.00	66	17.37
务工信息	42	18.67	5	26.32	3	12.00	2	20.00	1	25.00	0	0.00	10	21.74	4	10.81	65	17.11
农业商机信息	31	13.78	4	21.05	6	24.00	1	10.00	0	0.00	2	14.29	3	6.52	8	21.62	56	14.74
家庭生活	34	15.11	2	10.53	2	8.00	3	30.00	0	0.00	4	28.57	6	13.04	7	18.92	56	14.74
市场信息	31	13.78	4	21.05	2	8.00	0	0.00	0	0.00	2	14.29	9	19.57	2	5.41	53	13.95
药材种植	27	12.00	0	0.00	2	8.00	0	0.00	0	0.00	0	0.00	2	4.35	4	10.81	35	9.21
市场预测	25	11.11	2	10.53	2	8.00	0	0.00	1	25.00	0	0.00	1	2.17	2	5.41	32	8.42
其他信息	15	6.67	0	0.00	0	0.00	0	0.00	0	0.00	1	7.14	7	15.22	2	5.41	26	6.84
金融信贷	17	7.56	0	0.00	0	0.00	0	0.00	0	0.00	0	0.00	1	2.17	2	5.41	20	5.26

二是信息专业性越强，相关职业的从业者对该类信息的关注度越高。如从事种植业的农户比较关注农业政策、病虫害防治、农业科技、技术推广、惠农政策、特色养殖、气象与灾害预报 7 类与种植业密切相关的信息，对其关注程度分别高于平均值 10.75%、9.00%、9.00%、7.07%、6.22%、6.10% 和 4.57%；较少关注职业技术培训信息、市场信息、农业商机信息等，对其关注程度分别低于平均值 0.74%、0.17% 和 0.96%。从事畜牧的农户比较关注种子种苗、健康信息、致富类信息、务工信息、市场信息、农业商机信息 6 类与畜牧业密切相关的信息，对其关注程度分别高于平均值 21.84%、15.53%、10.26%、9.21%、7.10% 和 6.31%；较少关注药材种植、气象与灾害预报、农业科技、法律法规、农业政策等信息，对其关注程度分别低于平均值 9.21%、13.42%、17.36%、19.21% 和 23.47%。从事养殖业的农户比较关注市场供求信息、农业商机信息、特色养殖、农业科技 4 类与养殖业密切相关的信息，对其关注程度分别高于平均值 17.84%、9.26%、4.32% 和 4.11%；较少关注职业技术培训信息、家庭生活、气象与灾害预报、病虫害防治、技术推广等信息，对其关注程度分别低于平均值 6.37%、6.74%、9.21%、11.89% 和 17.37%。从事加工业的农户比较关注市场信息、健康信息、惠农政策、农业商机信息、市场供求信息 5 类与加工业密切相关的信息，对其关注程度分别高于平均值 16.05%、8.16%、7.11%、5.26% 和 1.84%；较少关注务工信息、技术推广、气象与灾害预报、农业新闻、职业技术培训信息、特色养殖、种子种苗、病虫害防治等信息，对其关注程度分别低于平均值 17.11%、17.37%、19.21%、19.74%、22.37%、23.68%、25.53% 和 27.89%。从事管理工作的农户比较关注家庭生活、农业政策、健康信息 3 类信息，对其关注程度分别高于平均值 13.83%、11.96% 和 11.02%；较少关注药材种植、市场供求信息、气象与灾害预报、职业技术培训信息、特色养殖、务工信息、农业科技、种子种苗等信息，对其关注程度分别低于平均值 9.21%、11.02%、14.92%、15.23%、16.54%、17.11%、20.75% 和 25.53%。打工的农户比较关注法律法规、职业技术培训信息、市场信息、务工信息、农业新闻 5 类与打工密切相关的信息，对其关注程度分别高于平均值 20.26%、8.06%、5.62%、4.63% 和 4.17%；较少关注种子种苗、农业商机信息、农业科技、特色养殖、市场供求信息、病虫害防治等信息，对其关注程度分别低于平均值 8.14%、8.22%、14.85%、14.98%、15.99% 和 19.19%。

第四节　农村信息传播渠道与内容的内在关联

表 2-10 中关于甘肃、新疆农村信息传播渠道使用频数的统计数据，反映了现阶段西部地区农户使用过的 21 种农村信息传播渠道的使用状况；表 2-24 中关于西部农村信息内容需求的统计数据，则反映了现阶段西部农村围绕农业生产，农户对 23 类主要农村信息的使用状况。

一、农村信息内容与渠道交叉数据提取

表 2-27 是基于表 2-10 和表 2-24 的统计数据，运用 SPSS 软件提取的农村信息传播渠道与内容的统计数据，该表在直观地反映调查对象关注某种信息传播渠道、获取某些信息内容的频数时，还可以具体地反映出通过某种渠道关注或获取某种内容的频数，从而使我们准确地掌握农村信息内容与渠道之间的关联信息。

表 2-27 的首行是横向标题栏，标识为传播渠道，如电视、报纸、杂志、图书、广播等，首列是纵向标题栏，标识为农村信息内容，如农业政策、惠农政策、务工信息、健康信息、子女教育等。表 2-27 中的末列数字表示在有效的 381 位被调查对象（被调查对象总数置于表 2-27 右下角）中具体使用过某类信息的频数，如 226 是 381 位被调查对象中关注或获取农业政策信息的频数，277 是 381 位被调查对象中关注或获取惠农政策信息的频数，65 是 381 位被调查对象中关注或获取务工信息的频数等；末行数字表示在有效的 381 位被调查对象中具体关注或获取过某类信息传播渠道的频数，如 381 是 381 位被调查对象中关注或获取过电视的频数，155 是 381 位被调查对象中关注或获取过报纸的频数，91 是 381 位被调查对象中关注或获取过杂志的频数等。

表 2-27 中各行、列及行列交叉点的数字分别反映了有效被调查对象总数、通过某一渠道关注或获取各类农村信息的人数、通过各类渠道获取某一类信息的频数以及通过某一渠道关注或获取某一类信息的频数。

如末行末列数字 381、第 1 列末行数字 308、第 1 行末列数字 226 和第 1 行第 1 列数字 200 分别表示有 381 个有效被调查对象，在 381 个被调查对象中有 308 人通过电视关注或获取各类农村信息，226 人通过各种渠道关注或获取农业政策，其中通过电视关注或获取各类农村信息的 308 人中又有 200 人通过电视关注或获取农业政策；第 2 行末列数字 277 及第 2 行第 1 列数字 233 分别表示有 277 人通过各种渠道关注或获取惠农政策，其中通过电视关注或获取各类农村信息的 308 人中又有 233 人通过电视关注或获取惠农政策。

表2-27 农村信息传播渠道与内容的统计数据

农村信息内容	电视	报纸	杂志	图书	广播	网站	宣传资料	人际交往	亲戚邻居朋友	种养大户	农业技术员	信息员	集贸市场	农业合作社	讲座培训	远程教育	技术示范观摩	手机短信	村干部	农业企业	其他渠道	总计
农业政策	200	110	64	75	67	47	61	57	72	23	26	5	15	20	47	31	17	69	64	8	30	226
惠农政策	233	114	71	84	78	61	77	78	89	29	36	9	22	26	48	34	22	87	76	13	37	277
务工信息	51	30	23	26	18	13	24	17	26	12	13	2	4	8	15	13	5	25	22	6	10	65
健康信息	97	64	36	42	33	29	41	38	49	17	17	5	13	17	30	16	13	48	45	7	16	121
子女教育	116	59	33	56	43	35	41	44	55	16	22	6	8	20	33	21	14	69	54	8	15	139
特色养殖	79	47	30	37	36	19	33	33	46	16	16	4	8	20	27	16	11	40	34	4	14	90
药材种植	33	19	14	14	14	10	15	12	18	9	10	4	6	14	20	8	8	16	14	2	4	35
种子种苗	85	55	35	38	39	19	31	37	43	21	18	6	10	15	27	18	9	40	38	5	17	97
病虫害防治	91	49	33	37	37	23	37	34	46	15	23	7	12	18	34	22	15	36	30	6	17	106
市场供求信息	59	32	24	30	26	21	28	24	28	14	16	5	8	14	25	16	11	27	24	4	15	69
市场预测	32	16	11	14	13	10	11	6	13	6	8	4	4	6	12	6	6	15	14	2	3	32
技术推广	61	34	16	22	24	20	26	22	27	16	18	4	8	15	22	19	8	28	27	5	7	66
气象与灾害预报	95	55	36	50	44	21	42	38	42	15	17	4	12	20	33	21	13	47	44	8	18	111
法律法规	97	59	31	41	37	28	35	38	46	17	19	6	8	20	22	22	10	40	47	6	19	113
金融信贷	17	11	8	8	9	7	11	6	11	6	10	2	5	11	12	7	8	12	9	4	4	20
农业科技	90	50	22	42	41	16	35	34	42	16	25	4	6	18	27	22	12	36	44	8	14	106
市场信息	45	27	16	24	25	21	19	20	21	8	12	4	12	9	13	15	9	25	27	3	6	53
农业商机信息	48	26	18	22	17	25	15	21	19	8	11	2	11	8	14	12	12	21	15	3	6	56
致富类新闻	132	85	54	68	54	33	50	52	61	24	34	9	16	19	32	26	14	57	60	9	26	161
职业技术培训信息	71	42	30	27	25	11	33	30	38	17	15	6	7	12	17	20	7	37	30	4	18	85
农业新闻	67	50	28	34	23	11	34	39	39	13	8	4	11	12	16	17	7	29	28	2	15	75
家庭生活	48	32	27	20	22	12	17	21	23	11	12	3	6	9	14	15	6	28	17	6	20	56
其他信息	24	14	9	20	8	5	11	9	10	4	6	3	6	8	7	5	3	9	5	2	9	26
总计	308	155	91	116	99	81	89	96	103	33	46	10	27	30	57	42	25	110	97	14	42	381

第 6 列末行数字 81、第 6 行末列数字 90 和第 6 行第 6 列数字 19 分别表示在 381 个被调查对象中有 81 人通过网站关注或获取各类农村信息，90 人通过各种渠道关注或获取特色养殖信息，其中通过网站关注或获取各类农村信息的 81 人中又有 19 人通过网站关注或获取特色养殖信息；第 9 列末行数字 103 及第 6 行第 9 列数字 46 分别表示有 103 人通过亲戚、邻居、朋友关注或获取各类农村信息，其中通过亲戚、邻居、朋友关注或获取各类农村信息的 103 人中又有 46 人通过亲戚、邻居、朋友关注或获取特色养殖信息。

第 13 行末列数字 111、第 18 列末行数字 110 和第 13 行第 18 列数字 47 分别表示在 381 个被调查对象中有 111 人 通过各类渠道关注或获取气象与灾害预报信息，110 人通过手机短信关注或获取各类农村信息，其中通过手机短信关注或获取各类农村信息的 110 人中又有 47 人通过手机短信关注或获取气象与灾害预报信息。

根据上述解读规则，我们可以解读出表 2-27 中每个数据所表达的具体含义。

二、农村信息内容与渠道的关联分析

表 2-27 比较全面地反映了农户通过某一类信息传播渠道关注或获取各类信息的情况，同时也反映了某一类农村信息被农户通过哪些信息传播渠道关注或获取的情况。如果要进一步了解信息传播渠道与内容之间的关联程度，就需要深化表 2-27。

（一）农村信息传播渠道与内容关联表架构

基于表 2-27 的相关数据，我们分 5 个步骤架构表 2-28，即农村信息传播渠道与内容的关联表-1。

步骤一：我们分别依据表 2-27 中末行农户使用各类信息传播渠道的频数，以及末列农户关注或获取各类信息内容的频数为主要关键字，按降序的形式进行排序。

步骤二：我们以农户关注或获取某类农村信息内容的频数除以调查对象样本数，获得该项数据的个案占比，以体现该类农村信息内容在总体调查对象中被关注或获取的程度。

步骤三：我们以农户通过某一类信息传播渠道关注或获取某一类信息内容的频数除以表 2-27 中末列农户通过各类信息传播渠道关注或获取该类信息内容的频数，获得该项数据的渠道百分比，以体现传播某一类农村信息内容时，与各类农村信息传播渠道相比某一类信息传播渠道的传播能力（$np/Np = n/N$）。

步骤四：我们以农户通过某一类信息传播渠道关注或获取某一类信息内容的频数除以表2-27中末行农户通过某一类信息传播渠道关注或获取各类信息内容的频数，获得该项数据的渠道个案占比，以体现某一类农村信息传播渠道在传播各类农村信息时，某一类信息内容在该信息传播渠道中的传播量（$np/nP=p/P$）。

步骤五：我们将步骤一至步骤四的运算结果进行合并，也就得到了表2-28至表2-31的数据。

表2-28至表2-31这4个关联表中各项数据的具体含义如下：

电视—惠农政策数据组——首列末行数据308代表在381位被调查对象中通过电视关注或获取各类农村信息的频数，首行末列数据277代表在381位被调查对象中通过各类信息传播渠道关注或获取惠农政策的频数，233代表381位被调查对象中通过电视关注或获取惠农政策的频数。61.32%是233与381的百分比，表示通过电视关注或获取惠农政策的频数占有效调查对象总数的频数之比，即个案占比，体现了惠农政策在所有被调查对象中被关注或获取的程度；84.12%是233与277的百分比，表示通过电视关注或获取惠农政策的频数占通过各种信息传播渠道关注或获取惠农政策的频数之比，即渠道占比，体现了在传播惠农政策方面，与各类农村信息传播渠道相比电视的传播能力更强；75.65%是233与308的百分比，表示通过电视关注或获取惠农政策的频数与通过电视关注或获取各类信息内容的频数之比，即渠道内容占比，体现了电视在传播各类农村信息时，惠农政策在电视传播中的传播量。

报纸—农业政策数据组——第5列末行数据155代表在有效的381位被调查对象中通过报纸关注或获取各类农村信息的频数，第2行末列数据226代表在有效的381位被调查对象中通过各类信息传播渠道关注或获取农业政策的频数，110代表在有效的381位被调查对象中通过报纸关注或获取农业政策的频数。28.95%是110与381的百分比，表示通过报纸关注或获取农业政策的频数占有效调查对象总数的频数之比，即内容占比，体现了农业政策在所有调查对象中被关注或获取的程度；48.67%是110与226的百分比，表示通过报纸关注或获取农业政策的频数占通过各种信息传播渠道关注或获取农业政策的频数之比，即渠道占比，体现了在传播农业政策方面，与各类农村信息传播渠道相比报纸的传播能力；70.97%是110与155的百分比，表示通过报纸关注或获取农业政策的频数与通过报纸关注或获取各类信息内容的频数之比，即渠道个案占比，体现了报纸在传播各类农村信息时，农业政策在报纸传播中的传播量。

表 2-28　农村信息传播渠道与内容的关联表-1

信息内容	总计		电视			报纸				图书				手机短信				亲戚邻居朋友			
	频数/人	个案占比/%	个案占比/%	渠道占比/%	频数/人	个案占比/%	渠道占比/%	渠道占比/%	频数/人	个案占比/%	渠道占比/%	渠道占比/%	频数/人	个案占比/%	渠道占比/%	渠道占比/%	频数/人	个案占比/%	渠道占比/%	渠道占比/%	频数/人
惠农政策	277	72.89	61.32	84.12	233	30.00	41.16	73.55	114	22.11	30.32	72.41	84	22.89	31.41	79.09	87	23.42	32.13	86.41	89
农业政策	226	59.47	52.63	88.50	200	28.95	48.67	70.97	110	19.74	33.19	64.66	75	18.16	30.53	62.73	69	18.95	31.86	69.90	72
致富类信息	161	42.37	34.74	81.99	132	22.37	52.80	54.84	85	17.89	42.24	58.62	68	15.00	35.40	51.82	57	16.05	37.89	59.22	61
子女教育	139	36.58	30.53	83.45	116	15.53	42.45	38.06	59	14.74	40.29	48.28	56	18.16	49.64	62.73	69	14.47	39.57	53.40	55
健康信息	121	31.84	25.53	80.17	97	16.84	52.89	41.29	64	11.05	34.71	36.21	42	12.63	39.67	43.64	48	12.89	40.50	47.57	49
法律法规	113	29.74	25.53	85.84	97	15.53	52.21	38.06	59	10.79	36.28	35.34	41	10.53	35.40	36.36	40	12.11	40.71	44.66	46
气象与灾害预报	111	29.21	25.00	85.59	95	14.47	49.55	35.48	55	13.16	45.05	43.10	50	12.37	42.34	42.73	47	11.05	37.84	40.78	42
病虫害防治	106	27.89	23.95	85.85	91	12.89	46.23	31.61	49	9.74	34.91	31.90	37	9.47	33.96	32.73	36	12.11	43.40	44.66	46
农业科技	106	27.89	23.68	84.91	90	13.16	47.17	32.26	50	11.05	39.62	36.21	42	9.47	36.21	32.73	36	11.05	39.62	40.78	42
种子种苗	97	25.53	22.37	87.63	85	14.47	56.70	35.48	55	10.00	39.18	32.76	38	10.53	41.24	36.36	40	11.32	44.33	41.75	43
特色养殖	90	23.68	20.79	87.78	79	12.37	52.22	30.32	47	9.74	41.11	31.90	37	10.53	44.44	36.36	40	12.11	51.11	44.66	46
职业技术培训信息	85	22.37	18.68	83.53	71	11.05	49.41	27.10	42	7.11	31.76	23.28	27	9.74	43.53	33.64	37	10.00	44.71	36.89	38
农业新闻	75	19.74	17.63	89.33	67	13.16	66.67	32.26	50	8.95	45.33	29.31	34	7.63	38.67	26.36	29	10.26	52.00	37.86	39
市场供求信息	69	18.16	15.53	85.51	59	8.42	46.38	20.65	32	7.89	43.48	25.86	30	7.11	39.13	24.55	27	7.37	40.58	27.18	28
技术推广	66	17.37	16.05	92.42	61	8.95	51.52	21.94	34	5.79	33.33	18.97	22	7.37	42.42	25.45	28	7.11	40.91	26.21	27
务工信息	65	17.11	13.42	78.46	51	7.89	46.15	19.35	30	6.84	40.00	22.41	26	6.58	38.46	22.73	25	6.84	40.00	25.24	26
农业商机信息	56	14.74	12.63	85.71	48	6.84	46.43	16.77	26	5.79	39.29	18.97	22	5.53	37.50	19.09	21	5.00	33.93	18.45	19
家庭生活	56	14.74	12.63	85.71	48	8.42	57.14	20.65	32	5.26	35.71	17.24	20	7.37	50.00	25.45	28	6.05	41.07	22.33	23
市场信息	53	13.95	11.84	84.91	45	7.11	50.94	17.42	27	6.32	45.28	20.69	24	6.58	47.17	22.73	25	5.53	39.62	20.39	21
药材种植	35	9.21	8.68	94.29	33	5.00	54.29	12.26	19	3.68	40.00	12.07	14	4.21	45.71	14.55	16	4.74	51.43	17.48	18
市场预测	32	8.42	8.42	100.00	32	4.21	50.00	10.32	16	3.68	43.75	12.07	14	3.95	46.88	13.64	15	3.42	40.63	12.62	13
其他信息	26	6.84	6.32	92.31	24	3.68	53.85	9.03	14	2.11	30.77	6.90	8	2.37	34.62	8.18	9	2.63	38.46	9.71	10
金融信贷	20	5.26	4.47	85.00	17	2.89	55.00	7.10	11	2.11	40.00	6.90	8	3.16	60.00	10.91	12	2.89	55.00	10.68	11

表 2-29 农村信息传播渠道与内容的关联表-2

信息内容	总计		广播				村干部				人际交往				杂志				宣传资料			
	频数/人	个案占比/%	频数/人	个案占比/%	渠道占比/%	渠道个案占比/%	频数/人	个案占比/%	渠道占比/%	渠道个案占比/%	频数/人	个案占比/%	渠道占比/%	渠道占比/%	频数/人	个案占比/%	渠道占比/%	渠道占比/%	频数/人	个案占比/%	渠道占比/%	渠道个案占比/%
惠农政策	277	72.89	78	20.53	28.16	78.79	76	20.00	27.44	78.35	78	20.53	28.16	81.25	71	18.68	25.63	78.02	77	20.26	27.80	86.52
农业政策	226	59.47	67	17.63	29.65	67.68	64	16.84	28.32	65.98	57	15.00	25.22	59.38	64	16.84	28.32	70.33	61	16.05	26.99	68.54
致富类信息	161	42.37	54	14.21	33.54	54.55	60	15.79	37.27	61.86	52	13.68	32.30	54.17	54	14.21	33.54	59.34	50	13.16	31.06	56.18
子女教育	139	36.58	43	11.32	30.94	43.43	54	14.21	38.85	55.67	44	11.58	31.65	45.83	33	8.68	23.74	36.26	41	10.79	29.50	46.07
健康信息	121	31.84	33	8.68	27.27	33.33	45	11.84	37.19	46.39	38	10.00	31.40	39.58	36	9.47	29.75	39.56	41	10.79	33.88	46.07
法律法规	113	29.74	37	9.74	32.74	37.37	47	12.37	41.59	48.45	38	10.00	33.63	39.58	31	8.16	27.43	34.07	35	9.21	30.97	39.33
气象与灾害预警	111	29.21	44	11.58	39.64	44.44	44	11.58	39.64	45.36	38	10.00	34.23	39.58	36	9.47	32.43	39.56	42	11.05	37.84	47.19
病虫害防治	106	27.89	37	9.74	34.91	37.37	30	7.89	28.30	30.93	34	8.95	32.08	35.42	33	8.68	31.13	36.26	37	9.74	34.91	41.57
农业科技	106	27.89	41	10.79	38.68	41.41	44	11.58	41.51	45.36	34	8.95	32.08	35.42	22	5.79	20.75	24.18	35	9.21	33.02	39.33
种子种苗	97	25.53	39	10.26	40.21	39.39	38	10.00	39.18	39.18	37	9.74	38.14	38.54	35	9.21	36.08	38.46	31	8.16	31.96	34.83
特色养殖	90	23.68	36	9.47	40.00	36.36	34	8.95	37.78	35.05	33	8.68	36.67	34.38	30	7.89	33.33	32.97	33	8.68	36.67	37.08
职业技术培训信息	85	22.37	25	6.58	29.41	25.25	30	7.89	35.29	30.93	30	7.89	35.29	31.25	30	7.89	35.29	32.97	33	7.89	38.82	37.08
农业新闻	75	19.74	23	6.05	30.67	23.23	28	7.37	37.33	28.87	39	10.26	52.00	40.63	28	7.37	37.33	30.77	34	8.95	45.33	38.20
市场供求信息	69	18.16	26	6.84	37.68	26.26	24	6.32	34.78	24.74	24	6.32	34.78	25.00	24	6.32	34.78	26.37	28	7.37	40.58	31.46
技术推广	66	17.37	24	6.32	36.36	24.24	27	7.11	40.91	27.84	22	5.79	33.33	22.92	16	4.21	24.24	17.58	26	6.84	39.39	29.21
务工信息	65	17.11	18	4.74	27.69	18.18	22	5.79	33.85	22.68	17	4.47	26.15	17.71	23	6.05	35.38	25.27	24	6.32	36.92	26.97
农业商机信息	56	14.74	17	4.47	30.36	17.17	15	3.95	26.79	15.46	21	5.53	37.50	21.88	18	4.74	32.14	19.78	15	3.95	26.79	16.85
家庭生活	56	14.74	22	5.79	39.29	22.22	17	4.47	30.36	17.53	21	5.53	37.50	21.88	27	7.11	48.21	29.67	17	4.47	30.36	19.10
市场信息	53	13.95	25	6.58	47.17	25.25	27	7.11	50.94	27.84	20	5.26	37.74	20.83	16	4.21	30.19	17.58	19	5.00	35.85	21.35
药材种植	35	9.21	14	3.68	40.00	14.14	14	3.68	40.00	14.43	12	3.16	34.29	12.50	14	3.68	40.00	15.38	15	3.95	42.86	16.85
市场预测	32	8.42	13	3.42	40.63	13.13	14	3.68	43.75	14.43	6	1.58	18.75	6.25	11	2.89	34.38	12.09	11	2.89	34.38	12.36
其他信息	26	6.84	8	2.11	30.77	8.08	5	1.32	19.23	5.15	9	2.37	34.62	9.38	9	2.37	34.62	9.89	11	2.89	42.31	12.36
金融信贷	20	5.26	9	2.37	45.00	9.09	9	2.37	45.00	9.28	6	1.58	30.00	6.25	8	2.11	40.00	8.79	11	2.89	55.00	12.36

表 2-30 农村信息传播渠道与内容的关联表-3

信息内容	总计		网站				讲座培训				农业技术员				远程教育				种养大户			
	频数/人	个案占比/%	频数/人	个案占比/%	渠道占比/%	渠道个案占比/%	频数/人	个案占比/%	渠道占比/%	渠道个案占比/%	频数/人	个案占比/%	渠道占比/%	渠道个案占比/%	频数/人	个案占比/%	渠道占比/%	渠道个案占比/%	频数/人	个案占比/%	渠道占比/%	渠道个案占比/%
惠农政策	277	72.89	61	16.05	22.02	75.31	48	12.63	17.33	84.21	36	9.47	13.00	78.26	34	8.95	12.27	80.95	29	7.63	10.47	87.88
农业政策	226	59.47	47	12.37	20.80	58.02	47	12.37	20.80	82.46	26	6.84	11.50	56.52	31	8.16	13.72	73.81	23	6.05	10.18	69.70
致富类信息	161	42.37	33	8.68	20.50	40.74	32	8.42	19.88	56.14	34	8.95	21.12	73.91	26	6.84	16.15	61.90	24	6.32	14.91	72.73
子女教育	139	36.58	35	9.21	25.18	43.21	33	8.68	23.74	57.89	22	5.79	15.83	47.83	21	5.53	15.11	50.00	16	4.21	11.51	48.48
健康信息	121	31.84	29	7.63	23.97	35.80	30	7.89	24.79	52.63	17	4.47	14.05	36.96	16	4.21	13.22	38.10	17	4.47	14.05	51.52
法律法规	113	29.74	28	7.37	24.78	34.57	22	5.79	19.47	38.60	19	5.00	16.81	41.30	22	5.79	19.47	52.38	17	4.47	15.04	51.52
气象与灾害预报	111	29.21	21	5.53	18.92	25.93	33	8.68	29.73	57.89	17	4.47	15.32	36.96	21	5.53	18.92	50.00	15	3.95	13.51	45.45
病虫害防治	106	27.89	23	6.05	21.70	28.40	34	8.95	32.08	59.65	23	6.05	21.70	50.00	22	5.79	20.75	52.38	15	3.95	14.15	45.45
农业科技	106	27.89	16	4.21	15.09	19.75	27	7.11	25.47	47.37	25	6.58	23.58	54.35	22	5.79	20.75	52.38	16	4.21	15.09	48.48
种子种苗	97	25.53	19	5.00	19.59	23.46	27	7.11	27.84	47.37	18	4.74	18.56	39.13	18	4.74	18.56	42.86	21	5.53	21.65	63.64
特色养殖	90	23.68	19	5.00	21.11	23.46	27	7.11	30.00	47.37	16	4.21	17.78	34.78	16	4.21	17.78	38.10	16	4.21	17.78	48.48
职业技术培训信息	85	22.37	11	2.89	12.94	13.58	17	4.47	20.00	29.82	15	3.95	17.65	32.61	20	5.26	23.53	47.62	17	4.47	20.00	51.52
农业新闻	75	19.74	11	2.89	14.67	13.58	16	4.21	21.33	28.07	8	2.11	10.67	17.39	17	4.47	22.67	40.48	13	3.42	17.33	39.39
市场供求信息	69	18.16	21	5.53	30.43	25.93	25	6.58	36.23	43.86	16	4.21	23.19	34.78	16	4.21	23.19	38.10	14	3.68	20.29	42.42
技术推广	66	17.37	20	5.26	30.30	24.69	22	5.79	33.33	38.60	18	4.74	27.27	39.13	19	5.00	28.79	45.24	16	4.21	24.24	48.48
务工信息	65	17.11	13	3.42	20.00	16.05	15	3.95	23.08	26.32	13	3.42	20.00	28.26	13	3.42	20.00	30.95	12	3.16	18.46	36.36
农业商机信息	56	14.74	25	6.58	44.64	30.86	14	3.68	25.00	24.56	11	2.89	19.64	23.91	12	3.16	21.43	28.57	8	2.11	14.29	24.24
家庭生活	56	14.74	12	3.16	21.43	14.81	14	3.68	25.00	24.56	12	3.16	21.43	26.09	15	3.95	26.79	35.71	11	2.89	19.64	33.33
市场信息	53	13.95	21	5.53	39.62	25.93	13	3.42	24.53	22.81	12	3.16	22.64	26.09	15	3.95	28.30	35.71	8	2.11	15.09	24.24
药材种植	35	9.21	10	2.63	28.57	12.35	20	5.26	57.14	35.09	10	2.63	28.57	21.74	8	2.11	22.86	19.05	9	2.37	25.71	27.27
市场预测	32	8.42	10	2.63	31.25	12.35	12	3.16	37.50	21.05	8	2.11	25.00	17.39	6	1.58	18.75	14.29	6	1.58	18.75	18.18
其他信息	26	6.84	5	1.32	19.23	6.17	7	1.84	26.92	12.28	6	1.58	23.08	13.04	5	1.32	19.23	11.90	4	1.05%	15.38	12.12
金融信贷	20	5.26	7	1.84	35.00	8.64	12	3.16	60.00	21.05	10	2.63	50.00	21.74	7	1.84	35.00	16.67	6	1.58	30.00	18.18

表2-31　农村信息传播渠道与内容的关联表-4

信息内容	总计		农业合作社				集贸市场				技术示范观摩				农业企业				信息员				其他渠道			
	频数/人	个案占比/%	频数/人	个案占比/%	渠道占比/%	渠道个案占比/%	频数/人	个案占比/%	渠道占比/%	渠道个案占比/%	频数/人	个案占比/%	渠道占比/%	渠道个案占比/%	频数/人	个案占比/%	渠道占比/%	渠道个案占比/%	频数/人	个案占比/%	渠道占比/%	渠道个案占比/%	频数/人	个案占比/%	渠道占比/%	渠道个案占比/%
惠农政策	277	72.89	26	6.84	9.39	86.67	22	5.79	7.94	81.48	22	5.79	7.94	88.00	13	3.42	4.69	92.86	9	2.37	3.25	90.00	37	9.74	13.36	88.10
农富政策	226	59.47	20	5.26	8.85	66.67	15	3.95	6.64	55.56	17	4.47	7.52	68.00	8	2.11	3.54	57.14	5	1.32	2.21	50.00	30	7.89	13.27	71.43
致富类信息	161	42.37	19	5.00	11.8	63.33	16	4.21	9.94	59.26	14	3.68	8.70	56.00	9	2.37	5.59	64.29	9	2.37	5.59	90.00	26	6.84	16.15	61.90
子女教育	139	36.58	20	5.26	14.39	66.67	8	2.11	5.76	29.63	14	3.68	10.07	56.00	8	2.11	5.76	57.14	6	1.58	4.32	60.00	15	3.95	10.79	35.71
健康信息	121	31.84	17	4.47	14.05	56.67	13	3.42	10.74	48.15	13	3.42	10.74	52.00	7	1.84	5.79	50.00	5	1.32	4.13	50.00	16	4.21	13.22	38.10
法律法规	113	29.74	20	5.26	17.70	66.67	8	2.11	7.08	29.63	10	2.63	8.85	40.00	6	1.58	5.31	42.86	6	1.58	5.31	60.00	19	5.00	16.81	45.24
气象与灾害预报	111	29.21	20	5.26	18.02	66.67	12	3.16	10.81	44.44	13	3.42	11.71	52.00	8	2.11	7.21	57.14	4	1.05	3.60	40.00	18	4.74	16.22	42.86
病虫害防治	106	27.89	18	4.74	16.98	60.00	12	3.16	11.32	44.44	15	3.95	14.15	60.00	6	1.58	5.66	42.86	7	1.84	6.60	70.00	17	4.47	16.04	40.48
农业科技	106	27.89	18	4.74	16.98	60.00	6	1.58	5.66	22.22	12	3.16	11.32	48.00	8	2.11	7.55	57.14	4	1.05	3.77	40.00	14	3.68	13.21	33.33
种子种苗	97	25.53	15	3.95	15.46	50.00	10	2.63	10.31	37.04	9	2.37	9.28	36.00	5	1.32	5.15	35.71	6	1.58	6.19	60.00	17	4.47	17.53	40.48
特色养殖	90	23.68	20	5.26	22.22	66.67	8	2.11	8.89	29.63	11	2.89	12.22	44.00	4	1.05	4.44	28.57	4	1.05	4.44	40.00	14	3.68	15.56	33.33
职业技术培训信息	85	22.37	12	3.16	14.12	40.00	7	1.84	8.24	25.93	7	1.84	8.24	28.00	4	1.05	4.71	28.57	6	1.58	7.06	60.00	18	4.74	21.18	42.86
农业新闻	75	19.74	12	3.16	16.00	40.00	11	2.89	14.67	40.74	7	1.84	9.33	28.00	2	0.53	2.67	14.29	4	1.05	5.33	40.00	15	3.95	20.00	35.71
市场供求信息	69	18.16	14	3.68	20.29	46.67	8	2.11	11.59	29.63	11	2.89	15.94	44.00	4	1.05	5.80	28.57	5	1.32	7.25	50.00	15	3.95	21.74	35.71
技术推广	66	17.37	15	3.95	22.73	50.00	8	2.11	12.12	29.63	8	2.11	12.12	32.00	5	1.32	7.58	35.71	4	1.05	6.06	40.00	7	1.84	10.61	16.67
务工信息	65	17.11	8	2.11	12.31	26.67	4	1.05	6.15	14.81	5	1.32	7.69	20.00	6	1.58	9.23	42.86	4	0.53	3.08	20.00	10	2.63	15.38	23.81
农业商机信息	56	14.74	8	2.11	14.29	26.67	11	2.89	19.64	40.74	12	3.16	21.43	48.00	3	0.79	5.36	21.43	3	0.53	3.57	20.00	6	1.58	10.71	14.29
家庭生活	56	14.74	9	2.37	16.07	30.00	6	1.58	10.71	22.22	6	1.58	10.71	24.00	6	1.58	10.71	42.86	6	0.53	3.57	30.00	20	5.26	35.71	47.62
市场信息	53	13.95	9	2.37	16.98	30.00	12	3.16	22.64	44.44	9	2.37	16.98	36.00	3	0.79	5.66	21.43	6	0.79	5.36	40.00	6	1.58	11.32	14.29
药材种植	35	9.21	14	3.68	40.00	46.67	6	1.58	17.14	22.22	6	1.58	17.14	32.00	2	0.53	5.71	14.29	4	1.05	11.43	40.00	4	1.05	11.43	9.52
市场预测	32	8.42	6	1.58	18.75	20.00	4	1.05	12.50	14.81	3	0.79	9.38	24.00	2	0.53	6.25	14.29	4	1.05	12.50	40.00	3	0.79	9.38	7.14
其他信息	26	6.84	8	2.11	30.77	26.67	6	1.58	23.08	38.22	3	0.79	11.54	12.00	2	0.53	7.69	14.29	3	0.79	11.54	30.00	9	2.37	34.62	21.43
金融信贷	20	5.26	11	2.89	55.00	36.67	5	1.32	25.00	18.52	8	2.11	40.00	32.00	4	1.05	20.00	28.57	2	0.53	10.00	20.00	4	1.05	20.00	9.52

（二）农村信息传播渠道与内容关联表分析

表 2-28 至表 2-31 是基于表 2-27 的相关数据架构而成的，除了依据农户使用各类信息传播渠道、所关注或获取各类农村信息内容的频数降序排序外，还在信息传播渠道之下及频数之后增加了个案占比、渠道个案占比和渠道占比，从而更全面、深入地反映农村信息传播渠道与内容之间的关联程度。

1. 表 2-28 至表 2-31 中的个案占比数据的排列，既反映了各类农村信息被关注或获取的程度，也反映了农村信息的与渠道之间的关联分布规律

个案占比数据分布显示出以下两方面的规律：

一是个案占比数据的大小直接体现了该项数据所代表的信息内容被农户关注或获取的程度，如果我们以总计个案占比 30%作为受关注或获取程度高与低的分割线，那么可以确定总体而言，惠农政策、农业政策、致富类信息、子女教育、健康信息、法律法规和气象与灾害预报在农村受农户的高度关注或被其经常获取，而病虫害防治、农业科技、种子种苗等信息受关注度或获取程度就低了。

二是个案占比数据的分布规律与各类农村信息整体被关注或获取程度高度相关，但具体某一渠道、某一类信息的传播上也不完全一致。如在电视传播渠道中各类农村信息的个案占比分布规律与各类信息整体被关注或获取的规律完全一致，但是在手机短信的传播渠道中，个案占比只是大致符合各类信息整体被关注或获取的规律，致富类信息总体上比子女教育的受关注度或获取程度高，但农户通过手机短信对子女教育信息的关注度或获取程度就比致富类信息更丰富。

2. 渠道占比数据反映了各类信息传播渠道被农户使用的情况

渠道占比数据从以下两个方面反映了各类信息传播渠道被农户使用的情况：

一是表 2-28 至表 2-31 中各类农村信息内容横向排列的渠道占比数据反映了某一类信息内容在各类信息传播渠道中的传播量。如惠农政策在电视，图书，亲戚、邻居、朋友，信息员中的关注或获取占比分别是 84.12%、30.32%、32.13%、3.25%，表明上述 4 种渠道对惠农政策的传播量由大到小依次是电视，亲戚、邻居、朋友，图书和信息员。而惠农政策在其他渠道或者其他各类信息传播渠道针对某一类信息传播量的大小可依此规律来判断。

二是表 2-28 至表 2-31 中各类农村信息内容纵向排列的渠道占比数据反映了某一类信息传播渠道整体的信息传播能力。如电视传播渠道中各类信息的渠道占比为 78.46%~100%，平均值为 86.65%；图书传播渠道中各类信息的渠道占比为 30.32%~45.33%，平均值为 38.50%；网站传播渠道中各类信息

的渠道占比为 12.94%~44.64%，平均值为 24.42%；信息员传播渠道中各类信息的渠道占比为 2.21%~12.50%，平均值为 6.09%。这表明上述 4 种信息传播渠道对各类信息内容的传播能力由强到弱分别是电视、图书、网站和信息员，其他各类信息传播渠道传播能力的大小依此规律来判断。

3. 渠道个案占比体现了某一类信息传播渠道对各类内容的传播能力

渠道个案占比数据的分布呈现以下两种特性：

一是某类农村信息内容其总计个案占比高时，其渠道个案占比总体也高。如惠农政策总计个案占比较大，为 72.89%，其渠道个案占比在各类传播渠道中的变动范围是 72.41%~92.86%；农业政策总计个案占比为 59.24%，其渠道个案占比在各类传播渠道中的变动范围是 50%~82.46%。总计个案百分比低时，其渠道个案占比总体也低，如技术推广信息总计个案占比为 17.37%，其渠道个案占比在各类传播渠道中的变动范围是 17.58%~50%；金融信贷总计个案占比为 5.26%，其渠道个案占比在各类传播渠道中的变动范围是 5.52%~36.67%。

二是各类农村信息内容的渠道个案占比在传播能力强的传播渠道中的变化相对较小，在传播能力弱的传播渠道中的变化相对较大。如致富类信息总计个案占比为 42.37%，在传播力强的传播渠道电视，报纸，图书，手机短信，亲戚、邻居、朋友和广播中，其渠道个案占比分别为 42.86%、54.84%、58.62%、51.82%、59.22%、54.55%；在传播力弱的传播渠道宣传资料、网站、讲座培训、农业技术员、远程教育、种养大户、农业合作社中，其渠道个案占比分别为 56.18%、40.74%、56.14%、73.91%、61.90%、72.73%、63.33%。技术推广信息总计个案占比为 17.37%，其在传播力强的传播渠道电视，报纸，图书，手机短信，亲戚、邻居、朋友，广播中，渠道个案占比分别为 19.81%、21.94%、18.97%、25.45%、26.21%、24.24%；在传播力弱的传播渠道宣传资料、网站、讲座培训、农业技术员、远程教育、种养大户、农业合作社中，其渠道个案占比分别为 29.21%、24.69%、38.60%、39.13%、45.24%、48.48%、50.00%。

4. 农村信息内容个案占比、渠道占比与渠道个案占比的数据关联反映了信息传播渠道的传播能力与传播内容之间的内在关系。

占比高的信息传播渠道，由于其信息传播能力强，各类信息在其中的传播量相对都大，与其对应的渠道个案占比数据排列规律与总计个案占比高度吻合，体现不出来其对某一类或某几类信息内容的传播偏好，可以认为是普适性传播渠道，由表 2-28 至表 2-31 中三类数据的关联分析基本确认，电视，报纸，图书，手机短信，亲戚、邻居、朋友，广播，村干部和人际交往这 8 类为普适性信息传播渠道。

　　占比低的信息传播渠道，由于其信息传播能力弱，各类信息在其中传播不均衡，总计个案占比高的信息内容与其对应的渠道个案占比数据排列规律高度吻合，在其中传播量相应较大；总计个案占比低的信息与其对应的渠道个案占比数据排列规律相差较大，且信息内容与传播渠道性质密切相关，体现出了信息传播渠道与内容在专业性方面的高度吻合，可以认为是专业性信息传播渠道。由表 2-28 至表 2-31 中三类数据的关联分析基本确认，杂志、宣传资料、网站、讲座培训、农业技术员、远程教育、种养大户、农业合作社、集贸市场、技术示范观摩、农业企业、信息员这 12 类为专业性传播渠道。

第三章 西部农户信息需求影响因素及农村信息化内在动力研究

第一节 西部农村信息服务需求分析

一、农户信息需求特性

(一) 农户信息需求有很强的实用性

卢明芳 (2010) 认为, 信息需求的实用性即农民寻求的信息大多是为了满足其生存需要或发展需要。对于绝大多数农户来讲, 其文化知识、劳动素养决定了他们十分重视当下或眼前的利益, 受此影响, 农户在关注或获取信息时必然很重视信息的实用性。表3-1中的数据表明, 在西部农村, 农户最希望获取的信息是与提高农业产量、增加科学知识直接相关的信息, 再就是需要获取解决疑难问题的相关信息, 较少有人仅是出于爱好而了解信息。农户信息获取目的统计及农户信息需求个案占比情况分别见表3-1和图3-1。

表3-1 农户信息获取目的统计

地区	频数/人					样本数/个
	提高农业产量	增加科学知识	解决疑难问题	了解情况	其他	
甘肃	233	219	133	114	25	284
新疆	29	51	45	32	7	97
(甘肃、新疆) 合并	262	270	178	146	32	381

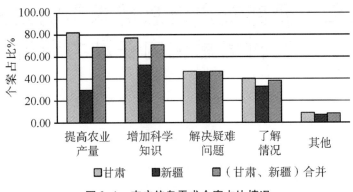

图 3-1　农户信息需求个案占比情况

（二）农户信息需求有较大的地区差异性

图 3-1 是农户信息需求个案占比的柱状图，其在反映农户信息需求实用性特性的同时，也显示出对于同一类农村信息，不同地区的农户，其信息需求存在地区差异。如在获取提高农业产量的信息方面，甘肃农户该项需求的个案占比高达 82.04%，新疆农户则只有 29.9%；在获取增加科学知识的信息方面，甘肃农户依然高达 77.11%，明显高于新疆农户的 52.58%。这种差异一方面反映了两地区农户对农村信息的需求不同，同时从一个侧面反映出甘肃、新疆两地区在信息传播工程建设方面存在较大差距。

（三）农户信息需求存在多样性

在传统的小农经济社会，农村公共知识产品稀缺，公共知识服务方式长期缺失，信息主要在熟人社会通过邻居、亲戚、朋友传播。一个区域内人们多是从事类似的生产活动，对公共知识资源的需求显得十分单一。随着现代农村经济的发展，同一地域的人们广泛地从事着不同的职业，其对农村信息的需求很自然地呈现出多样性特征。图 3-2 中不同职业的信息需求个案占比表明，职业对农户的信息需求有巨大影响。如种植业从业者、畜牧业从业者和打工者对提高农业产量相关信息的关注度就比其他类型从业者高；从事管理工作的人和加工业者则对增加科学知识的相关信息表示出更浓厚的兴趣或更高的关注度；从事运输业的人更关注服务业的相关信息。职业对农户信息需求影响的统计分别见表 3-2 和图 3-2。

表 3-2　职业对农户信息需求影响的统计

职业	频数/人					样本数/个
	提高农业产量	增加科学知识	解决疑难问题	了解情况	其他	
种植	174	145	78	60	10	224
畜牧	9	3	8	5	1	17
加工	0	6	1	5	0	10
运输	1	1	2	0	2	4
管理	1	11	5	7	1	14
打工	24	22	19	15	4	46
其他	24	31	20	22	7	66
总计	233	219	133	114	25	381

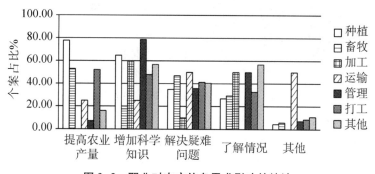

图 3-2　职业对农户信息需求影响的统计

（四）农户信息需求存在不确定性

农户文化程度相对较低，劳动素养相对较差，部分农户往往不能确定生产生活中遇到的问题所在，此外农村信息传播渠道、服务方式的不完善也在一定程度上增加了农户关注或获取信息的难度，从而增加了农户获取信息的不确定性。表 3-3 中的统计数据表明，西部农村只有 25.7% 的农户很明确自己所需信息是什么，43% 的农户比较明确自己需要什么样的信息，近 30% 的农户在遇到问题时尚不太明确，甚至说不清问题所在，以及需要获取什么信息才能解决这些问题。农户信息需求模糊性调研数据依然表明，不同地区农户在信息关注或获取能力方面存在较大差异。农户信息需求不确定性统计分别见表 3-3 和图 3-3。

表 3-3　农户信息需求不确定性统计

地区	频数/人					样本数/个
	很明确	比较明确	不太明确	模糊	说不清楚	
甘肃	86	116	58	10	14	284
新疆	12	48	30	2	5	97
（甘肃、新疆）合并	98	164	88	12	19	381

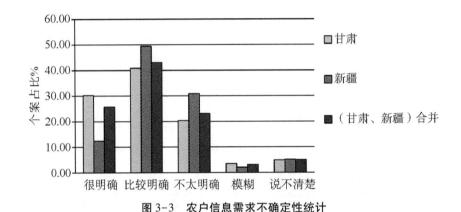

图 3-3　农户信息需求不确定性统计

　　农户获取信息的不确定性还表现在农户所获取的信息并非全部有效。表 3-4 的统计结果表明，西部农村农户所获取的信息通常只有 29.66% 是十分有效的，7.61% 的信息则完全无效，62.73% 的信息的有效性则因人因事而有所不同。而在有效信息、无效信息两个方面，地区差异十分明显。甘肃农村农户获取有效信息的比率远高于新疆，获取无效信息的个案占比则比新疆地区低很多，这从一个侧面反映了甘肃、新疆在信息传播渠道建设与信息内容提供方面存在着较大差异。农户信息获取有效性统计分别见表 3-4 和图 3-4。

表 3-4　农户信息获取有效性统计

地区	频数/人			样本数/个
	十分有效	有时有效，有时无效	完全无效	
甘肃	100	172	12	284
新疆	13	67	17	97
（甘肃、新疆）合并	113	239	29	381

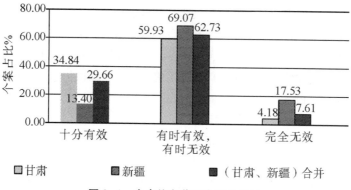

图 3-4　农户信息获取有效性统计

二、农户信息需求内容分析

（一）农户信息需求层次不断提高

农民对信息不再是表面上的大众信息需求，而是需要专门化、深层次的信息（赵洪亮，2010）。一是农户对农村信息有系统性需求，如生产类信息，需要全面供给从种子种苗、农业科技、病虫害防治到气象与灾害预报等各个方面的信息；二是信息需求层次提高，如对上述农业生产信息的供给农户已经不满足于一般性的信息推介，而是关注所推介信息的整体效能，农户会优选符合自身需要的信息；三是信息需求的知识化，农户在获取信息时不再单纯地只要求其满足生产需要，而是开始注重所获取信息是否有利于自身整体素养的提高。西部农村信息需求内容的个案占比见图 3-5。

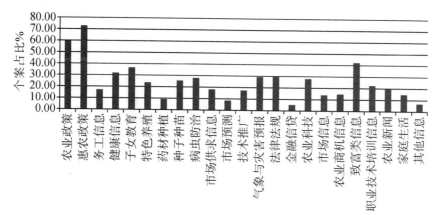

图 3-5　西部农村信息需求内容的个案占比

图 3-5 从 23 个方面统计分析了西部农村的信息需求。依据农户关注度或获取信息频数个案占比可知，现阶段西部地区农户重视信息的顺序依次是惠农政策、农业政策、致富类信息、子女教育、健康信息、法律法规、气象与灾害预报、病虫害防治、农业科技、种子种苗、特色养殖、职业技术培训信息、农业新闻、市场供求信息、技术推广、务工信息、农业商机信息、家庭生活、市场信息、药材种植、市场预测、其他信息和金融信贷。

（二）农户生活信息需求分析

农户在关注或获取日常生活信息时，总是习惯性地关注自己最感兴趣或者那些可能给自己带来最大利益的信息。不同农户所从事农业生产的多样化、兼业差别、家庭经济实力、主要家庭成员的文化程度、劳动素养都随时左右着农户的主观判断，使得农户信息需求总是呈现出多样化形态。表 3-5 很好地印证了这一点。该表数据还反映出，就农户信息需求整体而言，农户最关注或获取最多的信息是与生活密切相关的社会新闻、医疗保健、法制信息和教育信息，之后才去关注或获取文化信息、娱乐信息和体育信息。农户日常生活信息需求调查分别见表 3-5 和图 3-6。

表 3-5　农户日常生活信息需求调查

地区	频数/人										
	社会新闻	社会生活时事	娱乐信息	体育信息	文化信息	教育信息	法制信息	医疗保健	科技信息	宗教信息	其他
甘肃	174	76	50	38	92	118	122	146	106	16	16
新疆	47	29	14	7	6	12	28	32	19	2	8
（甘肃、新疆）合并	221	105	64	46	98	130	150	178	125	18	24

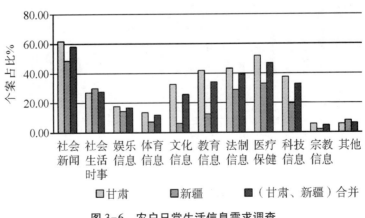

图 3-6　农户日常生活信息需求调查

我们在调研过程中发现，农户年龄上的差异造成其家庭角色、社会角色不同，人生发展目标亦有很大不同，信息需求也表现出较大差异。表3-6中的调查数据也很好地验证了这种现象。如农户关注度最高的社会新闻，40~59周岁年龄组的关注或获取频数个案占比比18周岁以下年龄组高22.03个百分点；对于医疗保健信息，40~59周岁年龄组的关注或获取度最高，18周岁以下年龄组几乎不予关注；对于教育信息、科技信息，18周岁以下年龄组关注度较高，比成年组（40~59周岁）分别高14个百分点和35个百分点。对于整体关注度相对较低的娱乐信息、体育信息、文化信息等，不同年龄组的关注度差异也比较明显。农户日常生活信息需求年龄分组调查分别见表3-6和图3-7。

表3-6 农户日常生活信息需求年龄分组调查

年龄	频数/人											样本数/个
	社会新闻	社会生活时事	娱乐信息	体育信息	文化信息	教育信息	法制信息	医疗保健	科技信息	宗教信息	其他	
18周岁以下	3	2	2	1	2	4	3	0	3	0	0	7
18~39周岁	83	52	36	21	46	67	57	74	46	11	11	155
40~59周岁	122	48	25	19	47	54	82	94	70	7	13	188
60周岁及以上	15	5	3	6	5	7	10	12	8	2	2	31
总计	223	107	66	47	100	132	152	180	127	20	26	381

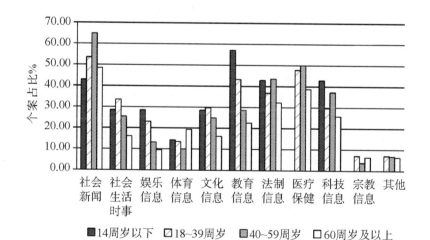

图3-7 农户日常生活信息需求年龄分组调查

（三）农户生产信息需求分析

调查西部农村生产信息需求时我们发现，农户对各类生产信息的关注度比较分散、均衡。从表3-7中的统计数据可知，农户对其他各类生产信息都比较关注，且对不同类型生产信息的关注度差距较小。如农户对防灾防病信息的关注度最高，关注或获取频数个案占比为45.3%，对于产前订单信息、农业投入信贷信息、农业生产资料供给信息、生产管理信息的关注或获取频数个案占比分别为33.20%、33.70%、36.30%、36.10%，上述5类生产信息的频数个案占比最大差距也只有12.1个百分点；农户对于国内、省内相关市场信息的关注度分别为21.1%、22.9%，两者的差距更小，只有1.8个百分点；农户通常很少有机会参与国际农产品交易，所以对国外相关市场信息的关注度很低，只有4.5%。

虽然西部地区都属于内陆干旱区，但不同省份的农业生产方式、农副产品的营销渠道等差异仍然较大，反映在农村生产信息的关注或获取方面不同省份的频数个案占比差异较大。如甘肃农户对于产前订单信息、农业投入信贷信息、农业生产资料供给、农业科技成果及服务等与农业生产直接相关信息的关注度明显高于新疆农户，而新疆农户更重视市场信息，他们对国内、省内相关市场信息的关注度分别高于甘肃农户7.79个百分点和9.48个百分点，即使是整体关注度较低的国外相关市场信息，新疆农户的关注度依然高于甘肃农户。农户生产信息需求调查分别见表3-7和图3-8。

表3-7　农户生产信息需求调查

地区	频数/人										样本数/个
	产前订单信息	省内相关市场信息	国内相关市场信息	国外相关市场信息	农业投入信贷信息	农业生产资料供给信息	农业科技成果及服务	生产管理信息	气象信息	防灾防病信息	
甘肃	110	58	54	14	108	106	100	102	124	140	184
新疆	16	29	26	3	20	32	10	35	17	32	97
（甘肃、新疆）合并	126	87	80	17	128	138	110	137	141	172	381

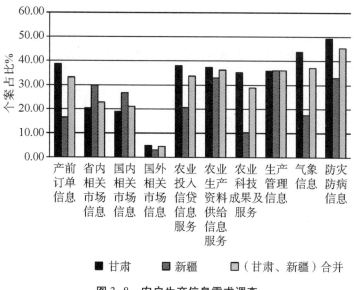

图 3-8　农户生产信息需求调查

我们进一步从农户职业视角调查了西部农户对农业生产信息的需求情况，表 3-8 中的统计数据表明农户从事职业与所关注农业生产信息之间存在以下两种特性：

一是农户关注或获取农业生产信息时在很大程度上受到其从事职业的影响，如种植业、畜牧业从业者最关注或获取最多的农业生产信息是防灾防病信息、气象信息、农业生产资料供给信息服务、农业投入信贷信息服务，对于生产管理信息、省内相关市场信息、国内外相关市场信息的关注度比较低；养殖业从业者最关注或获取最多的农业生产信息是生产管理信息、防灾防病信息、农业投入信贷信息服务、农业生产资料供给信息服务、国内相关市场信息；加工业从业者对农业生产资料供给信息服务及省内相关市场信息的关注度远高于其他从业者；管理者则对生产管理信息、国内相关市场信息、省内相关市场信息、农业科技成果及服务比较关注；打工者对生产管理信息的关注度高于种植、畜牧及养殖业从业者，但由于家里仍然有成员从事种植、养殖、畜牧等农业生产，所以打工者对防灾防病信息、气象信息、产前订单信息的关注度也比较高。

二是农户对某类农业生产信息的关注度受职业类型影响很大，受该类型职业的从业者规模影响很小。表 3-8 中的数据显示，西部农村种植业从业者规模远大于畜牧、养殖等职业类型，但从事种植业的农户也只在与种植业高度相关的信息方面关注度较高，而对于省内、国内相关市场信息的关注度要低于管理者、加工业等类型的从业者。农户从事职业与生产信息需求关系调查分别见表 3-8 和图 3-9。

表 3-8　农户从事职业与生产信息需求关系调查

职业	频数/人										样本数/个
	产前订单信息	省内相关市场信息	国内相关市场信息	国外相关市场信息	农业投入信贷信息服务	农业生产资料供给信息服务	农业科技成果及服务	生产管理信息	气象信息	防灾防病信息	
种植	83	54	48	7	87	91	69	78	94	107	226
畜牧	7	6	4	2	7	8	5	5	4	8	19
养殖	4	4	7	1	8	7	60	10	3	8	25
加工	1	4	2	0	2	5	1	1	0	2	10
其他	7	9	6	0	10	17	14	11	15	16	38

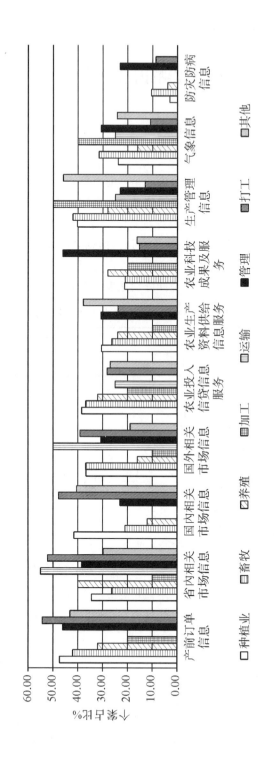

图3-9 农户从事职业与生产信息需求关系调查

第二节　农户信息需求影响因素研究

一、信息对农户生产生活的影响调查

（一）信息对农户影响程度调查

信息化会影响农户的农业生产行为已是当前人们的共识了，我们的实地调查发现，近年来随着农村信息化发展，信息对农户的生产经营影响程度越来越大。表3-9中的统计数据表明，被调查对象中，有53.52%的农户认为农村信息的传播对其影响很大，有37.32%的农户认为信息对自家生产生活有些影响，而认为没有影响或不清楚影响有多大的农户仅占被调查对象的7.74%。我们以甘肃为例，信息对农户的影响程度统计分别见表3-9和图3-10。

表 3-9　信息对农户的影响程度统计（以甘肃为例）

统计频数/人	影响很大	有些影响	可能有影响	没有影响的	不清楚	合计
	152	106	4	16	6	284

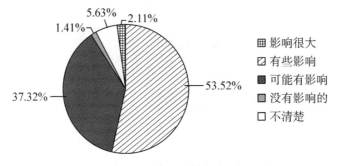

图 3-10　信息对农户的影响程度统计（以甘肃为例）

由针对不同年龄组的调查可知，不同年龄段的人由于家庭角色不同，其利用信息传播渠道、使用信息传播工具的能力有差异，对于信息影响农业生产的认知也随之发生改变。表3-10中的数据表明，18~39周岁人群是家庭中最活跃的生产者，是对现代信息传播工具使用频率最高的人，该年龄段有66.67%的人认为信息对农业生产影响很大，这一比率远高于其他年龄段人群；40~59周岁和60周岁及以上两个年龄段的人群的该项调查数据分别达到了45.21%和50%，说明这两个年龄段的人群也认可信息对农业生产影响很大这一观点。在信息对农业生产有些影响的认知群体中，虽然18周岁以下年龄段的该项调查

数据高达100%，但由于该年龄段的有效样本数过少，此处不再赘述；60周岁及以上年龄段人群不是家庭生产的主角，且不会使用现代信息传播工具，他们之中认为信息对农业生产没有影响或不清楚影响有多大的人群所占比例分别达到了20%和10%，这两个占比也远高于其他年龄段人群。我们以甘肃为例，不同年龄农户对信息影响程度的差异化认知分别见表3-10和图3-11。

表3-10　不同年龄农户对信息影响程度的差异化认知（以甘肃为例）

单位：人

年龄	影响很大	有些影响	可能有影响	没有影响的	不清楚	合计
18周岁以下	0	4	0	0	0	4
18~39周岁	76	36	0	2	0	114
40~59周岁	66	62	4	10	4	146
60周岁及以上	10	4	0	4	2	20
合计	152	106	4	16	6	284

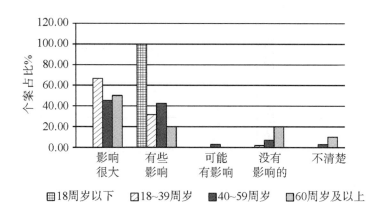

图3-11　不同年龄农户对信息影响程度的差异化认知（以甘肃为例）

　　农户文化程度直接影响着其使用现代信息传播工具，以及如何看待信息与农业生产的关系，针对不同文化程度年龄段农户的调查也印证了这一现象。表3-11中的数据表明，农户文化程度越高，越关注"三农"信息。大专及以上人员中有73.33%的人认为信息对农业生产影响很大，剩余的26.67%的人认为信息对农业生产有些影响；高中（职高、技校）文化程度者对这两个问题的认可程度分别高达70.00%、26.67%；小学文化程度者中有42.31%的人认为信息对农业生产影响很大，但是认为有些影响的比率则达到了38.46%，即小学文化程度者总体是认可信息对农业生产有影响的。在此项调查中，文盲的样本数量只有6个，但结果显示这一群体也高度认可信息对农业生产的影响。我们以甘肃为例，不同文化程度农户对信息影响程度的差异化认知分别见表3-11和图3-12。

表3-11 不同文化程度农户对信息影响程度的差异化认知（以甘肃为例）

单位：人

文化程度	影响很大	有些影响	可能有影响	没有影响的	不清楚	合计
文盲	4	2	0	0	0	6
小学	22	20	2	4	4	52
初中	62	60	2	10	2	136
高中（职高/校校）	42	16	0	2	0	60
大专及以上	22	8	0	0	0	30
合计	152	106	4	16	6	284

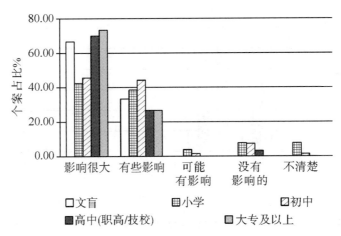

图3-12 不同文化程度农户对信息影响程度的差异化认知（以甘肃为例）

（二）农户获取信息难易程度调查

我们关于农户信息获取难易程度的调查结果不容乐观。表3-12中的统计数据表明，西部农村只有54.86%的农户容易得到信息，不容易得到或得不到信息的农户所占比例高达45.14%。农户获取信息难易程度调查分别见表3-12和图3-13。

表 3-12　农户获取信息难易程度调查

地区	容易得到	不容易得到	得不到	合计
甘肃	162	114	8	284
新疆	47	43	7	97
甘肃、新疆合并	209	157	15	381

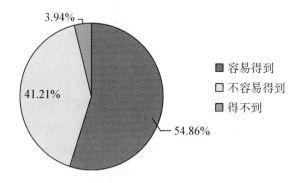

图 3-13　农户获取信息难易程度调查

　　我们进一步对比甘肃和新疆的农户获取信息难易程度可知，容易获取信息的甘肃农户所占比例为 57.04%，比新疆高 8.6 个百分点，不容易得到信息的甘肃农户所占比例为 40.14%，比新疆低 4.19 个百分点，而得不到信息的甘肃农户比例只有 2.82%，新疆该项调查数据则为 7.22%。上述数据说明，甘肃农村信息化程度高于新疆，或许也从一个侧面反映出甘肃农户比新疆农户更注重获取农村信息。

　　人们通常认为，成年人的年龄越大，获取信息的难度越大，因而越不容易得到信息，但我们针对不同年龄段农户的调查却发现，现实情况与人们事先预估的情况正好相反。我们以甘肃为例，不同年龄农户获取信息的难易程度分别见表 3-13 和图 3-14。

表 3-13　不同年龄农户获取信息的难易程度

年龄	容易得到	不容易得到	得不到	合计
18 周岁以下	2	2	0	4
18~39 周岁	62	52	0	114
40~59 周岁	84	56	6	146
60 周岁及以上	14	4	2	20

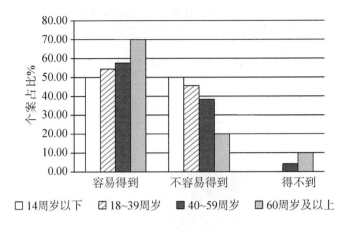

图 3-14　不同年龄农户获取信息的难易程度

表 3-13 中的统计数据表明，18 周岁以下、18~39 周岁、40~59 周岁、60 周岁及以上年龄段的农户容易得到信息的占比由 50% 逐步提升到 70%，不容易得到信息的占比由 50% 降到 20%，这种情况说明虽然随着年龄的增加农户利用现代信息传播渠道、传播工具的能力在下降，但是利用传统信息传播渠道，如通过亲戚、朋友、邻居及集贸市场等渠道获取信息的能力并未下降，所以在西部农村，随着年龄的增加，农户容易得到信息的个案占比在增加，不容易得到信息的个案占比在下降。表 3-13 中得不到信息的农户中，60 周岁及以上年龄组个案占比最高，达到了 10%，究其原因，主要在于农户年龄过大，不善于利用现代信息传播渠道和传播工具。

我们通过实地调查发现，在现阶段的西部农村，电视、手机等信息传播工具已经十分普及，随着移动通信设备的迅速普及，固定电话的普及率不升反降，计算机的普及率与农户家庭收入之间的关系更为密切，上述现代信息传播工具的拥有数量与文化程度之间的关联没有事先预估的那样紧密，但随着文化程度的提高，农户的社会活动能力整体增加，能利用的信息传播渠道数量也在增多，容易得到信息的个案百分比也随之增高。

表 3-14 的统计数据表明，小学文化程度的农户容易得到信息的个案占比为 42.31%，初中文化程度的农户该项数据提升了 17.98 个百分点，迅速提高到 60.29%，而高中（职高/技校）文化程度的农户该项数据降到了 56.67%，大专及以上文化程度的农户该项数据则达到了较高的 66.67%，即文化程度与信息获取难易程度呈正相关。表 3-14 的统计数据还表明，文盲容易得到信息的个案占比最高，达到了 70%，我们调查到的 6 个文盲文化程度者都是 60 周岁及以上年龄的农户，结合上文关于农户年龄与信息获取难易程度的调查分

析，本项调查中文盲容易得到信息的个案占比最高是合理的现象。我们以甘肃为例，不同文化程度的农户获取信息的难易程度分别见表3-14和图3-15。

表3-14　不同文化程度的农户获取信息的难易程度（以甘肃为例）

单位：人

文化程度	容易得到	不容易得到	得不到	合计
文盲	4	2	0	6
小学	22	28	2	52
初中	82	50	4	136
高中（职高/技校）	34	24	2	60
大专及以上	20	10	0	30

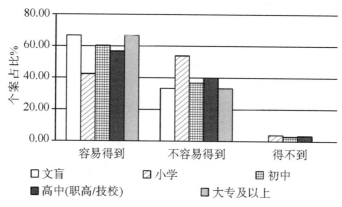

图3-15　不同文化程度农户获取信息的难易程度（以甘肃为例）

二、农户获取信息的影响因素分析

（一）影响农户信息使用的主要原因

我们从信息使用角度展开调查所获数据见表3-15，在有效的被调查对象中，有32.39%的人使用信息时最大的顾虑就是信息的真假问题，有19.72%的人不知道什么信息有用，有6.34%的人甚至不知道传播给他的信息是什么，而认为是自身文化程度低或不熟悉信息使用方法而影响信息使用的人群所占比例也较高，分别为26.76%、11.27%。我们以甘肃为例，影响农户信息使用的主要原因分别见表3-15和图3-16。

表 3-15　影响农户信息使用的主要原因（以甘肃为例）

不知道 什么是信息	不知道什么 信息有用	不知道 信息的真假	不熟悉 方法	文化 水平低	信息 没有用	合计
18	56	92	32	76	10	284

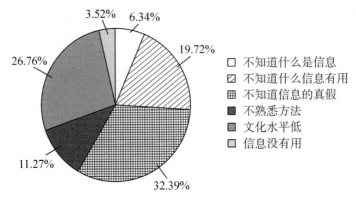

图 3-16　影响农户信息使用的主要原因（以甘肃为例）

（二）信息传播渠道方面的障碍性因素分析

依据表 2-10 的使用频数统计数据，按农户对各类信息传播渠道使用频数个案占比排序，西部农村 21 类信息传播渠道排序结果如下：电视 80.84%，报纸 40.68%，图书 30.45%，手机短信 28.87%，亲戚、邻居、朋友 27.03%，广播 26.25%，村干部 25.46%，人际交往 25.20%，杂志 24.15%，宣传资料 23.62%，网站 21.26%，讲座培训 15.22%，农业技术员 12.07%，其他渠道 11.02%，远程教育 11.02%，种养大户 8.66%，农业合作社 7.87%，集贸市场 7.09%，技术示范观摩 6.56%，农业企业 3.67%，信息员 2.62%。根据农村信息内容与渠道的关联分析结果，可将西部农村 21 类信息传播渠道分为普通信息传播渠道与专业信息传播渠道，普通信息传播渠道内各类信息均有传播，专业信息渠道通常只用来传播特定内容，有着鲜明的针对性。根据信息传播渠道的载体属性，也可将 21 类信息传播渠道划分为物质性载体传播渠道与非物质性载体传播渠道。

综合上述西部农村信息传播渠道不同视角的分类研究内容，21 类信息传播渠道可归纳于表 3-16。

表 3-16 农村信息传播渠道综合分类

信息传播渠道	物质性载体传播渠道		非物质性载体传播渠道	
	传播渠道	使用频数个案占比/%	传播渠道	使用频数个案占比/%
普通信息传播渠道	电视	80.84	亲戚、邻居、朋友	27.03
	报纸	40.68	村干部	25.46
	图书	30.45	人际交往	25.20
	广播	26.25	—	—
	杂志	24.15	—	—
	手机短信	28.87	—	—
	网站	21.26	—	—
专业信息传播渠道	宣传资料	23.62	讲座培训	15.22
	远程教育	11.02	农业技术员	12.07
	其他渠道	11.02	种养大户	8.66
	—	—	农业合作社	7.87
	—	—	集贸市场	7.09
	—	—	技术示范观摩	6.56
	—	—	农业企业	3.67
	—	—	信息员	2.62

表 3-16 的相关数据反映出现阶段西部农村信息渠道建设有以下两个特性：

1. 普通信息传播渠道使用频数个案占比整体较高，专业信息传播渠道使用频数个案占比整体较低

普通信息传播渠道是普适性渠道，对所传播内容的性质几乎没有限制，适合农村各类信息的传播。非物质性载体信息传播渠道中亲戚、邻居、朋友和人际交往是乡村社会自发形成的最原始、最普遍的信息传播渠道，村干部信息传播渠道是乡村目前最成熟、最稳定的信息传播渠道，这 3 类非物质性载体信息传播渠道传播信息迅速而成本低廉，很容易为农户所接受及采用，因而分别有27.03%、25.20%、25.46%的农户通过这 3 类渠道来获取农业生产信息。电视信息传播渠道图文、声像并茂的传播形式和海量的信息传播量很容易得到人们的喜爱，相对低廉的使用成本吸引了 80.84%的农户通过它来获取信息，农户对电视的使用频数远高于其他类型的信息传播渠道。目前西部农村正在积极推进信息化综合服务平台建设工程，农家书屋、农村广播系统的建设比较到位，是农户现阶段最可依赖的信息传播渠道，所以现阶段在乡村分别有 40.68%、30.45%、24.15%、26.25%的农户利用报纸、图书、杂志、广播来获取生产生

活信息。网络也是非常高效的信息传播渠道，但由于其物质性载体建设成本远高于上述信息传播渠道，且网络运营是纯商业运作模式，目前以光纤为载体的网络只是在城镇得到较好的推广，广大的乡村地区几乎没有光纤网络建设，农户上网基本上是使用手机通过中国移动、中国联通、中国电信等运营商上网，使用成本非常高。尽管如此，现阶段仍然有 28.87%、21.26%的农户利用手机或电脑来获取各类农业生产信息。

专业信息传播渠道，顾名思义就是用来传播专业性较强的农村信息的信息传播渠道。目前，西部农村专业性传播渠道建设不完备，利用率远低于普通信息传播渠道。我们调查时农户反映的"不知道什么是信息""不知道什么信息有用""不知道信息的真假""不熟悉方法"等问题基本都是针对专业性信息的反馈。专业性信息传播渠道中物质性载体渠道主要是宣传资料与远程教育，宣传资料根据其宣传方式、宣传内容的不同，传播成本变动较大，传播效果差异也较大。现阶段的远程教育主要是通过网络、电脑、智能手机来实现的，受传播载体、终端设备、传播成本和农户接受意愿的限制，现阶段西部农村远程教育相对落后，只有 11.02%的农户接触过或知道远程教育方式。非物质性专业信息传播渠道中的讲座培训、农业技术员支持、技术示范观摩、信息员等传播渠道受传播者、传播方式的影响，传播成本相对较高，分别只有 15.22%、12.07%、6.56%、2.62%的农户接触或使用过上述信息传播渠道；种养大户、农业合作社、农业企业与一般农户之间通常存在生产竞争关系，出于自身利益的考虑，他们经常有意识地向农户隐瞒甚至封锁农业生产信息，分别只有8.66%、7.87%、3.67%的农户接触或使用过这 3 类信息传播渠道；集贸市场虽然是一种开放性的信息传播渠道，但信息内容的准确性与可靠性不高，所以只有 7.09%的农户愿意通过该渠道获取农业生产信息。

2. 普通信息传播渠道以物质性载体传播渠道为主，专业信息传播渠道以非物质性载体传播渠道为主

按表 3-16 所确定的分类方法，10 类普通信息传播渠道中物质性载体传播渠道有 7 类，非物质性载体信息传播渠道有 3 类；11 类专业信息传播渠道中常规物质性载体传播渠道有 2 类（其他渠道有 1 类），非物质性载体传播渠道有8 类。

物质性载体信息传播渠道建设的主要限制性因素是技术与资金，技术完善、资金充足就能建成功能强大的信息传播渠道。在物质性载体传播渠道的建设中，信息传播源设施一旦建设完善之后，理论上就可以根据需要快速地连接足够多的传播终端设备，短期内能形成一个庞大的农村信息传播网络，传播终端越多，传播渠道的性价比也越高，农户使用成本就越低。因此，物质性载体

信息传播渠道是目前西部农村信息化的主要发展方向。

非物质性载体信息传播渠道中，亲戚、邻居、朋友，人际交往渠道，村干部是非常传统的信息传播渠道，有信息传播灵活、快速、成本低廉的优势，是我国乡村非常重要的信息传播渠道，但受传播者自身特性的限制，这些渠道传播的信息多数是生活类信息，或是与传统农业生产密切相关的生产信息，现代农业或现代化经济社会所需信息则很难在其中传播。讲座培训、农业技术员、技术示范观摩、信息员、种养大户、农业合作社、农业企业是现代的信息传播渠道，所传播的生产信息专业性很强，有很强的针对性，且传播者与农户可以进行很好的现场互动，是现阶段最有效的信息传播渠道。但是上述传播渠道均需要专业人士作为传播源，且单次传播面对的农户数量有限，难以大范围克隆上述信息传播渠道，所以上述专业性的非物质性载体信息传播渠道的建设受到较大的限制。

（三）信息传播内容方面的障碍性因素分析

1. 农业生产信息资源匮乏

在所调查的 23 类农村信息中，与农户直接相关的农村、农业类信息有 17 类，其关注或获取频数个案占比为惠农政策 72.89%、农业政策 59.47%、致富类信息 42.37%、气象与灾害预报 29.21%、病虫害防治 27.89%、农业科技 27.89%、种子种苗 25.53%、特色养殖 23.68%、职业技术培训信息 22.37%、农业新闻 19.74%、市场供求信息 18.16%、技术推广 17.37%、务工信息 17.11%、农业商机信息 14.74%、市场信息 13.95%、药材种植 9.21%、市场预测 8.42%；与农户日常生活密切相关的信息有 6 类，其关注或获取频数个案占比为子女教育 36.58%、健康信息 31.84%、法律法规 29.74%、家庭生活 14.74%、金融信贷 5.26%、其他信息 6.84%。

针对使用频数个案占比高于 25% 的信息传播渠道，如电视，报纸，图书，广播，杂志，手机短信，亲戚、邻居、朋友，村干部，人际交往等，我们对其所传播内容进行了调查，结果表明上述渠道所传播信息的总量很大，但与农业生产密切相关的专业性信息较为匮乏。如农户对电视的使用频数个案百分比高达 80.84%，但电视传播上述 17 类农村、农业类信息的数量不及电视所传播信息总量的 3%。西部地区普及有线电视的地方通常能收到 50 余个频道，其中央视频道有 13 个，本地区省、市级频道 10 余个，其余为其他省市卫视频道，而固定传播农业生产信息的频道只有央视 7 套，省、市级电视台通常只有一个频道会涉及农业生产信息，其他频道均为新闻、娱乐、影视、广告营销频道。偏远农村甚至没有安装有线电视，农户可接收的电视频道只有 10 余个，这种情况下农户接收到的农业生产信息更少。

随着农家书屋建设的不断推进，各农家书屋中农业生产类报纸、图书的数量大幅增加，对农户的农业生产带来了积极影响。农户对报纸、图书、广播的使用频数个案百分比分别为 40.68%、30.45%、26.25%，报纸主要报道惠农政策、农业政策、致富类信息、农业新闻 4 类信息，其他类信息报道得较少；图书主要刊载病虫害防治、农业科技、特色养殖、药材种植 4 类信息；广播主要报道气象与灾害预报、种子种苗、市场供求信息、务工信息、农业商机信息、市场信息、市场预测等，但受播报方式和时间的影响，广播所传播的信息能被农户接收到的只有不到 10%；亲戚、邻居、朋友，村干部，人际交往是最传统的信息传播渠道，分别有 27.03%、25.46%、25.20%的农户利用这 3 类信息传播渠道获取农业生产信息，但由于村干部及农户自身文化程度低、科技素养较差，所以这 3 类渠道传播的农业生产信息大多也是对在电视、报纸、图书等传播渠道所获取信息的传播，实际上传播的农业生产信息质量不高，数量有限。

2. 农业生产信息可靠性低

我们的调查数据表明，有 32.39%的农户不知道信息的真假，有 19.72%的农户不知道什么信息有用，有 26.76%的农户因文化水平低而不善于使用农业生产信息。农户获取或使用信息时，之所以不知信息真假、是否有用，甚至不知道信息是什么，根本原因还是在于以下几个方面：

一是信息传播源对所传播信息把控不严。我们了解到，在被调查者中，不知道信息真假的农户都有过从电视、报纸、广播获取到虚假的致富类信息、种子种苗信息、市场供求信息、务工信息、农业商机信息、市场预测信息、健康信息等农业生产信息的经历，而网站、手机短信传播给农户的虚假信息更是不胜枚举，反复地被虚假信息蒙骗导致农户不敢轻易相信已经获得的信息。

二是上述渠道所传播信息质量不高。调查过程中有农户反映所接收到的农业科技、种子种苗、特色养殖、技术推广类信息并非最新知识，有一些农户在引用上述信息的过程中发现所接收信息过于粗略，细节交代不清楚，给生产带来诸多不便。

三是信息在非物质性载体传播渠道传播时的失真现象严重。农户通过亲戚、邻居、朋友和人际交往渠道传播信息时，多是口口相传，信息在传播过程中出现损耗、失真问题几乎不可避免。而通过讲座培训、农业技术员推广、技术观摩示范、农业合作社、种养大户等专业的非物质性载体传播渠道传播信息时，农户受自身文化素养影响并不能全盘接收上述渠道所传播的农业生产信息，造成了部分信息无效滞留与大量浪费。

第三节　农村信息化驱动力及作用机理研究

一、信息化驱动力分析

（一）农户信息需求内在驱动力分析

农业信息是改变农户行为的必要手段，是决策农业生产的重要依据，是联系农科教的有效方法，是维系城乡共同繁荣的纽带（杨永红，2004）。表3-17是从他人的视角进行农户信息需求内在动力调查的统计数据，在他人看来，信息对于农村家庭的发展至关重要，有53.50%的人认为信息对村里生活比较不错的家庭影响很大，有31.70%的人认为有些影响，有4.9%的人认为可能有影响，即有90.11%的被调查者都认识到信息与农户的发展是有关系的。我们以甘肃为例，农户信息需求程度调查分别见表3-17和图3-17。

表 3-17　农户信息需求程度调查（以甘肃为例）　　　单位：人

影响很大	有些影响	可能有影响	没有影响的	不清楚	合计
152	90	14	14	14	284

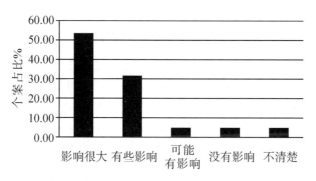

图 3-17　农户信息需求程度调查（以甘肃为例）

事实上，在农业生产中的农户关注、获取、传播信息的过程也是农户不断解放思想、更新观念、提高自身劳动素养的过程，农户凭借所获取的农业生产信息调整农业生产计划、适应市场需求、减少农业生产的盲目性，农业生产信息就成了农业可持续发展的命脉。现阶段的农户无论是产前、产中、产后都十分关注惠农政策、农业政策、农业商机信息、市场信息、市场预测、农业科技、种子种苗、特色养殖、气象与灾害预报、病虫害防治、技术推广等方面的信息，目的就在于按照市场需求合理安排自身的农业生产，力求稳定地获得好的收成。此外，农业信息化服务有利于提高农业劳动生产效率和促进农村剩余劳动力的转移，增加乡镇企业的活力，加快农村城市化的进程，缩小城乡差别，促进农村经济的繁荣。农户有偿使用信息的意愿调查分别见表 3-18 和图 3-18。

表 3-18　农户有偿使用信息的意愿调查　　　　　单位：人

地区	可以付费	付一定费用	不愿付费	样本数
甘肃	142	114	28	284
新疆	27	47	23	97
（甘肃、新疆）合并	169	161	51	381

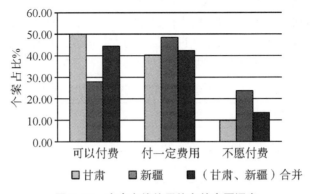

图 3-18　农户有偿使用信息的意愿调查

现阶段信息对农户经济收入、家庭生产有重要作用，在农户中普遍得到认可，越来越多的农户愿意为了得到信息支付一定的费用。表 3-18 的意愿调查数据表明，现阶段有 86.6% 的农户愿意支付费用来获取信息，只不过在支付意愿方面略有差异，其中可以付费、付一定费用的农户分别占 44.36% 和42.26%，这些数据间接地反映了信息对农村经济社会发展有着巨大的推动力。

（二）农村信息化外在驱动力分析

针对农村信息化外在的主要推动力量，农户的回答见表 3-19 和图 3-19。表 3-19 中的统计结果显示，从农户的视角来看，农村信息化的外在推动力量是多方面的，63.52% 的农户认为政府是最主要的推动力量。实地调查表明，我国农村信息化建设工作是由政府主导开展的，农村信息传播体系的总体规划是由政府制定的，合理地布局信息传播体系、优化配置农业信息资源，有效地避免了资源浪费与重复建设。为了保证农村信息的有效传播，政府制定相应的政策法规，规范和引导农村信息市场的健康发展。刘琳等（2006）的研究还指出，政府为乡镇信息站、产业化龙头和经营大户等信息传播渠道的发展创造良好的融资与筹资环境，吸引外部投资，加大对基础设施建设的投资力度，完善各级网络平台建设、网络延伸和渐次解决农民信息服务"最后一公里"问题，使农村信息服务体系整体得到良性发展。梅方权（1998）则认为，政府向农村社会和各个市场主体提供及时、丰富、准确的信息与服务，引导与组织农民上网，基层政府培训乡镇、村信息站的信息员，通过各种方式鼓励和推动各类农业信息主体成为按照市场规律运作的真正主体。

表 3-19　农村信息化外在的推动力量统计　　　　单位：人

地区	政府	农业协会	农业合作社	电信企业	农业经济组织	农业服务企业	乡村能人	种养大户	总计
甘肃	198	88	126	34	46	42	100	66	284
新疆	44	26	30	21	20	13	22	34	97
（甘肃、新疆）合并	242	114	156	55	66	55	122	100	381

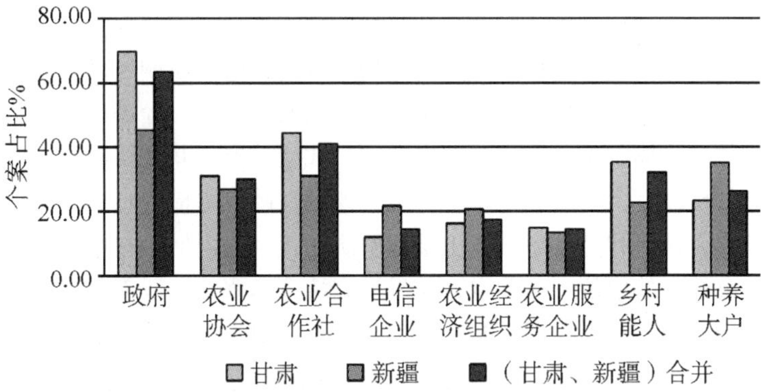

图 3-19　农村信息化外在的推动力量统计

其他推动力量及个案占比分别是农业合作社（40.94%）、乡村能人（32.04%）、农业协会（29.92%）、种养大户（26.25%）、农业经济组织（17.32%）、电信企业（14.44%）和农业服务企业（14.44%）。其中，农业合作社、农业经济组织、农业服务企业都是以其成员为主要服务对象，提供农业生产资料的购买，农产品的销售、加工、运输、贮藏以及与农业生产经营有关的技术、信息等服务，提高农民的组织化程度，带动农业技术推广体制的改革和推广方式的创新，普及应用新技术、新成果，提高农民的综合素质、创业能力和专业技能（李新，2014）。乡村能人、种养大户通常都是农业信息人才，他们具有较高的劳动素养，具备较多农业和信息传播方面的基本知识，能较好地运用所掌握的信息和技能解决农业生产经营问题。他们除了直接向农民提供准确的农业生产信息之外，还能影响、带动农民的生产，甚至带领农民主动转变传统的小农经营方式，推动现代农业的发展，增加个人收入，壮大农村经济。因此，政府、农业合作社、乡村能人等外在信息传播力量的存在，有助于充分利用现有信息传播渠道，共享农村信息资源，促进农户信息交流与生产知识的共享，提高农村经济增长质量。

二、农村信息化的作用机理研究

（一）信息供需主体的行为机理

在加快现代化农业发展进程的大背景下，农户为了适应多变的农产品供需市场，强烈需要及时准确的农业生产信息来指导自身的生产经营。农村市场信息系统的建设在我国具有需求最迫切、基础最薄弱、覆盖面最广、受益民众最多等特点，特别是在我国农业发展水平还比较低的情况下，农村市场信息系统建设更是意义非凡（文启湘 等，2009）。

1. 政府的超利益行为

我国的农村信息传播系统是在政府的强力推动下构建而成的，这符合我国基本国情，也适应我国计划经济与市场经济并行的双轨制经济发展模式，有利于调动农户生产的积极性与宏观可控性，从而确保农村经济的平稳发展。在西方国家的政治体制中，作为政府中的官员或政治家，其首要的利益追求就是政治生命的延续。为了能在选举中获胜，他们在政策举措中自然要照顾到某些集团的利益，这就有意无意地成了某些阶层的代言人。但是在中国特色的政治体制中，政治家的地位一旦确定，如果没有特殊问题，一般都会连任两届。中国的政府官员由于没有连任的政治压力，所以就更加关注自己的历史定位和自我实现问题。为了获得更好的历史评价，他们自然会更自觉地响应人民的呼声，行事举措顾及较少。在这种自我价值实现和公共利益连为一体的情况下，我国中央政府也就自然超越各种利益关系，成为公共利益的天然代表（文启湘 等，2009）。

地方政府作为理性的"经济人"，为了实现自己的利益最大化，其必然追求更高的政治职位，所以政治晋升动机成为影响地方政府行为的最积极和最有决定性的因素。在我国自上而下的选拔体制下，地方政府为了在政治晋升博弈中胜出，必然把满足上级领导的要求，在短时间内做出最大化的政绩作为追求的直接目标（刘丽伟，2007）。建设农村信息传播系统是快速推动农村经济繁荣发展的必由之路，所以地方政府在农村信息传播系统的建设中积极性较高。物质性载体的农村信息传播体系如电视、广播、网络等系统的建设更容易被上级政府与农户所看见，非物质性载体的传播体系如远程教育、农业技术员的信息传播效果不易迅速显现，所以在建设农村信息传播系统的过程中就出现了地方政府重视信息传播系统硬件设施的建设，忽视隐性信息传播渠道的建设，以及忽视信息传播内容的搜集、整理等现象，从而导致农村信息化发展不平衡。

表 3-20 中的统计数据表明，只有 31.76% 的农户给政府的服务评价在 7 分及以上，有 30.71% 的农户认为政府的信息服务刚刚及格，另有 37.53% 的农户认为政府的信息服务不及格。农户对政府的信息服务质量评价分别见表 3-20 和图 3-20。

表 3-20　农户对政府的信息服务质量评价

地区	七分及以上	六分	五分	四分及以下	样本数/个
甘肃	108	92	62	22	284
新疆	13	25	43	16	97
（甘肃、新疆）合并	121	117	105	38	381

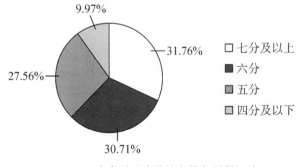

图 3-20　农户对政府的信息服务质量评价

2. 农户的信息传播行为分析

在 20 世纪 80 年代末期全国推行家庭联产承包责任制后，农户的生产热情得到释放，农村经济短期内得到了大幅度增长，但是家庭联产承包责任制本质上仍然是以家庭为单元的小农生产方式，生产计划很自然地受传统农业思想的影响，农户思想观念消极、保守，缺乏变革的勇气与创新的意识。安排农产品生产计划时，农户们往往是瞄着他人"一哄而上"，或者上一年什么产品市场好下一年就集中生产什么，这经常导致农产品产销不畅，经济效益低下。农民对市场化的理解、对市场化经营方式的适应还要经历一个缓慢的过程。农民还没有从传统的农业生产方式中转变过来，其经营思想、市场意识还很缺乏，没有形成主动搜集市场需求信息的习惯，信息化意识淡薄，行为被动、消极。

（文启湘 等，2009）。

21世纪来临后，农村中青年劳动力一般都外出打工，农村劳务输出十分频繁，西部农村空巢家庭普遍存在，专心从事农业生产的多为老人、妇女，外出务工收入成为劳务输出家庭的主要经济来源。从整体上看，留守农村的农民文化程度很低，对信息与农业生产之间关系的认识不够充分，信息敏感度低，不善于捕捉与自家农业生产密切相关的信息。专业性生产信息的获取与运用都需要较高的文化程度和劳动素养作为支撑，而现代农业生产信息越来越多地通过专业性信息渠道传播，对于农村留守的文化知识落后的老人、妇女来说，即使有完善的网络系统，其往往也不能熟练地利用网络获取或利用自己所需的农业生产信息，从而大大降低了这些信息的价值。此外，现代信息传播系统"最后一公里"的硬件设施建设及电脑终端配置均投入约为5 000元，这笔费用需要农户自己承担，现阶段的网络使用费也是一笔不菲的费用，这两笔费用相当于普通农户一个人的年均纯收入，对于很多家庭来说这是一笔巨大的负担，农户难以接受。农业生产信息收益的不确定性及农户获取信息所需的大笔投资，导致大多数农户信息投入的积极性较差。

（二）农村信息化与经济发展主要指标间的灰色关联分析

1. 信息化主要指标及农村经济发展主要指标数据采集

为了客观地反映西部农村信息化发展对农村经济的促进作用，我们以2015年甘肃的统计年鉴中的数据为依据，摘取2010—2014年12项反映甘肃农村经济发展状况的主要经济指标，其中，反映甘肃农业产业化发展状况的指标为农业总产值、林业总产值、牧业总产值、渔业总产值、农林牧渔服务业总产值5项指标；反映农业行业发展状况的指标为粮食总产量、中药材总产量、大牲畜年末头数、猪年末头数、羊年末只数；反映农户家庭收入状况的指标为家庭经营收入、农民人均纯收入2项指标；反映甘肃省农村信息化建设状况的指标有8个，分别是农村广播节目人口覆盖率、农村电视节目人口覆盖率、报刊期发数、互联网宽带接入用户数、彩色电视机平均拥有量、固定电话平均拥有量、移动电话平均拥有量和计算机平均拥有量。甘肃农村经济与信息化主要指标统计见表3-21。

表3-21　甘肃农村经济与信息化主要指标统计

| 经济发展主要指标 | 序列 | 2010年 | 2011年 | 2012年 | 2013年 | 2014年 | 资料来源 |
		数据1	数据2	数据3	数据4	数据5	
农业总产值/万元	序列1	7 575 568	8 484 540	9 842 433	11 044 719	11 749 284	13-6 历年农林牧渔业总产值
林业总产值/万元	序列2	185 445	172 413	200 740	225 330	255 416	13-6 历年农林牧渔业总产值

表3-21(续)

经济发展主要指标	序列	2010年	2011年	2012年	2013年	2014年	资料来源
		数据1	数据2	数据3	数据4	数据5	
牧业总产值/万元	序列3	1 818 017	2 105 997	2 317 220	2 533 899	2 684 347	13-6 历年农林牧渔业总产值
渔业总产值/万元	序列4	11 714	15 940	18 031	20 062	21 450	13-6 历年农林牧渔业总产值
农林牧渔服务业总产值/万元	序列5	979 430	1 098 672	1 203 200	1 353 412	1 477 457	13-6 历年农林牧渔业总产值
粮食总产量/万吨	序列6	958.30	1 014.60	1 109.70	1 138.90	1 158.65	13-22 历年农产品产量
中药材总产量/万吨	序列7	52.65	61.94	75.94	86.66	99.37	13-22 历年农产品产量
大牲畜年末头数/万头	序列8	645.09	657.64	650.93	661.24	686.12	13-30 牲畜饲养情况及畜产品产量
猪年末头数/万头	序列9	614.40	621.59	655.32	675.63	687.79	13-30 牲畜饲养情况及畜产品产量
羊年末只数/万只	序列10	1 818.40	1 898.59	1 932.79	1 973.38	2 119.41	13-30 牲畜饲养情况及畜产品产量
家庭经营收入/元	序列11	3 193.8	3 778.5	4 259.5	4 210.9	4 722.9	10-15 农村住户总收入及构成
农民人均纯收入/元	序列12	3 424.70	3 909.40	4 506.70	5 107.80	5 736.00	10-13 历年农村居民家庭生活基本情况
农村广播节目人口覆盖率/%	序列13	92.28	92.35	96.25	97.26	97.50	21-13 广播电视节目综合人口覆盖情况
农村电视节目人口覆盖率/%	序列14	93.01	92.75	97.02	97.65	98.02	21-13 广播电视节目综合人口覆盖情况
报刊期发数/万份	序列15	210	201	226	188	210	16-8 邮电通信行业基本情况
互联网宽带接入用户数/万户	序列16	109.52	145.63	163.30	192.15	213.90	16-8 邮电通信行业基本情况
彩色电视机/台·每百户	序列17	104.00	104.44	106.28	105.87	109.80	10-23 农村居民家庭平均每百户年底耐用消费品拥有量
固定电话平均拥有量/部·每百户	序列18	54.89	30.39	29.00	17.67	38.50	10-23 农村居民家庭平均每百户年底耐用消费品拥有量
移动电话平均拥有量/部·每百户	序列19	112.39	177.44	192.72	203.54	227.50	10-23 农村居民家庭平均每百户年底耐用消费品拥有量
计算机平均拥有量/台·每百户	序列20	4.42	9.00	11.39	10.05	13.90	10-23 农村居民家庭平均每百户年底耐用消费品拥有量

2. 灰色关联分析——优势分析模型的数理意义

灰色关联分析之优势分析的数理意义是,在一个具有 s 个系统特征、m 个相关因素的系统中,未必有最优特征和最优因素,但一定有准优特征和准优因素（刘思峰，2014）。

3. 灰色关联分析——优势分析模型的运算

（1）本项研究中优势分析模型的设定

设

农业总产值（万元）$Y_1 =$（7 575 568，8 484 540，9 842 433，11 044 719，11 749 284）

林业总产值（万元）$Y_2 =$（185 445，172 413，200 740，225 330，255 416）

牧业总产值（万元）$Y_3 =$（1 818 017，2 105 997，2 317 220，2 533 899，2 684 347）

渔业总产值（万元）$Y_4 =$（11 714，15 940，18 031，20 062，21 450）

农林牧渔服务业总产值（万元）$Y_5 =$（979 430，1 098 672，1 203 200，1 353 412，1 477 457）

粮食总产量（万吨）$Y_6 =$（958.30，1 014.60，1 109.70，1 138.90，1 158.65）

中药材总产量（万吨）$Y_7 =$（52.65，61.94，75.94，86.66，99.37）

大牲畜年末头数（万头）$Y_8 =$（645.09，657.64，650.90，661.24，686.12）

猪年末头数（万头）$Y_9 =$（614.40，621.59，655.32，675.63，687.79）

羊年末只数（万只）$Y_{10} =$（1 818.40，1 898.59，1 932.79，1 973.38，2 119.41）

家庭经营收入（元）$Y_{11} =$（3 193.8，3 778.5，4 259.5，4 210.9，4 722.9）

农民人均纯收入（元）$Y_{12} =$（3 424.70，3 909.40，4 506.70，5 107.80，5 736.00）

为系统特征行为序列。

设

农村广播节目人口覆盖率（%）$Y_{13} =$（92.28，92.35，96.25，97.26，97.50）

农村电视节目人口覆盖率（%）$Y_{14} =$（93.01，92.75，97.02，97.65，98.02）

报刊期发数（万份）$Y_{15} =$（210，201，226，188，210）

互联网宽带接入用户数（万户）$Y_{16} =$（109.52，145.63，163.30，192.15，213.90）

彩色电视机平均拥有量（台/每百户）Y_{17} =（104.00，104.44，106.28，105.87，109.80）

固定电话平均拥有量（部/每百户）Y_{18} =（54.89，30.39，29.00，17.67，38.50）

移动电话平均拥有量（部/每百户）Y_{19} =（112.39，177.44，192.72，203.54，227.50）

计算机平均拥有量（台/每百户）Y_{20} =（4.42，9.00，11.39，10.05，13.90）

为相关因素行为序列，试作优势分析。

（2）系统特征行为序列、相关因素行为序列的计算结果

为了全面呈现系统特征行为序列与相关因素行为序列的关联效果，我们可分别进行两个序列的绝对关联度、相对关联度、综合关联度计算。系统特征行为序列、相关因素行为序列的相关关联度见表3-22。

表3-22 系统特征行为序列、相关因素行为序列的相关关联度

系统特征行为序列		相关因素行为序列							
		农村广播节目人口覆盖率/%	农村电视节目人口覆盖率/%	报刊期发数/万份	互联网宽带接入用户数/万户	彩色电视机平均拥有量/台	固定电话平均拥有量/部	移动电话平均拥有量/部	计算机平均拥有量/台
农业总产值/万元	绝对关联度	0.506 9	0.506 5	0.508 9	0.628 9	0.504 6	0.555 1	0.668 6	0.512 8
	相对关联度	0.689 4	0.686 7	0.672 9	0.823 8	0.673 1	0.868	0.765 1	0.651 4
	综合关联度	0.598 2	0.596 6	0.590 9	0.726 3	0.588 8	0.711 6	0.716 9	0.582 1
林业总产值/万元	绝对关联度	0.838 8	0.860 7	0.765 2	0.518 2	0.986	0.542 7	0.514	0.683 3
	相对关联度	0.841 6	0.836 7	0.811 8	0.679 6	0.812 1	0.704 1	0.647	0.583 9
	综合关联度	0.840 2	0.848 7	0.788 5	0.598 9	0.899 1	0.623 4	0.580 5	0.633 6
牧业总产值/万元	绝对关联度	0.531 2	0.529 3	0.539 9	0.931	0.520 6	0.748	0.829 5	0.557 7
	相对关联度	0.7	0.697 2	0.682 6	0.806 7	0.682 7	0.848 5	0.751 1	0.643 3
	综合关联度	0.615 6	0.613 3	0.611 3	0.868 8	0.601 7	0.798 3	0.790 3	0.600 5
渔业总产值/万元	绝对关联度	0.618 7	0.626 4	0.592 9	0.506 4	0.680 2	0.515	0.504 9	0.564 2
	相对关联度	0.623 5	0.621 8	0.612 8	0.996 5	0.612 9	0.943	0.906 6	0.732 1
	综合关联度	0.621 1	0.624 1	0.602 8	0.751 5	0.646 5	0.729	0.705 7	0.648 2
农林牧渔服务业总产值/万元	绝对关联度	0.562 5	0.558 7	0.579 8	0.715 6	0.541 1	0.995 8	0.664 8	0.615 4
	相对关联度	0.710 6	0.707 6	0.692 2	0.791 3	0.692 4	0.831	0.738 5	0.636 1
	综合关联度	0.636 5	0.633 1	0.636	0.753 4	0.616 8	0.913 4	0.701 7	0.625 8
上述5项合计	综合关联度	3.311 6	3.315 8	3.229 5	3.698 9	3.352 9	3.775 7	3.495 1	3.090 2
粮食总产量/万吨	绝对关联度	0.512 4	0.511 7	0.515 8	0.730 3	0.508 2	0.598 5	0.801 2	0.522 9
	相对关联度	0.81	0.805 6	0.783	0.697 8	0.783 2	0.724 8	0.662	0.592 5
	综合关联度	0.661 2	0.658 6	0.649 4	0.714 1	0.645 7	0.661 7	0.731 6	0.557 7

表 3-22（续）

系统特征行为序列		相关因素行为序列							
		农村广播节目人口覆盖率/%	农村电视节目人口覆盖率/%	报刊期发数/万份	互联网宽带接入用户数/万户	彩色电视机平均拥有量/台	固定电话平均拥有量/部	移动电话平均拥有量/部	计算机平均拥有量/台
中药材总产量/万吨	绝对关联度	0.567 1	0.563	0.585 7	0.700 8	0.544 2	0.969 6	0.653 5	0.623 9
	相对关联度	0.641 7	0.639 7	0.629 4	0.932 7	0.629 5	0.991 8	0.854 3	0.702 3
	综合关联度	0.604 4	0.601 4	0.607 5	0.816 8	0.586 8	0.980 7	0.753 9	0.663 1
大牲畜年末头数/万头	绝对关联度	0.609 2	0.602 6	0.639 6	0.623 3	0.571 9	0.788 3	0.594 2	0.701 9
	相对关联度	0.967 4	0.974 2	0.988 2	0.614 7	0.988 6	0.630 3	0.593 9	0.553 6
	综合关联度	0.788 3	0.788 4	0.813 9	0.619	0.780 3	0.709 3	0.594 1	0.627 7
猪年末头数/万头	绝对关联度	0.541 4	0.538 9	0.552 9	0.825 3	0.527 3	0.828 6	0.748 7	0.576 5
	相对关联度	0.924 4	0.918 3	0.887 4	0.644 5	0.887 7	0.664 3	0.618 4	0.567 6
	综合关联度	0.732 9	0.728 6	0.720 1	0.734 9	0.707 5	0.746 4	0.683 5	0.572
羊年末只数/万只	绝对关联度	0.512 1	0.511 4	0.515 5	0.725	0.508	0.596 2	0.794 3	0.522 4
	相对关联度	0.904	0.898 2	0.868 7	0.651 9	0.869 1	0.672 6	0.624 3	0.571
	综合关联度	0.708	0.704 8	0.692 1	0.688 4	0.688 5	0.634 4	0.709 3	0.546 7
上述 5 项合计	综合关联度	3.494 8	3.481 8	3.483	3.573 2	3.408 8	3.732 5	3.472 4	2.967 2
家庭经营收入/元	绝对关联度	0.501 8	0.501 7	0.502 3	0.532 8	0.501 2	0.514	0.542 9	0.503 3
	相对关联度	0.698 8	0.696	0.681 5	0.808 5	0.681 6	0.850 7	0.752 6	0.644 2
	综合关联度	0.600 3	0.598 6	0.591 9	0.670 7	0.591 4	0.682 3	0.647 8	0.573 7
农民人均纯收入/元	绝对关联度	0.501 4	0.501 3	0.501 8	0.525 6	0.500 9	0.510 9	0.533 4	0.502 5
	相对关联度	0.675 2	0.672 7	0.66	0.85	0.660 1	0.897 8	0.786 6	0.663 6
	综合关联度	0.588 3	0.587	0.580 9	0.687 8	0.580 5	0.704 4	0.66	0.583 1
上述 2 项合计	综合关联度	1.188 6	1.185 8	1.172 8	1.358 5	1.171 9	1.386 7	1.307 8	1.156 8

三种关联度计算结果之所以不完全一致，是由于绝对关联度着眼于绝对量之间的关系，相对关联度着眼于各年度观测数据相对于始点的变化速率，而综合关联度则综合考虑了绝对量的关系和变化速率的关系。

（3）系统特征行为序列、相关因素行为序列的结果分析

三种关联度的数理意义不同，在实际问题中可根据具体情况选择其中一种关联度。本项研究中由于农业、林业等 5 项产业的产值以万元为单位统计，粮食、中药材等 5 项行业产量以万吨、万头、万只为单位统计，家庭经营收入、农民人均纯收入以元为单位统计，而相关因素的统计单位亦不统一，为了使关联分析结果更客观，我们以综合关联度为依据进行关联优势分析。系统特征行为序列、相关因素行为序列的综合关联度及排序见表 3-23。

表 3-23　系统特征行为序列、相关因素行为序列的综合关联度及排序

系统特征行为序列		农村广播节目人口覆盖率/%	农村电视节目人口覆盖率/%	报刊期发数/万份	互联网宽带接入用户数/万户	彩色电视机平均拥有量/台·每百万户	固定电话平均拥有量/部·每百万户	移动电话平均拥有量/部·每百万户	计算机平均拥有量/台·每百万户
农业总产值/万元	综合关联度	0.598 2	0.596 6	0.590 9	0.726 3	0.588 8	0.711 6	0.716 9	0.582 1
	关联度排序	4	5	6	1	7	3	2	8
林业总产值/万元	综合关联度	0.840 2	0.848 7	0.788 5	0.598 9	0.899 1	0.623 4	0.580 5	0.633 6
	关联度排序	3	2	4	7	1	6	8	5
牧业总产值/万元	综合关联度	0.615 6	0.613 3	0.611 9	0.868 8	0.601 7	0.798 3	0.790 3	0.600 5
	关联度排序	4	5	6	1	7	2	3	8
渔业总产值/万元	综合关联度	0.621 1	0.624 1	0.602 8	0.751 5	0.646 5	0.729	0.705 7	0.648 2
	关联度排序	7	6	8	1	5	2	3	4
农林牧渔服务业总产值/万元	综合关联度	0.636 5	0.633 1	0.636	0.753 4	0.616 8	0.913 4	0.701 7	0.625 8
	关联度排序	4	6	5	2	8	1	3	7
上述 5 项合计	综合关联度	3.311 6	3.315 8	3.229 5	3.698 9	3.352 9	3.775 7	3.495 1	3.090 2
	关联度排序	6	5	7	2	4	1	3	8
粮食总产量/万吨	综合关联度	0.661 2	0.658 6	0.649 4	0.714 1	0.645 7	0.661	0.731 6	0.557 7
	关联度排序	4	5	6	2	7	3	1	8
中药材总产量/万吨	综合关联度	0.604 4	0.601 4	0.607 5	0.816 8	0.586	0.980 7	0.753 9	0.663
	关联度排序	6	7	5	2	8	1	3	4
大牲畜年末头数/万头	综合关联度	0.788 3	0.788 4	0.813 9	0.619	0.780 3	0.709 3	0.594 1	0.627 7
	关联度排序	3	2	1	7	4	5	8	6
猪年末头数/万头	综合关联度	0.732 9	0.728 6	0.720 1	0.734 9	0.707 5	0.746 2	0.683 5	0.572
	关联度排序	3	4	5	2	6	1	7	8
羊年末只数/万只	综合关联度	0.708	0.704 8	0.692 1	0.688 4	0.688 5	0.634 4	0.709 3	0.546 7
	关联度排序	2	3	4	6	5	7	1	8
上述 5 项合计	综合关联度	3.494 8	3.481 8	3.483	3.573 2	3.408 8	3.732 5	3.472 4	2.967 2
	关联度排序	3	5	4	2	7	1	6	8
家庭经营收入/元	综合关联度	0.600 3	0.598 8	0.591 9	0.670 7	0.591 4	0.682 3	0.647 8	0.573 7
	关联度排序	4	5	6	2	7	1	3	8
农民人均纯收入/元	综合关联度	0.588 3	0.587	0.580 9	0.687 8	0.580 5	0.704 4	0.66	0.583 1
	关联度排序	4	5	7	2	8	1	3	6
上述 2 项合计	综合关联度	1.188 6	1.185 8	1.172 8	1.358 5	1.171 9	1.386 7	1.307 8	1.156 8
	关联度排序	4	5	6	2	7	1	3	8

首先是产业特征行为序列与相关因素行为序列的综合关联分析。

产业特征行为序列中农业、牧业、渔业与相关因素行为序列的综合关联度计算结果与我们的经验预测大相径庭。表 2-10 的统计结果显示，西部地区物质性载体信息传播渠道的农户使用频率个案占比由高到低分别是电视（80.84%）、报纸（40.68%）、图书（30.45%）、手机短信（28.87%）、广播（26.25%）、杂志（24.15%）、宣传资料（23.62%）和网站（21.26%），即农户对电视的使用频率远高于其他信息传播渠道，报纸、图书、杂志三类信息载

体的使用频率总体上高于手机、网站。表 3-23 中的计算结果却显示，2010—2014 年，农业总产值与互联网宽带接入用户数的关联度最高，之后是移动用户平均拥有量和固定电话平均拥有量，而与彩色电视机平均拥有量的综合关联度只排在第七位，与报刊期发数的综合关联度排在第六位，与计算机平均拥有量的综合关联度排在第八位。

由农业产值与相关因素行为序列的综合关联度分析可知：

第一，电视机在 20 世纪对于部分农户来说是奢侈品，只有家庭收入达到一定程度后农户才有能力添置电视机，那个阶段农户的电视机平均拥有量的增加与农业产值的增加是高度相关的，到了 21 世纪绝大多数农户都拥有电视机，农户对电视机的拥有更多地体现在更新换代上，电视机总量增幅大幅落后于农业产值的增幅，所以两者的综合关联度就比较小。

第二，报刊是非常有效的农业生产信息载体，但是近 10 年互联网发展迅猛，互联网上的信息量更大，互动性更强，受互联网冲击，人们订阅报刊的意愿越来越低，现阶段发行的报刊中有一部分是政策性强制订阅的，近年来报刊的发行量难以增长，所以报刊期发数与农业产值的综合关联度较小。

第三，计算机不再是农户上网获取信息的首选设备。2011 年之前农户上网获取信息主要在计算机上进行，计算机的家庭拥有量有较大幅度的增长。2011 年之后智能手机迅速普及，多数人逐步习惯了用手机上网浏览信息，如今各类手机应用软件大量出现，使得手机的功能愈发强大，已经可以替代计算机的部分功能了，农户购买计算机的意愿越来越低，所以计算机平均拥有量与农业产值的综合关联度最小。

第四，互联网宽带接入用户数的增加极大地方便了农户获取农业生产信息，有力地促进了农业的发展，农业发展增加了农户的家庭收入也促进了互联网宽带的普及，两个方向的作用使得互联宽带接入用户数与农业产值的综合关联度排在第一位。

第五，移动手机的普及方便了农户的日常通信，智能手机的普及则方便了农户用手机上网获取农业生产信息，体现在对农业的促进作用方面就是移动手机平均拥有量与农业产值的综合关联度排在第二位。

第六，固定电话在农户中的拥有量虽然远低于农户手机拥有量，但固定电话低廉的费用及一些特定功能，使得固定电话成为农村专业合作社、种养大户的必备装置，在农村的使用量一直在稳定增加，体现在对农业的促进作用方面就是固定电话平均拥有量与农业产值的综合关联度排在第三位。

第七，随着"村村通"信息化工程的建设，农村广播、电视节目人口覆盖率也在逐年提升，对农业的发展有一定的促进作用，两者与农业产值的综合关联度分别排在第四位和第五位。

农业总产值与林业总产值、牧业总产值等产业特征行为序列间的灰色关联计算结果表明，农业总产值与牧业总产值的综合关联度为 0.792 3，排在第一位；与农林牧渔服务业总产值的综合关联度为 0.752 6，排在第二位；与渔业总产值的综合关联度为 0.664 2，排在第三位；与林业总产值的综合关联度为 0.640 9，排在第四位。

牧业总产值、农林牧渔服务业总产值与农业总产值的综合关联度高，表明这两种产业与农业的相关性大，两种产业总产值与相关因素行为序列的综合关联度排序也比较接近，关于牧业总产值、农林牧渔服务业总产值与相关因素的相关性分析，在此不再赘述。

林业总产值与农业总产值的综合关联度最低，林业总产值与相关因素行为序列的综合关联度排序与农业总产值差异较大。农业总产值与互联网宽带接入用户数、移动电话平均拥有量和彩色电视机平均拥有量的综合关联度排序分别为第一位、第二位和第七位，林业总产值与这 3 类相关因素的综合关联度排序分别为第七位、第八位和第一位，如此大反差的根本原因在于从事农业、林业农户的生产生活方式差异巨大。农业生产者多居住在地势开阔、交通便利的地方，多以村镇形式聚居在一起，这有利于互联网的布设，有利于智能手机和无线网络的普及，农户对电视的需求饱和，使用频数下降；从事林业种植的农户多生活在山区，这类地区难以布设互联网及移动电话信号传播基站，因而限制了农户对互联宽带的接入及移动电话的使用，对于林区的农户而言，无线电视是其最重要的信息接收终端，所以林业发展与电视机的使用高度相关。

渔业在西部地区主要是以池塘、湖泊养殖为主，其与农业的反差体现在计算机平均拥有量、农村广播节目人口覆盖率、报刊期发数的综合关联度排序上，其中计算机平均拥有量与渔业总产值的综合关联度排序为第四位，与农业总产值的综合关联度排序为第八位；农村广播节目覆盖率与渔业总产值的综合关联度排序为第七位，与农业总产值的综合关联度排序为第四位；报刊期发数与渔业总产值的综合关联度排序为第八位，与农业总产值的综合关联度排序为第六位。西部地区的池塘养殖区多分布在地势开阔、近水系的地方，这些地方也是人口稠密的地方，从事渔业养殖的农户与农业生产者生活空间大多重叠，两种产业的主要区别在于生产方式不同，因而两种产业与相关因素行为序列的相关性有差异，但不十分大。

综合分析上述 5 类产业系统特征与相关因素行为序列的综合关联度排序表，整体而言，农业、林业等 5 类产业的总产值与相关因素行为序列的综合关联度排序由高至低分别是固定电话平均拥有量、互联网宽带接入用户数、移动电话平均拥有量、彩色电视机平均拥有量、农村电视节目人口覆盖率、农村广播节目人口覆盖率、报刊期发数、计算机平均拥有量，即进行农村信息化建设应充分利用固定电话话费性价比高、互联网宽带信息量大互动性强的优势，优先发展固定电话与互联网宽带业务，在网络建设的带动下大力发展移动电话业务，拓展电视机上网业务，推动西部农村信息化产业的发展，并进一步促进西部农村经济的发展。

其次是行业特征行为序列与相关因素行为序列的综合关联度分析。

粮食生产对于农村经济发展至关重要。表 3-22 显示，粮食总产量与相关因素行为序列的综合关联度排序高度相似于农业总产值与相关因素行为序列的综合关联度排序，差异仅表现在粮食总产量与移动电话平均拥有量、互联网宽带接入用户数的综合关联度排序分别为第一位和第二位，而农业总产值与移动电话平均拥有量、互联网宽带接入用户数的综合关联度排序分别为第二位和第一位，两者与其他因素行为序列的综合关联度排序完全一致，这表明粮食产量与农业产值之间高度相关。因此，农业总产值与相关因素行为序列的综合关联度分析结果，基本适用于粮食总产量与相关因素行为序列的综合关联度分析，在此不再赘述。

中药材是比较小众的经济作物，其与农村广播节目人口覆盖率、电视节目人口覆盖率、报刊期发数的综合关联度排序位次较低，分别是第六位、第七位、第五位，大牲畜、猪、羊的养殖与上述 3 项相关因素行为序列的综合关联度排序位次主要在第一位至第四位间变动，其主要原因在于中药材种植与大牲畜、猪、羊的养殖是完全不同的生产方式。中药材采摘者或种植者多分布在地理条件多样的山区，农村广播、电视节目难以覆盖，报刊发行网络也难以顾及，所以中药材总产量与上述 3 项相关因素行为序列的综合关联度排序位次就低，而大牲畜、猪、羊的养殖多是在地势开阔地区，人口相对比较集中，农村广播、电视节目容易覆盖，报刊容易送达，所以大牲畜、猪、羊的总产量与上述 3 项相关因素行为序列的综合关联度排序位次就高。

中药材与互联网宽带接入数、固定电话平均拥有量、移动电话平均拥有量、计算机平均拥有量的综合关联度排序分别是第二位、第一位、第三位和第四位，表明上述信息传播方式与中药材业的发展相关性高。其原因在于中药材种植技术要求非常高，现阶段从事中药种植的多是一些农业合作社和大中型企业，在这些生产合作社与企业中，互联网、固定电话、移动电话、计算机都是标准生产设备配置。

大牲畜、猪、羊与互联网宽带接入数、固定电话平均拥有量、移动电话平均拥有量、计算机平均拥有量的综合关联度排序情况比较复杂，规律性差，这表明大牲畜、猪、羊养殖的生产方式有各自的独特性。大牲畜的养殖以牧区的放牧为主，农业区有少量舍饲，牧区地广人稀无法布设互联网宽带、固定电话、计算机，移动电话常常因为信息问题无法正常使用，所以大牲畜年末头数与上述 4 项信息传播方式的综合关联度低。羊的养殖随着近 10 年退耕还林、退牧还草工作的推进，舍饲的比例在逐年增大，放牧比例逐年减少，过去以养羊为主的牧民逐步都定居下来，所以羊养殖只数与移动电话平均拥有量的综合关联度排序位居第一位。猪是舍饲养殖，但近 10 年来因为饲养成本与出栏周期发生巨大变化，农户家庭没有利润了，农户大多不再养猪，猪主要由养猪专业户或大型养猪企业养殖，固定电话和互联网宽带是养猪专业户与养猪企业的标准配置设备，所以猪的年末头数与固定电话、互联网宽带接入用户数高度相关。

综合分析上述 5 类行业系统特征与相关因素行为序列的综合关联度排序表，整体而言，粮食总产量、中药材总产量、大牲畜年末头数、猪年末头数、羊年末只数与相关因素行为序列的综合关联度排序由高至低分别是固定电话平均拥有量、互联网宽带接入用户数、农村广播节目人口覆盖率、报刊期发数、农村电视节目人口覆盖率、移动电话平均拥有量、彩色电视机平均拥有量、计算机平均拥有量，即进行农村信息化建设应充分利用固定电话话费性价比高、互联网宽带信息量大互动性强的优势，优先发展固定电话与互联网宽带业务，同时大力推进农村广播电视网的建设，在网络建设的带动下大力发展移动电话业务，拓展电视机上网业务，推动西部农村信息化产业的发展，并进一步促进西部农村经济的发展。

最后是农户收入特征行为序列与相关因素行为序列的综合关联度分析。

农户家庭经营收入与农民人均纯收入特征行为序列的综合关联度高达 0.915 1，表明两者高度相关。由表 3-23 可知，西部农户家庭经营收入与相关因素行为序列的综合关联度排序，和 5 项产业与相关因素行为序列的综合关联度合计排序、5 项行业与相关因素行为序列的综合关联度合计排序很相近。这表明，农户家庭经营收入、人均纯收入与 5 项产业合计、5 项行业合计高度相关，意味着 5 项产业、5 项行业与相关因素行为序列的综合关联度分析结果基本适用于农户家庭经营收入、农民人均纯收入与相关因素行为序列的关联度分析，故此处不再赘述。

第四章　农村信息多元服务体系构建及运行机制研究

第一节　农村信息化多元服务体系构建

一、农户对农村信息化多元服务体系的需求分析

（一）信息服务方式相关情况调查

为了从多个视角了解西部农村信息化服务情况，我们分别从农户信息获得方式及农户希望政府及相关部门提供的信息服务方式等角度进行该项调查，具体统计数据见表4-1至表4-6。其中，农户常用的信息服务方式见表4-1。

表4-1　农户常用的信息服务方式

信息服务方式	甘肃		新疆		（甘肃、新疆）合并	
	频数/人	个案占比/%	频数/人	个案占比/%	频数/人	个案占比/%
通过媒介了解	100	35.21	19	19.59	119	31.23
参加培训	126	44.37	30	30.93	156	40.94
自己边干边学	182	64.08	67	69.07	249	65.35
向别人学习	132	46.48	51	52.58	183	48.03
根据需要了解信息	96	33.80	13	13.40	109	28.61
看到效果后再干	48	16.90	13	13.40	61	16.01
样本/个	284	—	97	—	381	—

表4-1中的数据表明，现阶段西部农村信息化建设过程中政府部门及各类职业技术培训机构的信息服务方式或所提供的内容有不足之处，大多数情况下农户得通过自主学习来获取生产生活信息。农户认可的信息服务方式见表4-2。

表 4-2　农户认可的信息服务方式

信息实用程度	甘肃		新疆		（甘肃、新疆）合并	
	频数/人	个案占比/%	频数/人	个案占比/%	频数/人	个案占比/%
电视	218	76.76	51	52.58	269	70.60
互联网	68	23.94	30	30.93	98	25.72
电话	80	28.17	22	22.68	102	26.77
广播	72	25.35	21	21.65	93	24.41
书刊和科技小报	94	33.10	22	22.68	116	30.45
科教录像光盘	54	19.01	8	8.25%	62	16.27
讲座培训	102	35.92	23	23.71	125	32.81
技术示范观摩	76	26.76	15	15.46	91	23.88
农业技术人员走访	128	45.07	36	37.11	164	43.04
样本数/个	284	—	97	—	381	—

表 4-2 中的数据表明，农户对电视信息传播方式、讲座培训、农业技术人员走访的信息服务方式有较高的认可度。互联网虽然具有信息量大、可按需检索及双向互动的优点，但现阶段西部农村互联网宽带受到接入成本、使用成本的限制，未能实现有线宽带全覆盖，农户对互联网宽带服务方式的认可度较低。西部农村可便利享受的信息服务方式见表 4-3。

表 4-3　西部农村可便利享受的信息服务方式

信息便利渠道	甘肃		新疆		（甘肃、新疆）合并	
	频数/人	个案占比/%	频数/人	个案占比/%	频数/人	个案占比/%
电视	220	77.46	53	54.64	273	71.65
网络	54	19.01	38	39.18	92	24.15
村务宣传公告黑板报	120	42.25	46	47.42	166	43.57
信息站服务	58	20.42	25	25.77	83	21.78
技术培训	102	35.92	22	22.68	124	32.55
农家书屋	212	74.65	24	24.74	236	61.94
样本数/个	284	—	97	—	381	—

表 4-3 中的数据表明,现阶段西部农村在电视之外的服务方式中做得最到位的是农家书屋,之后依次是村务宣传公告黑板报、技术培训、网络、信息站服务。信息服务方式不同,可传播的信息及传播效果也会有差异,所以信息化建设应当采用农户易接收、服务效果更佳的服务方式。农户希望优先建设的信息服务方式见表 4-4。

表 4-4　农户希望优先建设的信息服务方式

信息服务方式	甘肃		新疆		(甘肃、新疆)合并	
	频数/人	个案占比/%	频数/人	个案占比/%	频数/人	个案占比/%
农村信息员队伍建设	210	73.94	38	39.18	248	65.09
三农呼叫中心的建立健全	74	26.06	28	28.87	102	26.77
涉农数据库的共建共享	24	8.45	21	21.65	45	11.81
互联网的进村入户	114	40.14	24	24.74	138	36.22
村级信息服务站的完善	136	47.89	47	48.45	183	48.03
样本数/个	284	—	97	—	381	—

农户对信息的获取与利用受农户自身文化素养、使用成本、便捷性等因素的影响,表 4-4 中的统计数据表明,村级信息服务站是现阶段最适合农户获取或利用信息的服务方式,所以农村信息员队伍的建设显得十分重要。信息服务可持续性统计见表 4-5。

表 4-5　信息服务可持续性统计

信息求解对象	甘肃		新疆		(甘肃、新疆)合并	
	频数/人	个案占比/%	频数/人	个案占比/%	频数/人	个案占比/%
找乡村能人	176	61.97	42	43.30	218	57.22
找专业户或经纪人	58	20.42	22	22.68	80	21.00
找农技推广站	92	32.39	39	40.21	131	34.38
找信息站	52	18.31	5	5.15	57	14.96
上网查询	100	35.21	43	44.33	143	37.53
电话询问	50	17.61	17	17.53	67	17.59
样本数/个	284	—	97	—	381	—

由于认知上的局限性，农户并不能在第一时间完全理解所获取的信息，经常需要向他人求解或通过其他方式深入地弄清楚所获信息。表 4-5 中的数据表明，当农户遇到信息不清楚时最多的是上网查询，之后是找乡村能人求解。这种情况也表明，网络是最有效、最彻底的信息获取方式，乡村能人、农技推广站虽然也受农户欢迎，但乡村能人及农技推广站自身也存在专业知识深度不够的问题，所以当农户真有问题无法解决时，上网查询是最有效的信息服务方式。

（二）信息服务项目实施情况调查

信息服务项目是西部农村信息化建设过程中政府及信息服务相关部门推出的信息服务活动，旨在集中力量解决农户对农业生产信息的需求问题。农户最希望实施的信息服务项目见表 4-6。

表 4-6　农户最希望实施的信息服务项目

信息服务项目	甘肃		新疆		（甘肃、新疆）合并	
	频数/个	个案占比/%	频数/个	个案占比/%	频数/个	个案占比/%
定期发放免费 VCD、DVD 光盘	106	37.32	22	22.68	128	33.60
农业科技资料	178	62.68	49	50.52	227	59.58
开通免费的农业类电话咨询	80	28.17	26	26.80	106	27.82
开通免费互联网服务	62	21.83	19	19.59	81	21.26
在农民的手机上定期发布免费农业信息	104	36.62	41	42.27	145	38.06
村上有专门的信息服务人员定期上门服务	122	42.96	18	18.56	140	36.75
样本数/个	284	—	97	—	381	—

一些信息的使用具有长期性和重复性，所以信息的传播方式、留存形式及表达形式都对该类信息的使用产生重要影响。表 4-6 表明，农户首先对农业科技类资料的需求旺盛，其次也需要定向获取与自己生产密切相关的信息。农户对信息使用成本十分敏感，为了使低收入农户也能及时获取所需信息，政府及信息服务相关部门应当持续推出一些免费信息服务，帮助低收入农户脱贫致富。

二、信息传播渠道、内容的灰色关联聚类分析

（一）灰色关联聚类模型的解释

1. 灰色关联聚类模型的数理意义

灰色聚类是根据灰色关联矩阵或灰数的白化权函数将一些观测指标或观测对象划分成若干个可定义类别的方法，一个聚类可以看成属于同一类观测对象的集合。在实际问题中，每个观测对象往往都有多个特征指标，难以进行准确分类。我们通过关联灰色聚类，可以检查观测对象的众多特征指标中是否有若干个指标大体上属于同一类，使得能用这些指标的综合平均指标或其中的某一个指标来代表这若干个指标而使信息不严重损失。这属于系统变量的删减问题（刘思峰，2014）。

2. 灰色关联聚类模型的定义

（1）设有 n 个观测对象，每个观测对象有 m 个特征数据，得到序列如下：

$$X_1 = (x_1(1)，x_1(2)，x_1(3)，\cdots，x_1(n))$$
$$X_2 = (x_2(1)，x_2(2)，x_2(3)，\cdots，x_2(n))$$
$$X_3 = (x_3(1)，x_3(2)，x_3(3)，\cdots，x_3(n))$$
$$\cdots\cdots$$
$$X_m = (x_m(1)，x_m(2)，x_m(3)，\cdots，x_m(n))$$

（2）对所有 $i \leqslant j$，$j = 1，2，\cdots，m$，计算出 X_i 与 X_j 的灰色绝对关联度 ε_{ij}，得上三角矩阵，即

$$A = \begin{vmatrix} \varepsilon_{11} & \varepsilon_{12} & \cdots & \varepsilon_{1m} \\ & \varepsilon_{22} & \cdots & \varepsilon_{2m} \\ & & \vdots & \vdots \\ & & & \varepsilon_{mm} \end{vmatrix}$$

其中，$\varepsilon_{ij} = 1$（$i = 1，2，\cdots，m$）。

（3）取定临界值 $r \in [0，1]$，当 $\varepsilon_{ij} \geqslant r$ 时，则视 X_i 与 X_j 为同类特征。

（4）特征变量在临界值 r 下的分类称为特征变量在 r 下的灰色关联聚类。

r 根据实际问题的需要确定，r 越接近1，分类越细，每一组分类中的变量相对越少；r 越小，分类越粗，每一组分类中的变量相对越多。

（二）信息传播渠道灰色关联聚类分析

1. 确定信息传播渠道序列

依据表 2-27 的农村信息传播渠道与内容的统计数据，我们确定了西部农村信息传播渠道 21 条，传播内容 23 项，即有 21 个观测对象，每个观测对象有 23 个特征数据，得到序列如下：

X_1 = 电视序列，X_2 = 报纸序列，X_3 = 杂志序列，X_4 = 图书序列，X_5 = 广播序列，X_6 = 网站序列，X_7 = 宣传资料，X_8 = 人际交往，X_9 = 亲戚邻居朋友，X_{10} = 种养大户，X_{11} = 农业技术员，X_{12} = 信息员，X_{13} = 集贸市场，X_{14} = 农业合作社，X_{15} = 讲座培训，X_{16} = 远程教育，X_{17} = 技术示范观摩，X_{18} = 手机短信，X_{19} = 村干部，X_{20} = 农业企业，X_{21} = 其他渠道。

其中，X_1 = （200，233，51，97，116，79，33，85，91，59，32，61，95，97，17，90，45，48，132，71，67，48，24）；

X_2 = （110，114，30，64，59，47，19，55，49，32，16，34，55，59，11，50，27，26，85，42，50，32，14）；

X_3 = （64，71，23，36，33，30，14，35，33，24，11，16，36，31，8，22，16，18，54，30，28，27，9）；

X_4 = （75，84，26，42，56，37，14，38，37，30，14，22，50，41，8，42，24，22，68，27，34，20，8）；

X_5 = （67，78，18，33，43，36，14，39，37，26，13，24，44，37，9，41，25，17，54，25，23，22，8）；

X_6 = （47，61，13，29，35，19，10，19，23，21，10，20，21，28，7，16，21，25，33，11，11，12，5）；

X_7 = （61，77，24，41，41，33，15，31，37，28，11，26，42，35，11，35，19，15，50，33，34，17，11）；

X_8 = 57，78，17，38，44，33，12，37，34，24，6，22，38，38，6，34，20，21，52，30，39，21，9）；

X_9 = 72，89，26，49，55，46，18，43，46，28，13，27，42，46，11，42，21，19，61，38，39，23，10）；

X_{10} = 23，29，12，17，16，16，9，21，15，14，6，16，15，17，6，16，8，8，24，17，13，11，4）；

X_{11} = 26，36，13，17，22，16，10，18，23，16，8，18，17，19，10，25，12，11，34，15，8，12，6）；

X_{12} = （5，9，2，5，6，4，4，6，7，5，4，4，4，6，2，4，4，2，9，6，4，3，3）；

X_{13} = （15，22，4，13，8，8，6，10，12，8，4，8，12，8，5，6，12，11，16，7，11，6，6）；

X_{14} = 20，26，8，17，20，20，14，15，18，14，6，15，20，20，11，18，9，8，19，12，12，9，8）；

X_{15} = 47，48，15，30，33，27，20，27，34，25，12，22，33，22，12，27，13，14，32，17，16，14，7）；

X_{16} = 31，34，13，16，21，16，8，18，22，16，6，19，21，22，7，22，15，12，26，20，17，15，5）；

X_{17} = 17，22，5，13，14，11，8，9，15，11，6，8，13，10，8，12，9，12，14，7，7，6，3）；

X_{18} = 69，87，25，48，69，40，16，40，36，27，15，28，47，40，12，36，25，21，57，37，29，28，9）；

X_{19} = 64，76，22，45，54，34，14，38，30，24，14，27，44，47，9，44，27，15，60，30，28，17，5）；

X_{20} = （8，13，6，7，8，4，2，5，6，4，2，5，8，6，4，8，3，3，9，4，2，6，2）；

X_{21} = 30，37，10，16，15，14，4，17，17，15，3，7，18，19，4，14，6，6，26，18，15，20，9）。

2. 计算灰色绝对关联度

对所有 $i \leqslant j$ ，j=1，2，…，21，计算出 X_i 与 X_j 的灰色绝对关联度 ε_{ij} ，得到一个上三角矩阵，详见农村信息传播渠道灰色关联聚类表（表4-7）。

表 4-7 农村信息传播渠道灰色关联聚类表

信息传播渠道	电视 ε_1	报纸 ε_2	杂志 ε_3	图书 ε_4	广播 ε_5	网站 ε_6	宣传资料 ε_7	人际交往 ε_8	亲戚邻居朋友 ε_9	种养大户 ε_{10}	农业技术员 ε_{11}	信息员 ε_{12}	集贸市场 ε_{13}	农业合作社 ε_{14}	讲座培训 ε_{15}	远程教育 ε_{16}	技术示范观摩 ε_{17}	手机短信 ε_{18}	村干部 ε_{19}	农业企业 ε_{20}	其他渠道 ε_{21}
电视 ε_1	1.000	0.766	0.647	0.665	0.648	0.607	0.623	0.609	0.644	0.535	0.537	0.501	0.523	0.522	0.597	0.557	0.527	0.636	0.628	0.511	0.564
报纸 ε_2		1.000	0.777	0.811	0.778	0.701	0.732	0.706	0.772	0.567	0.570	0.502	0.544	0.541	0.683	0.606	0.552	0.755	0.741	0.520	0.621
杂志 ε_3			1.000	0.944	0.998	0.863	0.920	0.872	0.991	0.621	0.627	0.504	0.579	0.574	0.832	0.692	0.593	0.962	0.935	0.536	0.719
图书 ε_4				1.000	0.946	0.823	0.873	0.831	0.936	0.607	0.613	0.504	0.570	0.566	0.795	0.671	0.583	0.910	0.887	0.532	0.695
广播 ε_5					1.000	0.862	0.918	0.871	0.989	0.620	0.626	0.504	0.579	0.574	0.830	0.692	0.593	0.960	0.933	0.536	0.718
网站 ε_6						1.000	0.933	0.988	0.870	0.666	0.674	0.506	0.609	0.603	0.957	0.765	0.628	0.893	0.917	0.550	0.802
宣传资料 ε_7							1.000	0.943	0.928	0.644	0.651	0.505	0.594	0.589	0.895	0.729	0.611	0.955	0.983	0.543	0.761
人际交往 ε_8								1.000	0.879	0.662	0.670	0.506	0.607	0.600	0.946	0.758	0.625	0.903	0.928	0.549	0.794
亲戚、邻居、朋友 ε_9									1.000	0.623	0.629	0.504	0.581	0.576	0.838	0.696	0.595	0.971	0.943	0.537	0.723
种养大户 ε_{10}										1.000	0.976	0.517	0.829	0.809	0.682	0.813	0.886	0.631	0.639	0.651	0.775
农业技术员 ε_{11}											1.000	0.517	0.813	0.794	0.691	0.829	0.868	0.637	0.646	0.644	0.789
信息员 ε_{12}												1.000	0.526	0.528	0.506	0.511	0.523	0.505	0.505	0.558	0.510
集贸市场 ε_{13}													1.000	0.970	0.620	0.706	0.926	0.586	0.591	0.730	0.681
农业合作社 ε_{14}														1.000	0.612	0.694	0.900	0.581	0.586	0.745	0.670
讲座培训 ε_{15}															1.000	0.790	0.640	0.859	0.881	0.555	0.830
远程教育 ε_{16}																1.000	0.742	0.708	0.721	0.595	0.939
技术示范观摩 ε_{17}																	1.000	0.601	0.607	0.696	0.713
手机短信 ε_{18}																		1.000	0.971	0.539	0.737
村干部 ε_{19}																			1.000	0.542	0.752
农业企业 ε_{20}																				1.000	0.583
其他渠道 ε_{21}																					1.000

3. 临界值 r 的确定及特征变量在 r 下的灰色关联聚类

（1）临界值 r = 0.85 的相关分析

①取定临界值 r = 0.85，挑出大于 0.85 的 ε_{ij}，则有

$\varepsilon_{3,4} = 0.944$，$\varepsilon_{3,5} = 0.998$，$\varepsilon_{3,6} = 0.863$，$\varepsilon_{3,7} = 0.920$，$\varepsilon_{3,8} = 0.872$，$\varepsilon_{3,9} = 0.991$，$\varepsilon_{3,18} = 0.962$，$\varepsilon_{3,19} = 0.935$；

$\varepsilon_{4,5} = 0.946$，$\varepsilon_{4,7} = 0.873$，$\varepsilon_{4,9} = 0.936$，$\varepsilon_{4,18} = 0.910$，$\varepsilon_{4,19} = 0.887$；

$\varepsilon_{5,6} = 0.862$，$\varepsilon_{5,7} = 0.918$，$\varepsilon_{5,8} = 0.871$，$\varepsilon_{5,9} = 0.989$，$\varepsilon_{5,18} = 0.960$，$\varepsilon_{5,19} = 0.933$；

$\varepsilon_{6,7} = 0.933$，$\varepsilon_{6,8} = 0.988$，$\varepsilon_{6,9} = 0.870$，$\varepsilon_{6,15} = 0.957$，$\varepsilon_{6,18} = 0.893$，$\varepsilon_{6,19} = 0.917$；

$\varepsilon_{7,8} = 0.943$，$\varepsilon_{7,9} = 0.928$，$\varepsilon_{7,15} = 0.895$，$\varepsilon_{7,18} = 0.955$，$\varepsilon_{7,19} = 0.983$；

$\varepsilon_{8,9} = 0.879$，$\varepsilon_{8,15} = 0.946$，$\varepsilon_{8,18} = 0.903$，$\varepsilon_{8,19} = 0.928$；

$\varepsilon_{9,18} = 0.971$，$\varepsilon_{9,19} = 0.943$；

$\varepsilon_{10,11} = 0.976$，$\varepsilon_{10,17} = 0.886$；

$\varepsilon_{11,17} = 0.868$；

$\varepsilon_{13,14} = 0.970$，$\varepsilon_{13,17} = 0.926$；

$\varepsilon_{14,17} = 0.900$；

$\varepsilon_{15,18} = 0.859$，$\varepsilon_{15,19} = 0.881$；

$\varepsilon_{16,21} = 0.939$；

$\varepsilon_{18,19} = 0.971$。

②特征变量在临界值 0.85 下的灰色关联聚类如下：

X_3、X_4、X_5、X_6、X_7、X_8、X_9、X_{15}、X_{18}、X_{19} 在同一类中，即杂志，图书，广播，网站，宣传资料，人际交往，亲戚、邻居、朋友，讲座培训，手机短信，村干部为一组；

X_{10}、X_{11}、X_{13}、X_{14}、X_{17} 在同一类中，即种养大户、农业技术员、集贸市场、农业合作社、技术示范观摩为一组；

X_{16}、X_{21} 在同一类中，即远程教育、其他渠道为一组；

X_1 单独一组，即电视单独为一组；

X_2 单独一组，即报纸单独为一组；

X_{12} 单独一组，即信息员单独为一组；

X_{20} 单独一组，即农业企业单独为一组。

（2）临界值 r = 0.9 的相关分析

①取定临界值 r = 0.9，挑出大于 0.9 的 ε_{ij}，则有

$\varepsilon_{3,4}=0.944$，$\varepsilon_{3,5}=0.998$，$\varepsilon_{3,7}=0.920$，$\varepsilon_{3,9}=0.991$，$\varepsilon_{3,18}=0.962$，

$\varepsilon_{3,19}=0.935$；

$\varepsilon_{4,5}=0.946$，$\varepsilon_{4,9}=0.936$，$\varepsilon_{4,18}=0.910$；

$\varepsilon_{5,7}=0.918$，$\varepsilon_{5,9}=0.989$，$\varepsilon_{5,18}=0.960$，$\varepsilon_{5,19}=0.933$；

$\varepsilon_{6,7}=0.933$，$\varepsilon_{6,8}=0.988$，$\varepsilon_{6,15}=0.957$，$\varepsilon_{6,19}=0.917$；

$\varepsilon_{7,8}=0.943$，$\varepsilon_{7,9}=0.928$，$\varepsilon_{7,18}=0.955$，$\varepsilon_{7,19}=0.983$；

$\varepsilon_{8,15}=0.946$，$\varepsilon_{8,18}=0.903$，$\varepsilon_{8,19}=0.928$；

$\varepsilon_{9,18}=0.971$，$\varepsilon_{9,19}=0.943$；

$\varepsilon_{10,11}=0.976$；

$\varepsilon_{13,14}=0.970$，$\varepsilon_{13,17}=0.926$；

$\varepsilon_{14,17}=0.900$；

$\varepsilon_{16,21}=0.939$；

$\varepsilon_{18,19}=0.971$。

②特征变量在临界值0.9下的灰色关联聚类如下：

X_3、X_4、X_5、X_6、X_7、X_8、X_9、X_{15}、X_{18}、X_{19} 在同一类中，即杂志，图书，广播，网站，宣传资料，人际交往，亲戚、邻居、朋友，讲座培训，手机短信，村干部为一组；

X_{10}、X_{11} 在同一类中，即种养大户、农业技术员为一组；

X_{13}、X_{14}、X_{17} 在同一类中，即集贸市场、农业合作社、技术示范观摩为一组；

X_{16}、X_{21} 在同一类中，即远程教育、其他渠道为一组；

X_1 单独一组，即电视单独为一组；

X_2 单独一组，即报纸单独为一组；

X_{12} 单独一组，即信息员单独为一组；

X_{20} 单独一组，即农业企业单独为一组。

（3）综合考虑临界值的灰色关联聚类

综合考虑 r 分别为 0.85、0.90 时的灰色关联聚类结果，再结合西部农村信息化建设实践，进一步优化农村信息传播渠道灰色关联聚类结果如下：

X_3、X_4、X_5、X_6、X_7、X_8、X_9、X_{15}、X_{18}、X_{19} 在同一类中，即杂志，图书，广播，网站，宣传资料，人际交往，亲戚、邻居、朋友，讲座培训，手机短信，村干部为一组；

X_{10}、X_{11}、X_{13}、X_{14}、X_{17}、X_{20} 在同一类中，即种养大户、农业技术员、集贸市场、农业合作社、技术示范观摩、农业企业为一组；

X_{16}、X_{21}在同一类中，即远程教育、其他渠道为一组；

X_1单独一组，即电视单独为一组；

X_2单独一组，即报纸单独为一组；

X_{12}单独一组，即信息员单独为一组。

（三）信息传播内容的灰色关联聚类分析

1. 确定信息传播内容序列

依据表2-27的农村信息传播渠道与内容的统计数据，我们确定了西部农村信息传播内容23项，传播渠道21条，即有23个观测对象，每个观测对象有21个特征数据，得到序列如下：

X_1＝农业政策，X_2＝惠农政策，X_3＝务工信息，X_4＝健康信息，X_5＝子女教育，X_6＝特色养殖，X_7＝药材种植，X_8＝种子种苗，X_9＝病虫害防治，X_{10}＝市场供求信息，X_{11}＝市场预测，X_{12}＝技术推广，X_{13}＝气象与灾害预报，X_{14}＝法律法规，X_{15}＝金融信贷，X_{16}＝农业科技，X_{17}＝市场信息，X_{18}＝农业商机信息，X_{19}＝致富类信息，X_{20}＝职业技术培训信息，X_{21}＝农业新闻，X_{22}＝家庭生活，X_{23}＝其他信息。

其中，X_1＝（200，110，64，75，67，47，61，57，72，23，26，5，15，20，47，31，17，69，64，8，30）；

X_2＝（233，114，71，84，78，61，77，78，89，29，36，9，22，26，48，34，22，87，76，13，37）；

X_3＝（51，30，23，26，18，13，24，17，26，12，13，2，4，8，15，13，5，25，22，6，10）；

X_4＝（97，64，36，42，33，29，41，38，49，17，17，5，13，17，30，16，13，48，45，7，16）；

X_5＝（116，59，33，56，43，35，41，44，55，16，22，6，8，20，33，21，14，69，54，8，15）；

X_6＝（79，47，30，37，36，19，33，33，46，16，16，4，8，20，27，16，11，40，34，4，14）；

X_7＝（33，19，14，14，14，10，15，12，18，9，10，4，6，14，20，8，8，16，14，2，4）；

X_8＝（85，55，35，38，39，19，31，37，43，21，18，6，10，15，27，18，9，40，38，5，17）；

X_9＝（91，49，33，37，37，23，37，34，46，15，23，7，12，18，34，22，15，36，30，6，17）；

X_{10} = （59, 32, 24, 30, 26, 21, 28, 24, 28, 14, 16, 5, 8, 14, 25, 16, 11, 27, 24, 4, 15）；

X_{11} = （32, 16, 11, 14, 13, 10, 11, 6, 13, 6, 8, 4, 4, 6, 12, 6, 6, 15, 14, 2, 3）；

X_{12} = （61, 34, 16, 22, 24, 20, 26, 22, 27, 16, 18, 4, 8, 15, 22, 19, 8, 28, 27, 5, 7）；

X_{13} = （95, 55, 36, 50, 44, 21, 42, 38, 42, 15, 17, 4, 12, 20, 33, 21, 13, 47, 44, 8, 18）；

X_{14} = （97, 59, 31, 41, 37, 28, 35, 38, 46, 17, 19, 6, 8, 20, 22, 22, 10, 40, 47, 6, 19）；

X_{15} = （17, 11, 8, 8, 9, 7, 11, 6, 11, 6, 10, 2, 5, 11, 12, 7, 8, 12, 9, 4, 4）；

X_{16} = （90, 50, 22, 42, 41, 16, 35, 34, 42, 16, 25, 4, 6, 18, 27, 22, 12, 36, 44, 8, 14）；

X_{17} = （45, 27, 16, 24, 25, 21, 19, 20, 21, 8, 12, 4, 12, 9, 13, 15, 9, 25, 27, 3, 6）；

X_{18} = （48, 26, 18, 22, 17, 25, 15, 21, 19, 8, 11, 2, 11, 8, 14, 12, 12, 21, 15, 3, 6）；

X_{19} = （132, 85, 54, 68, 54, 33, 50, 52, 61, 24, 34, 9, 16, 19, 32, 26, 14, 57, 60, 9, 26）；

X_{20} = （71, 42, 30, 27, 25, 11, 33, 30, 38, 17, 15, 6, 7, 12, 17, 20, 7, 37, 30, 4, 18）；

X_{21} = （67, 50, 28, 34, 23, 11, 34, 39, 39, 13, 8, 4, 11, 12, 16, 17, 7, 29, 28, 2, 15）；

X_{22} = （48, 32, 27, 20, 22, 12, 17, 21, 23, 11, 12, 3, 6, 9, 14, 15, 6, 28, 17, 6, 20）；

X_{23} = （24, 14, 9, 8, 8, 5, 11, 9, 10, 4, 6, 3, 6, 8, 7, 5, 3, 9, 5, 2, 9）。

2. 计算灰色绝对关联度

对所有 $i \leq j$，j=1, 2, …, 23, 计算出 X_i 与 X_j 的灰色绝对关联度 ε_{ij}, 得到一个上三角矩阵，详见农村信息传播内容灰色关联聚类表（表4-8）。

表 4-8 农村信息传播内容灰色关联聚类表

信息传播内容		农业政策 ε1	惠农政策 ε2	务工信息 ε3	健康信息 ε4	子女教育 ε5	特色养殖 ε6	药材种植 ε7	种子种苗 ε8	病虫害防治 ε9	市场供求信息 ε10	市场预测 ε11	技术推广 ε12	气象与灾害预 ε13	法律法规 ε14	金融信贷 ε15	农业科技 ε16	市场信息 ε17	农机商机信息 ε18	致富类信息 ε19	职业技术培训 ε20	农业新闻 ε21	家庭生活 ε22	其他信息 ε23
农业政策	ε1	1.000	0.933	0.614	0.720	0.769	0.676	0.569	0.690	0.708	0.627	0.574	0.637	0.713	0.725	0.529	0.708	0.594	0.609	0.800	0.661	0.649	0.604	0.555
惠农政策	ε2		1.000	0.599	0.691	0.733	0.652	0.560	0.665	0.680	0.610	0.564	0.619	0.685	0.695	0.525	0.680	0.581	0.594	0.760	0.639	0.629	0.590	0.548
务工信息	ε3			1.000	0.760	0.713	0.825	0.802	0.800	0.775	0.950	0.824	0.917	0.768	0.755	0.626	0.776	0.911	0.975	0.691	0.855	0.885	0.955	0.741
健康信息	ε4				1.000	0.909	0.899	0.657	0.933	0.973	0.790	0.668	0.812	0.984	0.990	0.565	0.972	0.713	0.747	0.867	0.866	0.838	0.736	0.625
子女教育	ε5					1.000	0.827	0.628	0.854	0.887	0.737	0.638	0.755	0.896	0.917	0.554	0.886	0.675	0.702	0.948	0.799	0.776	0.693	0.603
特色养殖	ε6						1.000	0.696	0.961	0.922	0.863	0.711	0.891	0.912	0.891	0.582	0.923	0.767	0.809	0.793	0.958	0.923	0.796	0.657
药材种植	ε7							1.000	0.681	0.666	0.771	0.965	0.751	0.662	0.654	0.708	0.666	0.867	0.818	0.615	0.714	0.732	0.832	0.900
种子种苗	ε8								1.000	0.957	0.835	0.695	0.860	0.951	0.924	0.576	0.959	0.747	0.785	0.817	0.923	0.890	0.773	0.645
病虫害防治	ε9									1.000	0.806	0.678	0.830	0.989	0.964	0.569	0.998	0.726	0.761	0.847	0.886	0.857	0.750	0.633
市场供求信息	ε10										1.000	0.791	0.964	0.799	0.784	0.613	0.807	0.869	0.926	0.712	0.896	0.929	0.908	0.717
市场预测	ε11											1.000	0.770	0.674	0.665	0.694	0.679	0.895	0.841	0.624	0.730	0.749	0.857	0.872
技术推广	ε12												1.000	0.822	0.806	0.605	0.831	0.842	0.896	0.729	0.926	0.961	0.879	0.701
气象与灾害	ε13													1.000	0.975	0.568	0.987	0.720	0.755	0.855	0.878	0.849	0.744	0.630
法律法规	ε14														1.000	0.564	0.962	0.709	0.742	0.874	0.858	0.831	0.732	0.623
金融信贷	ε15															1.000	0.569	0.653	0.632	0.548	0.589	0.597	0.638	0.761
农业科技	ε16																1.000	0.726	0.762	0.846	0.888	0.858	0.751	0.633
市场信息	ε17																	1.000	0.932	0.657	0.792	0.816	0.952	0.794
农机商机信息	ε18																		1.000	0.681	0.768	0.865	0.979	0.754
致富类信息	ε19																			1.000	0.768	0.962	0.673	0.592
职业技术培训信息	ε20																				1.000	0.748	0.850	0.672
农业新闻	ε21																					1.000	0.850	0.686
家庭生活	ε22																						1.000	0.765
其他信息	ε23																							1.000

3. 临界值 r 的确定及特征变量在 r 下的灰色关联聚类

（1）临界值 $r = 0.9$ 的相关分析

①取定临界值 $r = 0.9$，挑出大于 0.9 的 ε_{ij}，则有

$\varepsilon_{1,2} = 0.933$；

$\varepsilon_{3,10} = 0.95$，$\varepsilon_{3,12} = 0.91$，$\varepsilon_{3,17} = 0.911$，$\varepsilon_{3,18} = 0.975$，$\varepsilon_{3,22} = 0.955$；

$\varepsilon_{4,5} = 0.909$，$\varepsilon_{4,8} = 0.933$，$\varepsilon_{4,9} = 0.973$，$\varepsilon_{4,13} = 0.984$，$\varepsilon_{4,14} = 0.990$，$\varepsilon_{4,16} = 0.972$；

$\varepsilon_{5,14} = 0.91$，$\varepsilon_{5,19} = 0.948$；

$\varepsilon_{6,8} = 0.961$，$\varepsilon_{6,9} = 0.922$，$\varepsilon_{6,13} = 0.912$，$\varepsilon_{6,16} = 0.923$，$\varepsilon_{6,20} = 0.958$，$\varepsilon_{6,21} = 0.923$；

$\varepsilon_{7,11} = 0.965$，$\varepsilon_{7,23} = 0.900$；

$\varepsilon_{8,9} = 0.957$，$\varepsilon_{8,13} = 0.951$，$\varepsilon_{8,14} = 0.924$，$\varepsilon_{8,16} = 0.959$，$\varepsilon_{8,20} = 0.923$；

$\varepsilon_{9,13} = 0.989$，$\varepsilon_{9,14} = 0.964$，$\varepsilon_{9,16} = 0.998$；

$\varepsilon_{10,12} = 0.96$，$\varepsilon_{10,18} = 0.926$，$\varepsilon_{10,20} = 0.929$，$\varepsilon_{10,21} = 0.961$；

$\varepsilon_{12,20} = 0.926$，$\varepsilon_{12,21} = 0.961$；

$\varepsilon_{13,14} = 0.975$，$\varepsilon_{13,16} = 0.987$；

$\varepsilon_{14,16} = 0.962$；

$\varepsilon_{17,18} = 0.932$，$\varepsilon_{17,22} = 0.952$；

$\varepsilon_{18,22} = 0.979$；

$\varepsilon_{20,21} = 0.962$。

②特征变量在临界值 0.9 下的灰色关联聚类如下：

X_1、X_2 在同一类中，即农业政策、惠农政策为一组；

X_3、X_4、X_5、X_6、X_8、X_9、X_{10}、X_{12}、X_{13}、X_{14}、X_{16}、X_{17}、X_{18}、X_{19}、X_{20}、X_{21}、X_{22} 在同一类中，即务工信息、健康信息、子女教育、特色养殖、种子种苗、病虫害防治、市场供求信息、技术推广、气象与灾害预、法律法规、农业科技、市场信息、农业商机信息、致富类信息、职业技术培训、农业新闻、家庭生活为一组；

X_7、X_{11}、X_{23} 在同一类中，即药材种植、市场预测、其他信息为一组；

X_{15} 单独一组，即金融信贷单独一组。

（2）临界值 $r = 0.925$ 的相关分析

①取定临界值 $r = 0.925$，挑出大于 0.925 的 ε_{ij}，则有

$\varepsilon_{1,2} = 0.933$；

$\varepsilon_{3,10} = 0.95$，$\varepsilon_{3,18} = 0.975$，$\varepsilon_{3,22} = 0.955$；

$\varepsilon_{4,8} = 0.933$，$\varepsilon_{4,9} = 0.973$，$\varepsilon_{4,13} = 0.984$，$\varepsilon_{4,14} = 0.990$，$\varepsilon_{4,16} = 0.972$；

$\varepsilon_{5,19} = 0.948$;

$\varepsilon_{6,8} = 0.961$,　$\varepsilon_{6,20} = 0.958$;

$\varepsilon_{7,11} = 0.965$;

$\varepsilon_{8,9} = 0.957$,　$\varepsilon_{8,13} = 0.951$,　$\varepsilon_{8,16} = 0.959$;

$\varepsilon_{9,13} = 0.989$,　$\varepsilon_{9,14} = 0.964$,　$\varepsilon_{9,16} = 0.998$;

$\varepsilon_{10,12} = 0.96$,　$\varepsilon_{10,18} = 0.926$,　$\varepsilon_{10,20} = 0.929$,　$\varepsilon_{10,21} = 0.961$;

$\varepsilon_{12,20} = 0.926$,　$\varepsilon_{12,21} = 0.961$;

$\varepsilon_{13,14} = 0.975$,　$\varepsilon_{13,16} = 0.987$;

$\varepsilon_{14,16} = 0.962$;

$\varepsilon_{17,18} = 0.932$,　$\varepsilon_{17,22} = 0.952$;

$\varepsilon_{18,22} = 0.979$;

$\varepsilon_{20,21} = 0.962$ 。

②特征变量在临界值 0.925 下的灰色关联聚类如下：

X_1 、 X_2 在同一类中，即农业政策、惠农政策为一组；

X_3 、 X_4 、 X_6 、 X_8 、 X_9 、 X_{10} 、 X_{12} 、 X_{13} 、 X_{14} 、 X_{16} 、 X_{17} 、 X_{18} 、 X_{20} 、 X_{21} 、 X_{22} 在同一类中，即务工信息、健康信息、特色养殖、种子种苗、病虫害防治、市场供求信息、技术推广、气象与灾害预、法律法规、农业科技、市场信息、农业商机信息、职业技术培训、农业新闻、家庭生活为一组；

X_5 、 X_{19} 在同一类中，即子女教育、致富类信息为一组；

X_7 、 X_{11} 在同一类中，即药材种植、市场预测为一组；

X_{15} 单独一组，即金融信贷单独为一组；

X_{23} 单独一组，即其他信息单独为一组。

（3）临界值 $r = 0.95$ 的相关分析

①取定临界值 $r = 0.95$ ，挑出大于 0.95 的 ε_{ij} ，则有

$\varepsilon_{3,10} = 0.950$ ，$\varepsilon_{3,18} = 0.975$ ，$\varepsilon_{3,22} = 0.955$ ；

$\varepsilon_{4,9} = 0.973$ ，$\varepsilon_{4,13} = 0.984$ ，$\varepsilon_{4,14} = 0.990$ ，$\varepsilon_{4,16} = 0.972$ ；

$\varepsilon_{6,8} = 0.961$ ，$\varepsilon_{6,20} = 0.958$ ；

$\varepsilon_{7,11} = 0.965$ ；

$\varepsilon_{8,9} = 0.957$ ，$\varepsilon_{8,13} = 0.951$ ，$\varepsilon_{8,16} = 0.959$ ；

$\varepsilon_{9,13} = 0.989$ ，$\varepsilon_{9,14} = 0.964$ ，$\varepsilon_{9,16} = 0.998$ ；

$\varepsilon_{10,12} = 0.96$ ，$\varepsilon_{10,21} = 0.961$ ；

$\varepsilon_{12,21} = 0.961$ ；

$\varepsilon_{13,14} = 0.975$ ，$\varepsilon_{13,16} = 0.987$ ；

$\varepsilon_{14,16} = 0.962$ ；

$\varepsilon_{17,22} = 0.952$；

$\varepsilon_{18,22} = 0.979$；

$\varepsilon_{20,21} = 0.962$。

②特征变量在临界值 0.95 下的灰色关联聚类如下：

X_1 单独一组，即农业政策单独为一组；

X_2 单独一组，即惠农政策单独为一组；

X_3、X_{10}、X_{12}、X_{17}、X_{18}、X_{20}、X_{21}、X_{22} 在同一类中，即务工信息、市场供求信息、技术推广、市场信息、农业商机信息、职业技术培训、农业新闻、家庭生活为一组；

X_4、X_6、X_8、X_9、X_{13}、X_{14}、X_{16} 在同一类中，即健康信息、特色养殖、种子种苗、病虫害防治、气象与灾害预、法律法规、农业科技为一组；

X_5 单独一组，即子女教育单独为一组；

X_7、X_{11} 在同一类中，即药材种植、市场预测为一组；

X_{15} 单独一组，即金融信贷单独为一组；

X_{19} 单独一组，即致富类信息单独为一组；

X_{23} 单独一组，即其他信息单独为一组。

（4）综合考虑临界值的灰色关联聚类

综合考虑 r 分别为 0.9、0.925、0.95 时的灰色关联聚类结果，再结合西部农村信息化建设实践，进一步优化农村信息内容灰色关联聚类结果如下：

X_1、X_2 在同一类中，即农业政策、惠农政策为一组；

X_3、X_{10}、X_{12}、X_{17}、X_{18}、X_{20}、X_{21}、X_{22} 在同一类中，即务工信息、市场供求信息、技术推广、市场信息、农业商机信息、职业技术培训、农业新闻、家庭生活为一组；

X_4、X_6、X_8、X_9、X_{13}、X_{14}、X_{16} 在同一类中，即健康信息、特色养殖、种子种苗、病虫害防治、气象与灾害预、法律法规、农业科技为一组；

X_5、X_{19} 在同一类中，即 子女教育、致富类信息为一组；

X_7、X_{11} 在同一类中，即药材种植、市场预测为一组；

X_{15} 单独一组，即金融信贷单独为一组；

X_{23} 单独一组，即其他信息单独为一组。

三、信息传播渠道与内容的关联分析

（一）灰色关联聚类模型的解释

略。

（二）信息传播渠道的关联分析

（1）依据表 2-27 的农村信息传播渠道与内容的统计数据，我们确定了西部农村信息传播渠道 21 条，传播内容 23 项，即有 21 个观测对象，每个观测对象有 23 个特征数据，得到序列如下：

Y_1 = 信息传播渠道使用频数总计；

X_1 = 电视序列，X_2 = 报纸序列，X_3 = 杂志序列，X_4 = 图书序列，X_5 = 广播序列，X_6 = 网站序列，X_7 = 宣传资料，X_8 = 人际交往，X_9 = 亲戚邻居朋友，X_{10} = 种养大户，X_{11} = 农业技术员，X_{12} = 信息员，X_{13} = 集贸市场，X_{14} = 农业合作社，X_{15} = 讲座培训，X_{16} = 远程教育，X_{17} = 技术示范观摩，X_{18} = 手机短信，X_{19} = 村干部，X_{20} = 农业企业，X_{21} = 其他渠道。

设

Y_1 = （226，277，65，121，139，90，35，97，106，69，32，66，111，113，20，106，53，56，161，85，75，56，26）

为信息传播渠道系统特征行为序列。

设

X_1 = （200，233，51，97，116，79，33，85，91，59，32，61，95，97，17，90，45，48，132，71，67，48，24）；

X_2 = （110，114，30，64，59，47，19，55，49，32，16，34，55，59，11，50，27，26，85，42，50，32，14）；

X_3 = （64，71，23，36，33，30，14，35，33，24，11，16，36，31，8，22，16，18，54，30，28，27，9）；

X_4 = （75，84，26，42，56，37，14，38，37，30，14，22，50，41，8，42，24，22，68，27，34，20，8）；

X_5 = （67，78，18，33，43，36，14，39，37，26，13，24，44，37，9，41，25，17，54，25，23，22，8）；

X_6 = （47，61，13，29，35，19，10，19，23，21，10，20，21，28，7，16，21，25，33，11，11，12，5）；

X_7 = （61，77，24，41，41，33，15，31，37，28，11，26，42，35，11，35，19，15，50，33，34，17，11）；

X_8 = （57，78，17，38，44，33，12，37，34，24，6，22，38，38，6，34，20，21，52，30，39，21，9）；

X_9 = （72，89，26，49，55，46，18，43，46，28，13，27，42，46，11，42，21，19，61，38，39，23，10）；

X_{10} = （23，29，12，17，16，16，9，21，15，14，6，16，15，17，6，16，8，8，24，17，13，11，4）；

X_{11} = （26，36，13，17，22，16，10，18，23，16，8，18，17，19，10，

25, 12, 11, 34, 15, 8, 12, 6);

X_{12} = (5, 9, 2, 5, 6, 4, 4, 6, 7, 5, 4, 4, 4, 6, 2, 4, 4, 2, 9, 6, 4, 3, 3);

X_{13} = (15, 22, 4, 13, 8, 8, 6, 10, 12, 8, 4, 8, 12, 8, 5, 6, 12, 11, 16, 7, 11, 6, 6);

X_{14} = (20, 26, 8, 17, 20, 20, 14, 15, 18, 14, 6, 15, 20, 20, 11, 18, 9, 8, 19, 12, 12, 9, 8);

X_{15} = (47, 48, 15, 30, 33, 27, 20, 27, 34, 25, 12, 22, 33, 22, 12, 27, 13, 14, 32, 17, 16, 14, 7);

X_{16} = (31, 34, 13, 16, 21, 16, 8, 18, 22, 16, 6, 19, 21, 22, 7, 22, 15, 12, 26, 20, 17, 15, 5);

X_{17} = (17, 22, 5, 13, 14, 11, 8, 9, 15, 11, 6, 8, 13, 10, 8, 12, 9, 12, 14, 7, 7, 6, 3);

X_{18} = (69, 87, 25, 48, 69, 40, 16, 40, 36, 27, 15, 28, 47, 40, 12, 36, 25, 21, 57, 37, 29, 28, 9);

X_{19} = (64, 76, 22, 45, 54, 34, 14, 38, 30, 24, 14, 27, 44, 47, 9, 44, 27, 15, 60, 30, 28, 17, 5);

X_{20} = (8, 13, 6, 7, 8, 4, 2, 5, 6, 4, 2, 5, 8, 6, 4, 8, 3, 3, 9, 4, 2, 6, 2);

X_{21} = (30, 37, 10, 16, 15, 14, 4, 17, 17, 15, 3, 7, 18, 19, 4, 14, 6, 6, 26, 18, 15, 20, 9)

为信息传播渠道相关行为序列。

（2）信息传播渠道系统特征行为序列、相关渠道行为序列的综合关联度计算结果如下：

信息传播渠道使用频数总计与相关渠道行为序列的综合关联系数分别为：电视0.944，报纸0.827，杂志0.781，图书0.801，广播0.785，网站0.796，宣传资料0.766，人际交往0.783，亲戚、邻居、朋友0.769，种养大户0.704，农业技术员0.736，信息员0.683，集贸市场0.733，农业合作社0.684，讲座培训0.724，远程教育0.716，技术示范观摩0.707，手机短信0.787，村干部0.774，农业企业0.712，其他渠道0.741。

（三）信息传播内容的关联分析

（1）依据表2-27的农村信息传播渠道与内容的统计数据，我们确定了西部农村信息传播内容23项，传播渠道21条，即有23个观测对象，每个观测对象有21个特征数据，得到序列如下：

Y_1＝信息传播内容使用频数总计；

X_1＝农业政策，X_2＝惠农政策，X_3＝务工信息，X_4＝健康信息，X_5＝子女教育，X_6＝特色养殖，X_7＝药材种植，X_8＝种子种苗，X_9＝病虫害防治，X_{10}＝市场供求信息，X_{11}＝市场预测，X_{12}＝技术推广，X_{13}＝气象与灾害预报，X_{14}＝法律法规，X_{15}＝金融信贷，X_{16}＝农业科技，X_{17}＝市场信息，X_{18}＝农业商机信息，X_{19}＝致富类信息，X_{20}＝职业技术培训信息，X_{21}＝农业新闻，X_{22}＝家庭生活，X_{23}＝其他信息。

设

Y_1＝（308，155，91，116，99，81，89，96，103，33，46，10，27，30，57，42，25，110，97，14，42）

为信息传播内容系统特征行为序列。

设

X_1＝（200，110，64，75，67，47，61，57，72，23，26，5，15，20，47，31，17，69，64，8，30）；

X_2＝（233，114，71，84，78，61，77，78，89，29，36，9，22，26，48，34，22，87，76，13，37）；

X_3＝（51，30，23，26，18，13，24，17，26，12，13，2，4，8，15，13，5，25，22，6，10）；

X_4＝（97，64，36，42，33，29，41，38，49，17，17，5，13，17，30，16，13，48，45，7，16）；

X_5＝（116，59，33，56，43，35，41，44，55，16，22，6，8，20，33，21，14，69，54，8，15）；

X_6＝（79，47，30，37，36，19，33，33，46，16，16，4，8，20，27，16，11，40，34，4，14）；

X_7＝（33，19，14，14，14，10，15，12，18，9，10，4，6，14，20，8，8，16，14，2，4）；

X_8＝（85，55，35，38，39，19，31，37，43，21，18，6，10，15，27，18，9，40，38，5，17）；

X_9＝（91，49，33，37，37，23，37，34，46，15，23，7，12，18，34，22，15，36，30，6，17）；

X_{10}＝（59，32，24，30，26，21，28，24，28，14，16，5，8，14，25，16，11，27，24，4，15）；

X_{11}＝（32，16，11，14，13，10，11，6，13，6，8，4，4，6，12，6，6，15，14，2，3）；

X_{12} =（61，34，16，22，24，20，26，22，27，16，18，4，8，15，22，19，8，28，27，5，7）；

X_{13} =（95，55，36，50，44，21，42，38，42，15，17，4，12，20，33，21，13，47，44，8，18）；

X_{14} =（97，59，31，41，37，28，35，38，46，17，19，6，8，20，22，22，10，40，47，6，19）；

X_{15} =（17，11，8，8，9，7，11，6，11，6，10，2，5，11，12，7，8，12，9，4，4）；

X_{16} =（90，50，22，42，41，16，35，34，42，16，25，4，6，18，27，22，12，36，44，8，14）；

X_{17} =（45，27，16，24，25，21，19，20，21，8，12，4，12，9，13，15，9，25，27，3，6）；

X_{18} =（48，26，18，22，17，25，15，21，19，8，11，2，11，8，14，12，12，21，15，3，6）；

X_{19} =（132，85，54，68，54，33，50，52，61，24，34，9，16，19，32，26，14，57，60，9，26）；

X_{20} =（71，42，30，27，25，11，33，30，38，17，15，6，7，12，17，20，7，37，30，4，18）；

X_{21} =（67，50，28，34，23，11，34，39，39，13，8，4，11，12，16，17，7，29，28，2，15）；

X_{22} =（48，32，27，20，22，12，17，21，23，11，12，3，6，9，14，15，6，28，17，6，20）；

X_{23} =（24，14，9，8，8，5，11，9，10，4，6，3，6，8，7，5，3，9，5，2，9）

为信息传播内容相关行为序列。

（2）信息传播内容系统特征行为序列、相关行为序列的综合关联度计算结果如下：

信息传播内容获取或关注频数与相关内容行为序列的综合关联系数分别为：农业政策 0.887、惠农政策 0.923、务工信息 0.772、健康信息 0.807、子女教育 0.818、特色养殖 0.774、药材种植 0.721、种子种苗 0.779、病虫害防治 0.792、市场供求信息 0.758、市场预测 0.735、技术推广 0.756、气象与灾害预报 0.791、法律法规 0.799、金融信贷 0.693、农业科技 0.795、市场信息 0.744、农业商机信息 0.760、致富类信息 0.829、职业技术培训信息 0.780、农业新闻 0.762、家庭生活 0.751、其他信息 0.738。

（四）信息传播渠道与内容的内在关联表

1. 农村信息传播渠道与内容内在关系表的构建

表 2-27 直观地综合反映了西部农村 21 条信息传播渠道的使用频数与农户通过各传播渠道获取或关注 23 项传播内容的频数，本节则通过 3 个步骤进一步将西部农村信息传播渠道、内容的系统特征行为序列与相关行为序列的综合关联系数植入表 2-27 中：

第一步，将信息传播渠道使用频数总计与相关渠道行为序列的综合关联系数植入表 2-27 末行对应的位置；

第二步，将信息传播内容获取或关注频数总计与相关内容行为序列的综合关联系数植入表 2-27 末列对应的位置；

第三步，分别依据末行、末列相关系数降序排序，即得农村信息传播渠道与内容的内在关系，见表 4-9。

2. 农村信息传播渠道与内容的内在关系解析

从信息传播渠道的视角，表 4-9 中电视，报纸，图书，网站，手机短信，广播，人际交往，杂志，村干部，亲戚、邻居、朋友，宣传资料与信息传播渠道总体使用频数的相关性较高，依据其综合关联系数将上述 11 种信息传播渠道视为非专业性宽频信息传播渠道；农业技术员、集贸市场、讲座培训、远程教育、农业企业、技术示范观摩、种养大户、农业合作社、信息员与信息传播渠道总体使用频数的相关性相对较低，依据其综合关联系数将上述 9 种信息传播渠道视为专业性窄频信息传播渠道。

从信息传播内容的视角，表 4-9 中惠农政策、农业政策、致富类信息、子女教育、健康信息、法律法规、农业科技、病虫害防治、气象与灾害预报与信息传播内容总体获取或关注频数的相关性较高，依据其综合关联系数将上述 9 种信息传播内容视为非专业性普通信息内容；职业技术培训信、种子种苗、特色养殖、务工信息、农业新闻、农业商机信息、市场供求信息、技术推广、家庭生活、市场信息、市场预测、药材种植、金融信贷与信息传播内容获取或关注总体频数的相关性相对较低，依据其综合关联系数将上述 13 种信息传播内容视为专业性信息传播内容。

表 4-9 呈现了农村信息传播渠道与内容之间的内在关系格局，可为信息传播渠道建设提供重要的方向性参考。表 4-10 则深入地反映了每一条专业性信息传播渠道内各类专业性农村信息的具体传播情况，即西部农村专业性信息传播渠道与专业性信息内容的内在关系，可为专业性信息传播渠道的建设及专业性农村信息的传播提供更为精准的建设性参考。

表 4-9　农村信息传播渠道与内容的内在关系

内容	总计	电视	报纸	图书	网站	手机短信	广播	人际交往	杂志	村干部	亲戚邻居朋友	宣传资料	其他渠道	农业技术员	集贸市场	讲座培训	远程教育	农业企业	技术示范观摩	种养大户	农业合作社	信息员	渠道相关系数
总计	381	308	155	116	81	110	99	96	91	97	103	89	42	46	27	57	42	14	25	33	30	10	1
惠农政策	277	233	114	84	61	87	78	78	71	76	89	77	37	36	22	48	34	13	22	29	26	9	0.923
农业政策	226	200	110	75	47	69	67	57	64	64	72	61	30	26	15	47	31	8	17	23	20	5	0.887
致富类信息	161	132	85	68	33	57	54	52	54	60	61	50	26	34	16	32	26	9	14	24	19	9	0.829
子女教育	139	116	59	56	35	69	43	44	33	54	55	41	15	22	8	33	21	8	14	16	20	6	0.818
健康信息	121	97	64	42	29	48	33	38	36	45	49	41	16	17	13	30	16	7	13	17	17	5	0.807
法律法规	113	97	59	41	28	40	37	38	31	47	46	35	19	19	8	22	22	6	10	17	20	6	0.799
农业科技	106	90	50	42	16	36	41	34	22	44	42	35	14	25	6	27	22	8	12	16	18	4	0.795
病虫害防治	106	91	49	37	23	36	37	34	33	30	46	37	17	23	12	34	22	6	15	15	18	7	0.792
气象与灾害预报	111	95	55	50	21	47	44	38	36	44	42	42	18	17	12	33	21	8	13	17	20	4	0.791
职业技术培训信息	85	71	42	27	11	37	25	30	30	30	38	33	18	15	7	17	20	4	7	21	12	6	0.78
种子种苗	97	85	55	38	19	40	39	37	35	38	43	31	17	18	10	27	18	5	9	16	15	6	0.779
特色养殖	90	79	47	26	13	40	36	33	30	34	46	33	14	16	8	27	16	4	11	12	20	4	0.774
务工信息	65	51	30	34	11	25	18	17	23	22	26	24	10	13	4	15	13	6	5	13	8	2	0.772
农业新闻	75	67	50	22	25	29	23	39	28	28	39	34	15	8	11	16	17	2	7	8	12	4	0.762
农业商机信息	56	48	26	30	21	21	17	21	18	15	19	15	6	11	11	14	12	3	12	8	8	2	0.76
市场供求信息	69	59	32	22	20	27	26	24	24	24	28	28	15	16	8	25	16	4	11	14	14	5	0.758
技术推广	66	61	34	20	12	28	24	22	16	27	27	26	7	18	8	22	19	5	8	16	15	4	0.756
家庭生活	56	48	32	24	21	28	22	21	27	17	23	17	20	12	6	14	15	6	6	11	9	3	0.751
市场信息	53	45	27	8	5	25	25	20	16	27	21	19	6	12	12	13	15	3	9	8	9	4	0.744
其他信息	26	24	14	14	10	9	8	6	11	5	10	11	9	6	6	7	5	2	3	4	8	3	0.738
市场预测	32	32	16	8	10	15	13	12	14	14	13	11	3	8	4	12	6	2	6	6	6	4	0.735
药种种植	35	33	19	14	10	16	14	6	8	14	18	15	4	10	6	20	8	2	8	9	14	4	0.721
金融信贷	20	17	11	8	7	12	9	6	8	9	11	11	4	10	5	12	8	2	8	6	11	2	0.693
内容相关系数	1	0.944	0.827	0.801	0.796	0.787	0.785	0.783	0.781	0.774	0.769	0.766	0.741	0.736	0.733	0.724	0.716	0.712	0.707	0.704	0.684	0.683	—

表 4-10　西部农村专业性信息传播渠道与专业性信息内容的内在关系

内容	总计/人	农业技术员/人	个案占比/%	集贸市场/人	个案占比/%	讲座培训/人	个案占比/%	远程教育/人	个案占比/%	农业企业/人	个案占比/%	技术示范观摩/人	个案占比/%	种养大户/人	个案占比/%	农业合作社/人	个案占比/%	信息员/人	个案占比/%	渠道相关系数
总计	381	46	—	27	—	57	—	42	—	14	—	25	—	33	—	30	—	10	—	1
职业技术培训信息	85	15	32.61	7	25.93	17	29.82	20	47.62	4	28.57	7	28.00	17	51.52	12	40.00	6	60.00	0.78
种子种苗	97	18	39.13	10	37.04	27	47.37	18	42.86	5	35.71	9	36.00	21	63.64	15	50.00	6	60.00	0.779
特色养殖	90	16	34.78	8	29.63	27	47.37	16	38.10	4	28.57	11	44.00	16	48.48	20	66.67	4	40.00	0.774
务工信息	65	13	28.26	4	14.81	15	26.32	13	30.95	6	42.86	5	20.00	12	36.36	8	26.67	2	20.00	0.772
农业新闻信息	75	8	17.39	11	40.74	16	28.07	17	40.48	2	14.29	7	28.00	13	39.39	12	40.00	4	40.00	0.762
农业商机信息	56	11	23.91	11	40.74	14	24.56	12	28.57	3	21.43	12	48.00	8	24.24	8	26.67	2	20.00	0.76
市场供求信息	69	16	34.78	8	29.63	25	43.86	16	38.10	4	28.57	11	44.00	14	42.42	14	46.67	5	50.00	0.758
技术推广	66	18	39.13	8	29.63	22	38.60	19	45.24	5	35.71	8	32.00	16	48.48	15	50.00	4	40.00	0.756
家庭生活	56	12	26.09	6	22.22	14	24.56	15	35.71	6	42.86	6	24.00	11	33.33	9	30.00	3	30.00	0.751
市场信息	53	12	26.09	12	44.44	13	22.81	15	35.71	3	21.43	9	36.00	8	24.24	9	30.00	4	40.00	0.744
其他信息	26	6	13.04	6	22.22	7	12.28	5	11.90	2	14.29	3	12.00	4	12.12	8	26.67	3	30.00	0.738
市场预测	32	8	17.39	4	14.81	12	21.05	6	14.29	2	14.29	6	24.00	6	18.18	6	20.00	4	40.00	0.735
药材种植	35	10	21.74	6	22.22	20	35.09	8	19.05	2	14.29	8	32.00	9	27.27	14	46.67	4	40.00	0.721
金融信贷	20	10	21.74	5	18.52	12	21.05	7	16.67	4	28.57	8	32.00	6	18.18	11	36.67	2	20.00	0.693
内容相关系数	1	0.736	—	0.733	—	0.724	—	0.716	—	0.712	—	0.707	—	0.704	—	0.684	—	0.683	—	—

第二节　农村信息服务优化升级实现机制研究

一、农村信息服务优化升级的实现机制

（一）建立政府主导与市场运作相结合的灵活运行机制

农村信息化的准公共服务属性使其在促进农村经济社会发展的过程中天然地具有了非排他性和非竞争性，以及一定范围和程度上的非营利性，这也决定了农村信息服务须由政府主导才能实现对农村人口的全覆盖。但是农村信息服务同时也具有混合物品和私人物品性质，从资源配置效率的提高和最优农村信息服务供给所要求的角度分析，单纯依靠政府公共农村信息服务组织并不能适应市场经济的要求，公共农村信息服务组织的人力、物力以及资金技术不可能也没必要包揽所有的农村信息服务供给，必须重视和发挥作为私人部门的涉农企业和农村经济合作组织在推进农村信息服务建设方面的重要作用（肖倞，2009）。

表4-9中的统计数据显示，现阶段西部农村与农户生产生活密切相关的信息有惠农政策、致富类信息、子女教育、健康信息到农业科技、务工信息、市场供求信息、技术推广、金融信贷等多达23个类别，说明农民的信息需求是多样的，信息传播渠道有电视、报纸、图书、网站到讲座培训、远程教育、农业企业、种养大户、农业合作社、信息员等多达21类，也呈现出多样性特点。这样的信息发展状况就迫切要求在西部农村建立一种具有多元服务主体、多元服务内容、多元筹资渠道的多元化的、以农民和农业企业需求为导向的信息服务体系，而不是传统的政府主体一支独大的单一服务体系。在这样的农村信息服务体系中，各级政府应建立灵活的管理机制，利用政府购买、配套和奖励资金等办法来鼓励民间信息化服务组织或个人参与到西部农村信息化服务体系建设中来。如此，由政府主导、民间组织或个人积极参与的多元化信息服务体系充分尊重信息服务市场自身的发展规律，不仅适应当前西部农村信息化发展状况，还将促使西部农村信息化建设步入良性发展的轨道，最终实现健康、可持续发展。

（二）优化资源配置，建立服务体系共建共享机制

由表4-9中的数据可知，西部农村信息传播渠道虽然多达21类，但农户使用较多的依然是一些非专业性信息传播渠道，如电视、报纸、图书、网站、手机短信、广播、人际交往、杂志等，这实际上是西部农村信息资源不足、渠道不畅的具体体现。表4-3中关于西部农村信息服务方式的调研数据表明，现

阶段西部农户可便利享受的服务方式是电视信息传播、网络、村务宣传公告黑板报、信息站服务、技术培训、农家书屋，这表明西部农村信息服务方式单一，过度依赖传统的非专业性信息传播渠道，专业性信息传播渠道的建设与利用严重不足。

针对西部农村信息资源缺乏、信息渠道不畅、服务方式单一、对传统信息服务方式依赖性过大的现状，未来的信息化建设工作需对信息资源、渠道、服务进行整合，力争做到规划统一、标准统一、公共网络服务平台统一，合理解决信息化建设过程中的扩充与改造、优化与完善的矛盾，对信息资源、传播渠道、服务方式进行全方位整合与提升，建立起体系完整、结构合理、内容丰富的综合性信息服务体系，实质性地促进西部农村经济社会的全面发展。

（三）建立绩效考核和激励约束机制

农村综合信息服务体系是以政府为主体，市场相关利益体参与的多元化服务体系，该体系在保持准公共服务属性的同时也为部分市场参与方保留了一定的获利空间，在公益与利益交织的状态下，各参与方的发展目标很难统一，在服务平台建设及信息服务的过程中必然会出现步伐不一致的情况。为切实推进西部农村信息化建设，有效地做好信息服务工作，各级政府要在统筹规划、协调发展的基础上，将信息化建设任务落实到利益相关方或个人，建立起切实可行的绩效考核与激励约束机制：一是针对西部农村信息化建设与信息服务实际状况，制定一套科学合理、公开透明的管理办法，确保对政府部门及利益相关方的绩效考核与激励约束行之有效；二是细化信息化建设及信息服务工作的业绩考核标准，将业绩考核作为政府部门及相关利益主体的重要考核内容，定期进行考评。

二、农村信息服务优化升级发展策略

（一）推进以"互联网＋"为基础的农村综合信息智能化网络服务平台建设

信息化是现代农业的制高点。信息进村入户是发展"互联网＋"现代农业的一项基础性工程，也是当前农村信息化建设的突出"短板"，对促进农业现代化、缩小城乡差距意义重大。2015 年 1 月原农业部办公厅公布《农业部关于扎实做好 2015 年农业农村经济工作的意见》提出，要加快农业信息化步伐，切实抓好信息进村入户试点工作。2015 年 7 月《国务院关于积极推进"互联网＋"行动的指导意见》提出 11 个具体行动，其中之一就是发展"互联网＋"现代农业，构建依托互联网的新型农业生产经营体系，发展精准化生产方式，培育多样化网络化服务模式。

基于"互联网+"的农村综合信息智能化网络服务平台，可实现贯穿产前、产中、产后的"一站式"农业信息服务与全程指导。该平台的优势在于实现"面对面"式的农业信息服务，同时利用智能信息采集技术，实现信息服务智能化采集、分类、整合、发布与管理，解决信息资源采集难题，减少人工采编投入，实现农业农村信息自动采集、无须人工。最后，通过专用智能终端实现智能、自动、简化，让信息变得高效，帮助农民掌握和应用现代信息化技术水平，让农民真正成为懂生产、善经营、会管理、能交易的新一代新型农民，成为用信息化武装起来的科技农民，从而享受信息服务带来的价值与财富。

（二）加强专业性信息传播渠道建设

信息传播渠道建设是农村综合信息智能化网络服务平台的核心工作。在西部农村，2015 年，广播节目人口覆盖率达 97.63%、电视节目人口覆盖率达 98.14%，主要通信设备拥有量分别为彩色电视机 109 台/每百户、固定电话 26.4 部/每百户、移动电话 244.6 部/每百户，即传统的非专业性信息传播渠道及媒介的普及率已经很高，再增加的幅度很小，西部农村的综合信息智能化网络平台建设需加强专业性信息传播渠道的建设，以促进专业性农业生产信息的传播。

专业性信息传播渠道的建设只有和传播内容结合起来才能可行、高效。由表 4-10 中的数据可知，信息传播渠道使用频数个案占比，准确地反映了农户通过该渠道获取各类信息的情况。在专业性信息传播渠道建设过程中应优先建设农业合作社，其余依次是信息员、种养大户、远程教育、技术示范观摩、讲座培训、集贸市场、农业技术员、农业企业等渠道。假定个案占比以 35% 为标准，则农业技术员渠道应优先考虑种子种苗、技术推广、特色养殖、市场供求信息的传播，集贸市场渠道应优先考虑市场信息、农业新闻、农业商机信息、种子种苗的传播，讲座培训渠道应优先考虑种子种苗、特色养殖、市场供求信息、技术推广、药材种植的传播，远程教育渠道应优先考虑职业技术培训信息、技术推广、种子种苗、农业新闻、特色养殖、市场供求信息、家庭生活、市场信息的传播，农业企渠道应优先考虑家庭生活、务工信息、技术推广、种子种苗信息的传播，技术示范渠道应优先考虑农业商机信息、特色养殖、市场供求信息、种子种苗、市场信息的传播，种养大户渠道应优先考虑种子种苗、职业技术培训信息、特色养殖、技术推广、市场供求信息、农业新闻、务工信息的传播，农业合作社渠道应优先考虑特色养殖、种子种苗、技术推广、市场供求信息、药材种植、职业技术培训信息、农业新闻、金融信贷信息的传播，信息员渠道应优先考虑种子种苗、职业技术培训信息、市场供求信息、特色养殖、技术推广、药材种植、农业新闻、市场信息、市场预测信息的传播。

（三）加强专业性农业生产信息的设计与制作

信息内容的设计与制作是农村综合信息智能化网络服务平台建设的重要工作。在西部农村，惠农政策、农业政策、致富类信息、子女教育、健康信息、法律法规、气象与灾害预报等与生活关系更加密切的信息，农户可以十分容易地通过电视、广播、宽带网络等渠道关注或获取；与生产密切相关的信息如种子种苗、特色养殖、技术推广、市场供求信息、职业技术培训信息、药材种植、农业商机信息、务工信息、金融信贷、市场预测等信息相对贫乏，所以建设农村综合智能化信息服务平台需加强专业性生产类信息的设计与制作。

专业性生产类信息只有在专业性信息传播渠道中传播才能发挥其最大效应。由表4-10中的数据可知，假定个案占比以35%为标准，则第一应对种子种苗信息进行深度设计与制作，并依次通过种养大户、信息员、农业合作社、讲座培训、远程教育、农业技术员、集贸市场、技术示范观摩、农业企业等渠道向农户传播；第二应对特色养殖信息进行设计与作用，并依次通过农业合作社、种养大户、讲座培训、技术示范观摩、信息员、远程教育、农业技术员等渠道向农户传播；第三应对技术推广信息进行深度设计与制作，并依次通过农业合作社、种养大户、远程教育、信息员、农业技术员、讲座培训、农业企业等渠道向农户传播；第四应对市场供求信息进行深度设计与制作，并依次通过信息员、农业合作社、技术示范观摩、讲座培训、种养大户、远程教育、农业技术员等渠道向农户传播；第五应对职业技术培训信息进行设计与制作，并依次通过信息员、种养大户、远程教育、农业合作社等渠道向农户传播。

第五章 农村多元信息化服务可持续发展研究

第一节 农村多元信息化服务长效机制研究

一、农村多元信息化服务满意度调查

农村信息化建设效果如何，农户的满意度是一项重要的评判指标。不断提升农村农业信息化公共服务的农户需求满意程度，是提升国家农村农业信息化总体水平的根本动力。

（一）农户对信息服务重要性的认可度调查

西部农村当下信息化建设主要以传统的广播、电视等信息传播渠道为主，多元信息化服务整体水平不高，在未来的信息化建设过程中，国家应在加强农村信息化基础设施建设、健全农村农业信息网络、分类推进农村农业信息化"最后一公里"建设的同时，重点加强农村农业信息化"最初一公里"建设（李燕凌 等，2013）。为了更准确地把握农户对农村信息化建设的认识情况，我们在甘肃的预调研中针对信息服务对农业增产的影响力进行了问卷调查。农户关于农村信息服务作用的认知统计见表5-1。

表5-1 农户关于农村信息服务作用的认知统计

信息影响程度	频数/人	占比/%	累积占比/%
起了一些作用	250	88.0	88.0
没起什么作用	8	2.8	90.8
说不清	26	9.2	100.0
合计	284	100.0	—

从表5-1中的数据可知，88%的调查对象肯定了农村信息化对农业发展的

促进作用；10%的农户或许对信息化建设本身缺乏认识，对信息服务的作用说不清楚；而明确表示信息服务对农业发展没有作用的调查对象只有 2%。这一调查结果表明，农户对信息服务的作用是高度认可的。不同职业农户对信息服务作用的认知统计见表 5-2。

表 5-2　不同职业农户对信息服务作用的认知统计

信息影响程度	从事职业															
	种植业从业者/人	个案占比/%	畜牧业从业者/人	个案占比/%	养殖业从业者/人	个案占比/%	加工业从业者/人	个案占比/%	运输业从业者/人	个案占比/%	管理者/人	个案占比/%	打工者/人	个案占比/%	其他/人	个案占比/%
起了一些作用	180	92.78	2	20.00	14	87.50	0	0.00	2	100.00	4	100.00	28	87.50	20	90.91
没起什么作用	4	2.06	4	40.00	0	0.00	0	0.00	0	0.00	0	0.00	0	0.00	0	0.00
说不清	10	5.15	4	40.00	2	12.50	4	100.00	0	0.00	0	0.00	4	12.50	2	9.09
合计	194	—	10	—	16	—	4	—	2	—	4	—	32	—	22	—

从事不同职业的农户对信息的需求会有差别。由表 5-2 中的数据可知，对于主要从事运输与管理工作的农户，其工作性质决定了他们需要接触更多的信息，因而更加重视信息服务；从事种植业的农户，也需要经常关注气象预报、种子种苗、生产技术推广等信息，所以他们亦重视农村信息服务；主要从事养殖工作及打工的农户对市场信息需求更多，对农村信息服务也十分重视；从事畜牧业的牧民受生产方式的制约，通常不便于接收各类农业信息，难以感受到信息对其生产生活的影响。

（二）农户对信息服务的满意度调查

农户的性别、年龄、受教育程度、家庭人均收入和家庭生产经营主业等方面的差异，影响着农民对种植、养殖、市场、农业政策、民生、就业、加工、其他等信息内容的需求，农村广播电视节目人口覆盖率、电信宽带是否入户、农民是否交纳入网费等信息化技术支持因素，农民接收信息培训次数、地区虚拟变量等政府信息化服务和地理环境因素，都将对农民的农业信息需求满意度产生一定影响（李燕凌 等，2013）。西部农村农户对信息服务的满意度调查见表 5-3。

表 5-3　西部农村农户对信息服务的满意度调查

信息服务满意度	频率/人	占比/%	累积占比/%
很满意	68	17.8	17.80
满意	147	38.6	56.40
一般	133	34.9	91.30
不满意	26	6.8	98.20

表5-3(续)

信息服务满意度	频率/人	占比/%	累积占比/%
很不满意	7	1.8	100.00
合计	381	100.0	—

从表5-3中的数据可知，仅有17.8%的被调查对象对现阶段的农村信息服务很满意，有38.5%的被调查对象表示满意，即西部农村农户对多元信息化服务的满意度仅为56.4%，而对多元信息化服务感觉一般的被调查对象有34.9%，这表明西部农村多元信息化建设不能完全满足农户的信息获取需求。

从事不同职业的农户对信息会有特殊的要求，其对信息服务的满意度也会有所不同。由表5-4中的数据可知，畜牧业从业者对信息服务的满意度最低，主要原因在于现阶段广播电视节目信号、宽带互联网主要覆盖人口相对稠密的城镇与乡村，牧民多分散在偏远地区，难以接收到广播、电视信号；运输业从业者对信息服务的满意度低，从一个侧面说明现阶段的信息服务内容主要集中在普通属性的农业生产方面，对专业性较强的信息服务较少，不足以满足专业性较强的从业者的需求。不同职业农户对信息服务的满意度调查见表5-4。

表5-4　不同职业农户对信息服务的满意度调查

信息服务满意度	从事职业																	
	种植业从业者/人	个案占比/%	畜牧业从业者/人	个案占比/%	养殖业从业者/人	个案占比/%	加工业从业者/人	个案占比/%	运输业从业者/人	个案占比/%	管理者/人	个案占比/%	打工者/人	个案占比/%	其他/人	个案占比/%	合计/人	个案占比/%
很满意	48	24.74	0	0.00	2	12.50	0	0.00	0	0.00	2	50.00	6	18.75	4	18.18	62	21.83
满意	78	40.21	2	20.00	10	62.50	4	100.00	0	0.00	2	50.00	12	37.50	8	36.36	116	40.85
一般	58	29.90	8	80.00	2	12.50	0	0.00	2	100.00	0	0.00	14	43.75	6	27.27	90	31.69
不满意	6	3.09	0	0.00	0	0.00	0	0.00	0	0.00	0	0.00	0	0.00	4	18.18	10	3.52
很不满意	4	2.06	0	0.00	2	12.50	0	0.00	0	0.00	0	0.00	0	0.00	0	0.00	6	2.11
最高频数	194	—	10	—	16	—	4	—	2	—	4	—	32	—	22	—	284	—

（三）农户对信息服务问题的认知调查

西部农村信息化发展水平整体不高，除了信息传播渠道建设不健全、信息内容设计与制作不完备之外，信息服务也存在较多问题。农户对西部农村信息服务中存在问题的认知情况统计结果见表5-5。

表5-5　农户对西部农村信息服务中存在问题的认知情况统计结果

存在问题	频数/人	个案占比/%	占比/%
信息服务人员水平较低	105	28.50	14.10
信息服务不及时	186	50.40	24.90
需求的信息和提供的信息不一致	96	26.00	12.90

表5-5(续)

存在问题	频数/人	个案占比/%	占比/%
信息服务方式单一	104	28.20	13.90
信息服务站不规范	97	26.30	13.00
信息服务不到位	117	31.70	15.70
说不清	42	11.40	5.60
合计	284	100.0	—

由表5-5中的数据可知,从农户视角看西部农村信息服务工作,信息服务不及时是信息服务中最常出现的问题,之后是信息服务不到位,这两项数据表明西部农村信息化建设过程中存在重渠道建设、轻服务传播的现象。表5-5中的数据还表明,西部农村信息服务人员专业素质相对较低,其提供的信息服务不能得到农户的认可。调查发现,从事不同职业的农户对信息服务中存在问题的认识有差异。不同职业的农户对农村信息服务中存在问题的认可情况统计见表5-6。

表5-6 不同职业的农户对农村信息服务中存在问题的认可情况统计

主要问题	从事职业															
	种植业从业者/人	个案占比/%	畜牧业从业者/人	个案占比/%	养殖业从业者/人	个案占比/%	加工业从业者/人	个案占比/%	运输业从业者/人	个案占比/%	管理者/人	个案占比/%	打工者/人	个案占比/%	其他/人	个案占比/%	合计/人	个案占比/%
信息服务不及时	105	46.46	5	26.32	17	68.00	6	60.00	1	25.00	7	53.85	27	58.70	18	48.65	186	48.82
信息服务不到位	81	35.84	6	31.58	5	20.00	2	20.00	0	0.00	2	15.38	10	21.74	11	29.73	117	30.71
信息服务人员水平较低	76	33.63	6	31.58	3	12.00	1	10.00	3	75.00	2	15.38	6	13.04	8	21.62	105	27.56
信息服务方式单一	52	23.01	4	21.05	4	16.00	4	40.00	2	50.00	4	30.77	17	36.96	17	45.95	104	27.30
信息服务站不规范	55	24.34	9	47.37	7	28.00	3	30.00	0	0.00	5	38.46	7	15.22	11	29.73	97	25.46
需求的信息和提供的信息不一致	52	23.01	2	10.53	8	32.00	2	20.00	0	0.00	9	69.23	15	32.61	8	21.62	96	25.20
说不清	26	11.50	2	10.53	3	12.00	1	10.00	0	0.00	0	0.00	6	13.04	4	10.81	42	11.02
最高频数	226	—	19	—	25	—	10	—	4	—	13	—	46	—	37	—	381	—

由表5-6中的数据可知,养殖业从业者、加工业从业者、管理者和打工者对信息服务不及时的不满意度要高于总体不满意度,种植业从业者、畜牧业从业者对信息服务的持续性要求较高,因而对信息服务不到位的不满意度高于总体不满意度,运输业从业者对信息服务人员水平很不满意,管理者则对需求的信息和提供的信息不一致问题十分不满意。

在未来的信息化建设中，西部农村应在加强农村农业信息化基础设施建设、健全农村农业信息网络、分类推进农村农业信息化"最后一公里"建设的同时，重点加强农村农业信息化"最初一公里"建设，加强和完善农村农业信息源建设，瞄准农业生产、农民生活和农村发展的迫切需要，丰富信息内容，提高政府农村农业信息服务质量，以努力提高农户需求满意度（李燕凌等，2013）。

二、国际社会的农业信息化服务发展可借鉴情况

发达国家在乡村发展过程中不强调农村属性却注重农业属性，故本书将发达国家乡村信息化研究表述为农业信息化服务研究。美国、日本、德国同为发达国家，其农业信息化服务体系却并不相同。印度是一个发展中的人口大国，其农业信息化服务体系亦与中国有较大差异。

（一）美国、日本、德国和印度的农业信息服务体系架构

美国的农业信息服务体系是以政府为主体的国家、地区、州三级农业信息网络体系，该体系有着完整、规范的信息制度，信息化水平较高。在农业信息技术应用方面，农业公司、合作社、农场、专业协会都普遍使用计算机及网络技术。

日本的农业信息服务体系主要由市场销售信息服务系统和"日本农协"两个系统组成，在每个县都设有分中心，与乡镇以及地方综合农协保持非常紧密的联系，可迅速得到有关信息，并随时交换信息。凭借这两个系统提供的准确的市场信息，日本的每一个农户都对其国内市场乃至世界市场上每种农产品的价格和生产数量有比较全面、准确的了解，并由此调整生产品种及产量（范凤翠 等，2006）。

德国是欧洲国家中信息化建设水平最高的国家，其信息服务体系由传统信息传播渠道与现代网络相互融合而成。德国信息化服务体系以政府为主导，融合了市场化服务，其农业信息技术不断得到推广普及，农业信息网络不断扩大，农业生产、科研、教学领域的大多数操作通过计算机来完成。农业信息技术正在普及并向农业全面信息化迈进。德国在计算机自动控制、网络计算机辅助决策技术的应用、计算机模拟和模型技术、遥感技术、精确农业技术、农机管理自动化等方面都走在世界前列（范凤翠 等，2006）。

印度信息服务体系相对落后，其信息传播渠道建设只是中央政府农业部门之间的网络开通，80%的农业研究委员会通过拨号进行连接，其他通过卫星实现了连接；国家信息中心的网络与一个区级机构和一个地区的 70 个村庄实现了连接。借助中央—邦政府—地区农村发展部和村民自治组织的行政运行体

系，印度在农村建立了 21 个信息中心，主要为地区的农村与部落服务。印度农业信息数据库及网站建设由国家农业研究委员会统管，将全国的研究机构和区域试验站、农业大学有机地组织起来，分工协作、各负其责，使用统一的软硬件和标准的录入格式，所建立的 7 个数据库用于实现全国资源的快速传递和共建共享（范凤翠 等，2006）。

（二）美国、日本、德国和印度的农业信息服务体系发展特点

美国的农业信息服务体系是以政府相关部门为支撑，然后靠市场力量推动发展起来的。其在信息服务体系发展过程中，通过政府辅助、政府担保、税收优惠等一系列优惠政策刺激资本市场投身于农业信息服务体系的建设工作之中。美国在搭建起完善的农业信息服务体系后，由国家直接增加技术研发投入，建立适合美国市场经济特色的人才吸引机制和有效的创新激励机制。激励机制的核心就是产权激励和对合法收益的保护（范凤翠 等，2006）。

日本的农业服务系统由政府投资，然后由市场运作，灵活运用信息技术、互联网和不同的信息资源，因地制宜，根据不同地域特性、农产品特性和农业生产率高低发展地域农业信息服务系统，有以有线电视为主、以计算机通信利用为主和以传真机利用为主三种形式，适应不同距离、经济实力、人口密度的不同地域。日本政府注重引进和改造精确农业，采取"产、官、学"合作的模式进行信息农业技术研究，针对粮食自给率低及劳动力不足的问题，结合自动化技术，利用信息技术在作物生长模型等精确农业和精确农业机械研究两个小空间内发展（范凤翠 等，2006）。

德国政府始终致力于农业信息化的政策制定、资金的支持和农业信息化基础设施的建设投入，注重关键技术对农业信息服务体系发展的带动作用，紧紧抓住模拟模型技术、计算机决策系统技术、精确农业技术等关键技术的研发和集成，带动整个农业信息化发展。政府非常重视计算机技术和互联网技术的教育与培训，所有学校开设计算机和网络技术课程；把教育与培训、普及计算机网络技术作为实现农业信息化的关键步骤之一，特别注意加强针对妇女的信息技术培训（范凤翠 等，2006）。

印度政府鼓励和动员社会力量参与农村信息化建设，融资渠道和投资模式灵活多样，有政府投入、私人投资和公私合营等方式，注重吸引私营企业加入信息化建设；重视进行广泛国际交流合作，探索低成本、易推广的信息系统及农村软件，建设数字农村；注重信息技术人才培养，加强对农民的培训。印度政府还重视农业信息服务"最后一公里"，找准农产品需求的突破点，采取公私共享的合作模式，充分利用村民自治组织，保证电子政务经济上的可持续性和使用者的本位性，在基础设施很不完善的条件下，实现了广大农民真正享受

信息服务（范凤翠 等，2006）。

三、多元信息化服务长效机制形成策略

（一）继续发挥政府在农村信息化建设中的主导作用

农村信息化是农业现代化的重要促进力量，各国都十分重视发展农业及农业信息化。目前，国际上通行的农村及农业信息服务模式有两种，即国家调控下的事业性农业信息服务模式和商业化运行模式。国家调控下的事业性农业信息服务模式是政府主导的公益性、基础性信息化服务模式，是一种公共产品。在该类信息服务模式中，政府的作用具体体现在统筹规划、政策引导、投资及监管等方面，以保证农业信息真实传播给农户，在一定程度上保护了农户的利益，国家则通过农村经济社会整体进步与发展获得收益。而国家调控下的商业化运行模式是市场经营主体与农户的直接对接，在信息传播的时效性上有其优越性。

农村信息化服务在实际运作过程中必然涉及多部门、多学科及多层次的农业生产对象，是一项复杂的系统工程。实践证明，政府或市场单方面的信息化服务都无法满足农户的生产需要，只有将政府与市场紧密结合起来，形成国家调控下的事业性运行与市场运作相结合的模式，才能真实、及时、有效地将农业生产信息传递到农户那里。因此，政府必须发挥其主导作用，强化对农业信息化的组织管理，在农村信息化的扶持、规划、立法和投资等方面确定各自的职责并分工协作（贺文慧 等，2008）。

（二）积极鼓励多元化的资金投入

农户所从事的具体职业、家庭年人均收入、年龄结构、受教育程度不同，其对信息的需求必然是多样化的，这从客观上需要多元信息化服务主体，从服务渠道建设、内容设计与制作等方面着手，形成一套功能互补、性能强大的综合性智能化信息服务平台。该信息服务平台建设需要政府制定相关政策、法规及管理办法，鼓励、支持和吸引社会力量，尤其是有实力的企业参与农村信息化建设，充分调动他们的积极性，逐步探索和实现共建、共享、多赢的局面，推动农村信息化建设的持续、深入发展（贺文慧 等，2008）。

西部农村地域辽阔，农户对信息服务的需求规模庞大，鉴于多数据信息产品的准公益特性，政府应该大力投入资金进行信息化服务网络建设，但实际上政府财政力量有限，如果全部依靠政府投资建设信息服务平台，其建设规模、速度很难满足农户的生产生活需要。所以，政府有必要将信息传播渠道及内容进行分类，纯公共产品属性的信息服务平台由政府直接投资建设，并无偿向农户开放，如农村广播、电视无线传播网的建设。准公共产品属性的信息服务平

台或内容由政府引导，鼓励市场主体介入共同开发该信息服务市场。对非公共产品属性的农业生产生活类信息服务，政府应当建立合理的体制、机制将其推向市场，鼓励广大科研院所、职业技术机构、信息推广实体及中介组织、农业企业、种养大户等服务主体按市场规则向农户提供农业信息服务。

（三）进一步完善农村信息服务体系

完善的农村信息服务体系需要从以下两个方面开展工作：

一是架构信息传播渠道、整合信息资源，提高面向农村经济的信息量、信息流和时空范围。政府在搭建综合性智能化农业信息服务平台时，一方面要重点建设电视，报纸，图书，网站，手机短信，广播，人际交往，杂志，村干部，亲戚、邻居、朋友，宣传资料，其他渠道，农业技术员，集贸市场，讲座培训，远程教育，农业企业，技术示范观摩，种养大户，农业合作社和信息员等信息传播渠道；另一方面要围绕惠农政策、农业政策、致富类信息、子女教育、特色养殖、务工信息、农业新闻、农业商机信息、市场供求信息、技术推广、家庭生活、市场信息、其他信息、市场预测、药材种植和金融信贷等信息进行内容设计与制作。

二是转变信息服务体系运转机制，形成政府推动、市场拉动、自主驱动的灵活运行机制。农村信息服务具有非强制性、灵活性和随意性等特点，信息服务效果取决于信息传播渠道建设、信息内容设计制作、服务人员素质以及农户的求知兴趣。目前，西部农村信息服务主要由广电、科技、农业、畜牧、林业等部门联合承担，随着现代农业的发展，上述传统的农业信息服务部门所提供的信息服务已经不能完全胜任现阶段农户的信息需求。在传统的信息服务中，信息传播基本是单向的，农户多数情况下处于被动地接收状态，未来农村种养大户、农业合作社、农业企业会大量出现，这些农业生产实体本身也具备了信息传播的能力，且这些生产实体所传播的信息具有更强的专业性，传播效率亦更高，这种状况为农村信息服务中的政府推动、市场拉动、自主驱动机制的形成与灵活运行提供了现实基础。

（四）彻底解决农村信息服务"最后一公里"顽疾

解决农村信息服务"最后一公里"顽疾最有效的办法是将综合性智能化信息服务网络末端延伸到村、户。目前，农村电视、广播节目人口覆盖率已达98%，但电视广播节目信息传播的单向性、难记录等特性使得这两种传播方式效果有限，图书、报刊信息传播渠道则存在时效性不强等问题，阻碍了这两种信息传播方式被农户广泛地应用。近年来，互联网宽带及智能移动通信发展迅猛，其具有信息传播量大、内容形式多样、时效性强等特点，可实现信息双向流动，有利于信息传播者与农户的双向互动，因而很好地弥补了传统传播方式的不足。但是，现阶段我国互联网宽带、移动通信使用成本较高，这又限制了农户通过宽带互联网或移动通信关注或获取所需农业信息。因此，西部农村只有将广播、电视、互联网宽带、移动通信等多种通信方式融为一体，组建综合性智能信息服务平台，将现有的农业信息资源进行整合、集成和数据挖掘，构建农业信息资源数据库，依托该数据库建设农业网站、呼叫中心、机顶盒电视上网、无线寻呼网，实现多网合一（基于同一数据库）；同时，还要将农业实用技术、市场信息和政策信息等进行集成，通过多种通信方式将各种信息及时、准确地传播到生产者、经营者和管理者手中，以提高信息的利用效率和价值，为农村经济发展服务。对信息设备（如计算机设备）相对落后的农村来说，基层干部、农技人员、农业企业和广大农民足不出户就可以通过简便的方式获取及时、准确和全方位的信息服务。只有从根本上改变获取信息的途径，降低用户获取农业信息的成本，提高农村的生产管理和决策水平，我们才能达到最大化利用农业信息资源的目的，才能彻底解决农村网络"最后一公里"的问题（卢明芳，2010）。

第二节　农村多元信息化服务进村入户的途径和办法研究

一、农村多元信息化服务项目及方式调查

（一）西部农村信息化服务项目实施情况调查

在西部农村多元信息化发展过程中，除了进行正常的信息传播渠道建设、信息内容的设计与制作外，政府及相关信息服务市场主体还集中财力、物力以项目的形式开展农业信息传播工作，以便及时将各类农业生产生活类信息传播给农户。目前，西部农村信息服务项目主要有农家书屋、信息公示栏、讲座培训等形式。西部农村信息化服务项目农户参与情况统计见表5-7。

表 5-7　西部农村信息化服务项目农户参与情况统计

信息服务项目	甘肃		新疆		（甘肃、新疆）合并	
	频数/人	个案占比/%	频数/人	个案占比/%	频数/人	个案占比/%
农家书屋	220	77.46	51	52.58	271	71.13
信息公示栏	108	38.03	48	49.48	156	40.94
讲座培训	114	40.14	37	38.14	151	39.63
远程教育	86	30.28	25	25.77	111	29.13
农村信息服务站	76	26.76	12	12.37	88	23.10

表5-7(续)

信息服务项目	甘肃		新疆		（甘肃、新疆）合并	
	频数/人	个案占比/%	频数/人	个案占比/%	频数/人	个案占比/%
科技推广站	44	15.49	17	17.53	61	16.01
其他	38	13.38	22	22.68	60	15.75
样本数/个	284	—	97	—	381	—

表5-7中的数据显示，被调查对象参与度最高的是农家书屋服务项目。农家书屋是近些年来政府动用财政经费向农户免费推广的一项信息服务项目，其所提供的图书主要是农业科技类图书、文学类及各种休闲类读物，其中农业科技类图书信息量大、专业性强，对农户从事种植、养殖等职业有很大的帮助，所以有高达77.46%的被调查对象在农家书屋查询所需农业生产类信息。该服务方式的不足之处是对农户有较高的文化程度要求，文盲或半文盲农户难以通过该服务方式获益。讲座培训也是农户参与度比较高的信息服务项目。讲座培训是一类专业性很强的信息传播方式，讲座培训者通常有很强的专业技术，与农户面对面的信息传播方式有利于农户及时提出问题、解决问题，因而也是一种高效的农业信息服务方式，其不足之处是该项目服务成本较高，在一定程度上阻碍了该服务方式的大范围推广。信息公示栏是西部农村最常见的信息服务方式，对农户的生产有较大影响，该服务方式的不足之处在于受公示栏版面限制通常只能发布一些简短的市场信息或通信类信息。远程教育、农村信息服务站、科技推广站对农户的生产亦有很大帮助，但这三种信息服务方式的服务成本较高，在西部农村推广范围有限，所以农户参与频数相对较低。西部农村村信息站或科技推广站向农户信息服务情况的统计见表5-8。

表5-8　西部农村村信息站或科技推广站向农户信息服务情况的统计

提供信息服务的情况	甘肃		新疆		（甘肃、新疆）合并		
	频数/人	个案占比/%	频数/人	个案占比/%	频数/人	个案占比/%	累积占比/%
提供	152	53.52	24	24.74	176	46.19	46.19
不提供	34	11.97	27	27.84	61	16.01	62.20
有时提供	80	28.17	35	36.08	115	30.18	92.39
自己去问就提供	18	6.34	11	11.34	29	7.61	100.00
样本数/个	284	—	97	—	381	—	—

表 5-8 中的数据表明，西部农村只有 46.19% 的调查对象经常接收到村信息站或科技推广站的信息服务，有 30.18% 的被调查对象偶尔能享受该项服务，还有 16.01% 的被调查对象表示从来没有享受过该项服务。

（二）农户喜欢的信息服务方式调查

构建农村信息化服务体系的主旨就是要以合适的方式让农户方便地获取各类农村生产生活信息。农户个体间的差异巨大，因受教育程度、年龄、从事职业不同，其对信息服务方式的适应能力或要求必然有较大差异。尽量选择一些农户容易接受的信息服务方式是西部农村信息化建设的必由之路。西部农村农户喜欢的信息服务方式调查情况见表 5-9。

表 5-9 西部农村农户喜欢的信息服务方式调查情况

信息服务方式	甘肃		新疆		（甘肃、新疆）合并	
	频数/人	个案占比/%	频数/人	个案占比/%	频数/人	个案占比/%
中央电视台农业节目	51	17.96	51	52.58	225	59.06
农技人员传授	29	10.21	29	29.90	201	52.76
报纸杂志	25	8.80	25	25.77	115	30.18
手机短信	18	6.34	18	18.56	100	26.25
乡村能人	10	3.52	10	10.31	84	22.05
村喇叭	9	3.17	9	9.28	81	21.26
广播	23	8.10	23	23.71	77	20.21
专业技术协会合作社等	6	2.11	6	6.19	70	18.37
信息服务站	7	2.46	7	7.22	67	17.59
图书资料	8	2.82	8	8.25	62	16.27
黑板报	16	5.63	16	16.49	56	14.70
服务电话	8	2.82	8	8.25	46	12.07
网站	18	6.34	18	18.56	46	12.07
信息员经纪人	14	4.93	14	14.43	42	11.02
传单明白纸	5	1.76	5	5.15	37	9.71
产业化龙头企业	3	1.06	3	3.09	33	8.66
当地大户	4	1.41	4	4.12	32	8.40
信息发布会	6	2.11	6	6.19	32	8.40
样本数/个	284	—	97	—	381	—

表 5-9 中的数据表明，西部农村已经开展的 18 种信息方式都是围绕农业生产主题展开的。总体来说，农户最喜欢中央电视台农业节目，其余依次是农技人员传授、报纸杂志和手机短信等。由上述数据可知，农户对信息服务方式的喜爱程度与信息服务方式的信息传达量、信息传播开放程度、信息易接收程度、信息接收成本密切相关。如中央电视台农业节目信息量最大，便于不同年龄段及受教育程度不同的农户接收，该信息服务方式全免费、全公益性深受农户喜爱；农技人员传授具有很强的专业性与针对性，同样适合不同年龄段及受教育程度的农户接收，且该服务方式基本免费，在农村很受农户欢迎；产业化龙头企业、当地大户也是专业性很强的信息服务方式，由于这两项服务的提供者与农户存在某种程度上的生产竞争关系，所以其对农户的信息服务通常是有偿服务，甚至是排斥的，所以该信息服务方式很少被农户使用，受欢迎程度自然较低。

农户年龄结构、受教育程度、家庭年人均收入及所从事职业不同，其对农村信息服务方式的喜爱程度也存在差异，不同职业农户喜欢的信息服务方式调查情况见表 5-10。由表 5-10 可知，从事不同职业的农户对信息服务方式的需求有较大差异，如对于中央电视台农业节目，养殖业从业者对该节目的关注度高于种植业和畜牧业从业者，加工业从业者的关注度最低。对于其他信息服务方式，不同职业的从业者其喜好差异也很明显。

表 5-10　不同职业农户喜欢的信息服务方式调查情况

信息服务方式	种植业从业者/人	个案占比/%	畜牧业从业者/人	个案占比/%	养殖业从业者/人	个案占比/%	加工业从业者/人	个案占比/%	运输业从业者/人	个案占比/%	管理者/人	个案占比/%	打工者/人	个案占比/%	其他/人	个案占比/%	合计/人	个案占比/%
中央电视台农业节目	135	60.27	10	52.63	17	68.00	5	50.00	3	75.00	9	64.29	32	69.57	14	51.85%	225	59.37
农技人员传授	139	62.05	10	52.63	10	40.00	5	50.00	1	25.00	7	50.00	17	36.96	12	44.44	201	53.03
报纸杂志	63	28.13	4	21.05	10	40.00	2	20.00	1	25.00	5	35.71	17	36.96	13	48.15	115	30.34
手机短信	59	26.34	6	31.58	7	28.00	4	40.00	1	25.00	4	28.57	12	26.09	7	25.93	100	26.39
乡村能人	53	23.66	4	21.05	4	16.00	1	10.00	0	0.00	0	0.00	15	32.61	7	25.93	84	22.16
村喇叭	51	22.77	5	26.32	4	16.00	1	10.00	0	0.00	3	21.43	11	23.91	6	22.22	81	21.37
广播	37	16.52	8	42.11	8	32.00	0	0.00	1	25.00	5	35.71	12	26.09	6	22.22	77	20.32
专业技术协会合作社等	52	23.21	3	15.79	4	16.00	2	20.00	0	0.00	3	21.43	5	10.87	1	3.70	70	18.47
信息服务站	42	18.75	2	10.53	6	24.00	3	30.00	0	0.00	0	0.00	10	21.74	4	14.81	67	17.68
图书资料	43	19.20	3	15.79	2	8.00	0	0.00	0	0.00	0	0.00	5	10.87	9	33.33	62	16.36
黑板报	31	13.84	6	31.58	3	12.00	0	0.00	0	0.00	1	7.14	10	21.74	5	18.52	56	14.78
服务电话	31	13.84	3	15.79	4	16.00	1	25.00	0	0.00	3	21.43	3	6.52	1	3.70	46	12.14
网站	20	8.93	4	21.05	5	20.00	0	0.00	0	0.00	2	14.29	9	19.57	6	22.22	46	12.14
信息员经纪人	22	9.82	6	31.58	3	12.00	2	20.00	0	0.00	4	28.57	1	2.17	4	14.81	42	11.08
传单明白纸	22	9.82	2	10.53	0	0.00	1	10.00	0	0.00	1	7.14	9	19.57	2	7.41	37	9.76
产业化龙头企业	17	7.59	4	21.05	2	8.00	0	0.00	0	0.00	0	0.00	5	10.87	5	18.52	33	8.71
当地大户	18	8.04	2	10.53	2	8.00	1	10.00	0	0.00			6	13.04	3	11.11	32	8.44
信息发布会	16	7.14	5	26.32	1	4.00	1	10.00	0	0.00	2	14.29	5	10.87	2	7.41	32	8.44

（三）农户参与信息服务形式调查

在优化信息服务方式、提高农村信息化服务水平时，除了要了解农户对信息服务方式的喜好，还需要了解农户对信息服务方式的实际介入情况。农户对信息服务的介入情况统计见表5-11。

表5-11　农户对信息服务的介入情况统计

信息获取方法	甘肃		新疆		（甘肃、新疆）合并		
	频数/人	个案占比/%	频数/人	个案占比/%	频数/人	个案占比/%	累积占比/%
自己摸索	118	41.55	16	16.49	134	35.17	35.17
参加培训	88	30.99	31	31.96	119	31.23	66.40
向别人学习	72	25.35	47	48.45	119	31.23	97.64
别人帮助	6	2.11	3	3.09	9	2.36	100.00
样本数/个	284	—	97	—	381	—	—

表5-11中的数据表明，现阶段西部农村还有1/3的农户在需要获取农业生产信息时是自己摸索的，即这些农户主要依靠自己从广播、电视、期刊等信息传播渠道获取所需信息，自己尝试着消化吸收所获取信息，而通过参加培训、向别人学习来获取信息者分别只有1/3。自己摸索消化吸收所获信息通常需要较高的文化程度，否则农户对所获信息将是一知半解，很难有效地将其转化为生产力。西部农村农户自己摸索处理信息更多是因为农村信息服务不到位，农户选择这样的方式处理信息实则是一种无奈的做法。

二、农户素养及特性对农村多元信息化服务的影响

（一）农户素养及特性对农业市场信息需求的影响

农业市场信息是农村信息中最核心的部分，农业市场信息的分类、设计制作、传播，以及农户对农业市场信息的掌握情况直接影响到农业生产，进而影响农村经济社会的发展。西部农村农户受教育程度对农业市场信息需求的影响情况见表5-12。

表5-12　西部农村农户受教育程度对农业市场信息需求的影响情况

市场信息需求	受教育程度										
	文盲/人	个案占比/%	小学/人	个案占比/%	初中/人	个案占比/%	高中（职高/技校）/人	个案占比/%	大专及以上/人	个案占比/%	总计/人	个案占比/%
新技术实用技术	6	100.00	36	69.23	90	66.18	36	60.00	16	53.33	184	64.79

表5-12(续)

市场信息需求	受教育程度											
	文盲/人	个案占比/%	小学/人	个案占比/%	初中/人	个案占比/%	高中(职高/技校)/人	个案占比/%	大专及以上/人	个案占比/%	总计/人	个案占比/%
天气预报	4	66.67	32	61.54	78	57.35	28	46.67	22	73.33	164	57.75
新品种优良品种信息	6	100.00	28	53.85	56	41.18	32	53.33	20	66.67	142	50.00
病虫害预报疫情	4	66.67	22	42.31	64	47.06	26	43.33	14	46.67	130	45.77
田间管理技术	4	66.67	16	30.77	58	42.65	30	50.00	20	66.67	128	45.07
农村政策和优惠措施	4	66.67	16	30.77	42	30.88	32	53.33	4	13.33	98	34.51
本地农产品市场价格	2	33.33	24	46.15	32	23.53	22	36.67	10	33.33	90	31.69
农产品的收购信息	2	33.33	18	34.62	32	23.53	24	40.00	12	40.00	88	30.99
农兽药肥料	2	33.33	12	23.08	34	25.00	16	26.67	8	26.67	72	25.35
本省农产品市场价格	4	66.67	12	23.08	34	25.00	14	23.33	6	20.00	70	24.65
贮藏保鲜加工技术	2	33.33	8	15.38	26	19.12	10	16.67	14	46.67	60	21.13
农机质量	2	33.33	14	26.92	22	16.18	14	23.33	6	20.00	58	20.42
农产品加工信息	2	33.33	6	11.54	26	19.12	16	26.67	6	20.00	56	19.72
全国农产品市场供求信息	4	66.67	6	11.54	24	17.65	12	20.00	8	26.67	54	19.01
生产资料价格信息	4	66.67	16	30.77	12	8.82	12	20.00	10	33.33	54	19.01
农产品质量标准	2	33.33	12	23.08	12	8.82	18	30.00	10	33.33	54	19.01
生产资料供应信息	0	0.00	4	7.69	22	16.18	12	20.00	4	13.33	42	14.79
国际市场价格	2	33.33	8	15.38	14	10.29	4	6.67	14	46.67	42	14.79
农产品订单信息	4	66.67	6	11.54	8	5.88	14	23.33	6	20.00	38	13.38
农产品进出口信息	0	0.00	6	11.54	12	8.82	2	3.33	4	13.33	24	8.45
样本数/个	6	—	52	—	136	—	60	—	30	—	284	—

农户的受教育程度对其思维方式、生产方式有较大影响。表5-12中的数据表明，受过高中（职高/技校）、大专及以上文化教育者，其市场运作能力更高，因而对技术含量高、复杂的市场化信息的兴趣要高于初中及以下文化程度者。如高中以上文化程度的农户对本地农产品市场价格、农产品的收购信息、贮藏保鲜加工技术、农产品加工信息、全国农产品市场供求信息、农产品质量标准、生产资料供应信息、国际市场价格、农产品进出口信息等的兴趣高于初中以下文化程度的农户。相反地，初中以下文化程度的农户对强烈体力劳动、技术含量低的农业市场信息的兴趣要高于高中以上文化程度者，如初中以下文化程度的农户对农村政策和优惠措施、病虫害预报疫情、农兽药肥料、生产资料价格信息、农机质量的兴趣高于高中文化程度农户。

农户家庭年人均收入对农业市场信息需求的影响同样显著，具体统计情况见表5-13。

表 5-13　农户家庭年人均收入对农业市场信息需求的影响

市场信息需求	家庭年人均收入								总计/人	个案占比/%
	2 000 元以下/人	个案占比/%	2 000~4 000 元/人	个案占比/%	4 001~5 000 元/人	个案占比/%	5 000 元以上/人	个案占比/%		
新技术实用技术	74	67.27	6	7.69	16	88.89	42	53.85	184	64.79
天气预报	68	61.82	12	15.38	2	11.11	52	66.67	164	57.75
新品种优良品种信息	50	45.45	10	12.82	8	44.44	44	56.41	142	50.00
病虫害预报疫情	48	43.64	8	10.26	12	66.67	36	46.15	130	45.77
田间管理技术	44	40.00	6	7.69	8	44.44	46	58.97	128	45.07
农村政策和优惠措施	38	34.55	6	7.69	10	55.56	24	30.77	98	34.51
本地农产品市场价格	40	36.36	2	2.56	6	33.33	24	30.77	90	31.69
农产品的收购信息	28	25.45	4	5.13	10	55.56	24	30.77	88	30.99
农兽药肥料	30	27.27	4	5.13	6	33.33	14	17.95	72	25.35
本省农产品市场价格	14	12.73	4	5.13	0	0.00	30	38.46	70	24.65
贮藏保鲜加工技术	20	18.18	2	2.56	6	33.33	24	30.77	60	21.13
农机质量	28	25.45	2	2.56	6	33.33	12	15.38	58	20.42
农产品加工信息	18	16.36	0	0.00	8	44.44	20	25.64	56	19.72
全国农产品市场供求信息	14	12.73	2	2.56	4	22.22	18	23.08	54	19.01
生产资料价格信息	16	14.55	4	5.13	0	0.00	24	30.77	54	19.01
农产品质量标准	12	10.91	4	5.13	6	33.33	20	25.64	54	19.01
生产资料供应信息	14	12.73	2	2.56	0	0.00	16	20.51	42	14.79
国际市场价格	10	9.09	2	2.56	2	11.11	20	25.64	42	14.79
农产品订单信息	10	9.09	0	0.00	2	11.11	20	25.64	38	13.38
农产品进出口信息	12	10.91	0	0.00	0	0.00	4	5.13	24	8.45
样本数/个	110	—	78	—	18	—	78	—	284	—

　　农户的思维方式、生产方式对其家庭年人均收入有较大影响，表 5-13 中的数据表明，家庭年人均收入在 4 000 元以上的农户对农业市场信息需求明显普遍高于 4 000 元及以下农户，尤其是对新技术实用技术、新品种优良品种信息、病虫害预报疫情、田间管理技术、农村政策和优惠措施、本地农产品市场价格、农产品的收购信息、全国农产品市场供求信息、生产资料价格信息、农产品质量标准、生产资料供应信息、国际市场价格、农产品订单信息、农产品进出口信息的需求差异更大。

　　农户从事职业对农业市场信息需求的影响亦很显著，具体统计情况见表 5-14。表 5-14 中的数据表明，从事种植业、养殖业、畜牧业的农户对农业市场信息的需求整体上高于加工业从业者、运输业从业者、管理者及打工者，但在一些具体农业市场信息方面，不同从业者差异巨大。其中，种植业从业者、养殖业从业者和畜牧业从业者对农兽药肥料、农机质量、病虫害预报疫情、本地农产品市场价格、生产资料价格信息、农产品订单信息、田间管理技术信息的需求明显高于加工业从业者、运输业从业者、管理者、打工者；种植业从业者、养殖业从业者和畜牧业从业者对全国农产品市场供求信息、本省农产品市场价格、国际市场价格、贮藏保鲜加工技术、农产品加工信息、农产品质量标准的需求明显低于加工业从业者、运输业从业者、管理者及打工者。

表 5-14　农户从事职业对农业市场信息需求的影响

市场信息需求	从事职业																	
	种植/人	个案占比/%	畜牧/人	个案占比/%	养殖/人	个案占比/%	加工/人	个案占比/%	运输/人	个案占比/%	管理/人	个案占比/%	打工/人	个案占比/%	其他/人	个案占比/%	合计/人	个案占比/%
新技术实用技术	140	72.16	6	60.00	8	50.00	0	0.00	0	0.00	0		18	56.25	12	54.55	184	64.79
新品种优良品种信息	108	55.67	4	40.00	6		2	50.00			4	100.00	6	18.75	10	45.45	142	50.00
农兽药肥料	52	26.80	2	20.00	6	37.50	0	0.00					4	12.50	4	18.18	72	25.35
农机质量	38	19.59	2	20.00	6	37.50							8	25.00	4	18.18	58	20.42
病虫害预报疫情	96	49.48	4	40.00	10	62.50							12	37.50	8	36.36	130	45.77
全国农产品市场供求信息	38	19.59	0	0.00	4	25.00	2	50.00	2	100.00	4	100.00	2	6.25	2	9.09	54	19.01
本地农产品市场价格	68	35.05	2	20.00	6	37.50							6	18.75	8	36.36	90	31.69
本省农产品市场价格	56	28.87	2	20.00	4	25.00	2	50.00					2	6.25	4	18.18	70	24.65
天气预报	114	58.76	6	60.00	6	37.50						50.00	22	68.75	14	63.64	164	57.75
生产资料价格信息	46	23.71	0	0.00	0	0.00							2	6.25	6	27.27	54	19.01
农产品订单信息	30	15.46	2	20.00	4	25.00	2	50.00					2	6.25	2	9.09	38	13.38
农村政策和优惠措施	80	41.24	2	20.00	4	25.00							10	31.25	2	9.09	98	34.51
农产品的收购信息	70	36.08	2	20.00	4	25.00							8	25.00	4	18.18	88	30.99
生产资料供应信息	34	17.53	2	20.00	4	25.00							2	6.25	0	0.00	42	14.79
农产品质量标准	42	21.65	2	20.00			2	50.00			2	50.00	2	6.25	4	18.18	54	19.01
国际市场价格	24	12.37	2	20.00							4	100.00	2	6.25	10	45.45	42	14.79
农产品进出口信息	12	6.19	2	20.00	2	12.50							4	12.50	4	18.18	24	8.45
贮藏保鲜加工技术	40	20.62	2	20.00	2	12.50	2	50.00			4	100.00	6	18.75	4	18.18	60	21.13
农产品加工信息	36	18.56	2	20.00	6	37.50	2	50.00					8	25.00	2	9.09	56	19.72
田间管理技术	82	42.27	6	60.00	8	50.00						50.00	16	50.00	14	63.64	128	45.07
样本数/个	194	—	10	—	16	—	4	—	2	—	4	—	32	—	22	—	284	—

（二）农户素养及特性对农业市场信息传播渠道选择的影响

农户的受教育程度对其眼界、社交及信息获取能力都有较大影响。以农产品收购信息为例，农户受教育程度对农产品销售信息渠道选择的影响统计情况见表 5-15。由表 5-15 中的数据可知，农户中的文盲主要依靠商贩上门收购、集市了解信息这两种最原始的信息传播渠道来获取农产品收购信息，只有少部分人会上网查询或到信息服务站及专业协会合作社获取所需信息。接受过学校教育的农户，不同的受教育程度对其农产品销售信息渠道选择的影响也有差异，如高中及以上文化程度者通过网上查询、广播电视获取信息，并且其与种养大户、专业协会合作社的合作意愿明显高于初中及小学文化程度者。

表 5-15　农户受教育程度对农产品销售信息渠道选择的影响统计情况

销售信息渠道	受教育程度										总计	
	文盲/人	个案占比/%	小学/人	个案占比/%	初中/人	个案占比/%	高中(职高/技校)/人	个案占比/%	大专及以上/人	个案占比/%	计数/人	个案占比/%
靠上门收购	6	100.00	41	68.33	99	54.10	60	68.97	15	34.88	221	58.31
在集市了解	6	100.00	23	38.33	81	44.26	28	32.18	22	51.16	160	42.22
看报纸杂志	0	0.00	15	25.00	48	26.23	18	20.69	17	39.53	98	25.86
听邻居说	0	0.00	13	21.67	46	25.14	20	22.99	8	18.60	87	22.96
广播电视求购信息	2	33.33	10	16.67	37	20.22	11	12.64	15	34.88	75	19.79
种养大户	0	0.00	7	11.67	49	26.78	11	12.64	7	16.28	74	19.53
信息服务站	2	33.33	11	18.33	32	17.49	17	19.54	8	18.60	70	18.47
网上查询	2	33.33	5	8.33	29	15.85	15	17.24	17	39.53	68	17.94
专业协会合作社等	2	33.33	5	8.33	23	12.57	15	17.24	12	27.91	57	15.04
根据合同	0	0.00	10	16.67	24	13.11	4	4.60	4	9.30	42	11.08
样本数/个	6	—	60	—	183	—	87	—	43	—	379	—

注：有效样本量为379。

　　家庭年人均收入水平从一个侧面体现了农户的发展能力，进而影响其对农产品收购市场信息传播渠道的选择。农户家庭年人均收入水平对其农产品销售信息渠道选择的影响统计情况见表5-16。由表5-16中的数据可知，家庭年人均收入在4 000元及以下的农户家庭更倾向于从上门收购者、集市了解农产品销售信息，通过其他渠道获取农产品销售信息的比例相对较低，家庭年人均收入在4 000元以上的农户家庭获取农产品销售信息的渠道明显增多，他们既从上门收购者、集市了解农产品销售信息，也注重通过广播电视、报纸杂志、网络获取信息，与种养大户、专业协会合作社、信息服务站的联系也较为紧密。

表 5-16　农户家庭年人均收入水平对其农产品销售信息渠道选择的影响统计情况

销售信息渠道	家庭年人均收入								总计	
	2 000元以下/人	个案占比/%	2 000~4 000元/人	个案占比/%	4 001~5 000元/人	个案占比/%	5 000元以上/人	个案占比/%	计数/人	个案占比/%
靠上门收购	71	57.72	71	66.36	19	46.34	60	55.56	221	58.31
在集市了解	50	40.65	54	50.47	10	24.39	46	42.59	160	42.22
看报纸杂志	22	17.89	26	24.30	10	24.39	40	37.04	98	25.86
听邻居说	32	26.02	33	30.84	6	14.63	16	14.81	87	22.96
广播电视求购信息	23	18.70	20	18.69	13	31.71	19	17.59	75	19.79
种养大户	29	23.58	17	15.89	10	24.39	18	16.67	74	19.53
信息服务站	19	15.45	19	17.76	8	19.51	24	22.22	70	18.47

表5-16(续)

销售信息渠道	家庭年人均收入								总计	
	2 000元以下/人	个案占比/%	2 000~4 000元/人	个案占比/%	4 001~5 000元/人	个案占比/%	5 000元以上/人	个案占比/%	计数/人	个案占比/%
网上查询	12	9.76	20	18.69	8	19.51	28	25.93	68	17.94
专业协会合作社等	9	7.32	13	12.15	6	14.63	29	26.85	57	15.04
根据合同	12	9.76	7	6.54	4	9.76	19	17.59	42	11.08
样本数/人	123	—	107	—	41	—	108	—	379	—

注：有效样本量为379。

（三）农户素养及特性对农业生产经营信息选择的影响

农户受教育程度对其选择生产经营信息的影响统计见表5-17。由表5-17中的数据可知，西部农村农户普遍比较重视市场情况对农业生产的影响，但不同文化程度者在一些具体的生产经营信息的选择上还是有差异。高中及以上文化程度者比初中及以下文化程度者更倾向于根据市场情况变化安排生产经营，初中及以下文化程度者则更喜欢根据以往经验按照自己的计划安排生产经营。

表5-17　农户受教育程度对其选择生产经营信息的影响统计

生产经营信息选择	受教育程度										总计	
	文盲/人	个案占比/%	小学/人	个案占比/%	初中/人	个案占比/%	高中(职高/技校)/人	个案占比/%	大专及以上/人	个案占比/%	计数/人	个案占比/%
根据市场情况变化安排	6	100.00	21	35.00	78	42.62	54	62.07	26	60.47	185	48.70
去年啥卖得好今年就种养啥	2	33.33	14	23.33	48	26.23	22	25.29	11	25.58	97	25.50
别人种养啥我种啥	0	0.00	18	30.00	25	13.66	7	8.05	4	9.30	54	14.20
按照自己的计划进行	4	66.67	42	70.00	89	48.63	45	51.72	16	37.21	196	51.60
听从技术员或村干部安排	0	0.00	13	21.67	50	27.32	25	28.74	9	20.93	97	25.50
随大家的情况种养	0	0.00	12	20.00	36	19.67	11	12.64	8	18.60	67	17.60
了解信息再做决定	2	33.33	23	38.33	51	27.87	28	32.18	12	27.91	116	30.50
样本数/人	6	—	60	—	183	—	87	—	43	—	381	—

注：有效样本量为381。

农户家庭年人均收入对其选择生产经营信息的影响统计见表5-18。由表5-18中的数据可知，文化程度不同的农户在一些具体的生产经营信息的选择上有差异，家庭年人均收入高的农户在生产经营信息的选择上更加理性，低收入农户则更加感性。如家庭年人均收入在5 000元以上的农户根据市场情况变化安排生产经营的个案占比高达 62.95%，远高于 2 000 元以下的农户的 34.15%，而对于别人种养啥我种养啥、随大家的情况种养这两种选择，家庭年人均收入在 2 000 元以下的家庭的个案占比与 5 000 元以上家庭相比高出 10 多个百分点。

表 5-18　农户家庭年人均收入对其选择生产经营信息选择的影响统计

生产经营信息选择	家庭年人均收入								总计	
	2 000 元以下/人	个案占比/%	2 000~4 000 元/人	个案占比/%	4 000~5 000 元/人	个案占比/%	5 000 元以上/人	个案占比/%	计数/人	个案占比/%
根据市场情况变化安排	42	34.15	59	55.14	16	39.02	68	62.96	185	48.70
去年啥卖的好今年就种养啥	25	20.33	29	27.10	13	31.71	30	27.78	97	25.50
别人种养啥我种养啥	21	17.07	23	21.50	3	7.32	7	6.48	54	14.20
按照自己的计划进行	65	52.85	55	51.40	19	46.34	57	52.78	196	51.60
听从技术员或村干部安排	29	23.58	33	30.84	10	24.39	25	23.15	97	25.50
随大家的情况种养	31	25.20	22	20.56	3	7.32	11	10.19	67	17.60
了解信息再做决定	37	30.08	32	29.91	11	26.83	36	33.33	116	30.50
样本数/人	123	—	107	—	41	—	108	—	381	—

注：有效样本量为 381。

三、生产阶段对农户选择信息服务方式的影响

农业生产除了专业性及多样性，还有很强的季节性和阶段性。农业生产阶段不同，农户对农业信息内容及服务方式的选择必然有所差异。西部农村农户对农业生产的产前、产中、产后信息服务方式的差异性需求影响的统计见表 5-19。

表 5-19　西部农村农户对农业生产的产前、产中、产后
信息服务方式的差异性需求影响的统计

农业生产信息服务需求	产前需求		产中需求		产后需求		合计	
	频数/人	占比/%	频数/人	占比/%	频数/人	占比/%	频数/人	占比/%
靠上门收购	98	34.51	74	26.06	112	39.43	284	100.00
合作社指导	108	38.03	154	54.23	22	7.74	284	100.00

表5-19(续)

农业生产信息服务需求	产前需求		产中需求		产后需求		合计	
	频数/人	占比/%	频数/人	占比/%	频数/人	占比/%	频数/人	占比/%
收看电视、收听收音机	160	56.34	106	37.32	18	6.34	284	100.00
当地农业企业收购	58	20.42	116	40.85	110	38.73	284	100.00
大户带动	100	35.21	160	56.34	24	8.45	284	100.00
报纸杂志	106	37.32	164	57.75	14	4.93	284	100.00
参考邻居计划	222	78.17	54	19.01	8	2.82	284	100.00
网络查找	78	27.46	190	66.90	16	5.64	284	100.00
到集市了解价格	70	24.65	160	56.34	54	19.01	284	100.00
经纪人及合作社收购	56	19.72	152	53.52	76	26.76	284	100.00
农技人员介绍	230	80.99	42	14.79	12	4.22	284	100.00
自己的经验	110	38.73	154	54.23	20	7.04	284	100.00
村信息服务站	234	82.39	40	14.08	10	3.53	284	100.00
咨询电话	82	28.87	192	67.61	10	3.52	284	100.00
村干部推广安排	232	81.69	34	11.97	18	6.34	284	100.00
农技人员传授	100	35.21	172	60.56	12	4.23	284	100.00
信息服务站	82	28.87	186	65.49	16	5.64	284	100.00
手机发布	76	26.76	184	64.79	24	8.45	284	100.00
根据订单与合同由合作社指导	88	30.99	164	57.75	32	11.26	284	100.00
跟邻居大户学	70	24.65	192	67.61	22	7.74	284	100.00
看书报纸杂志	88	30.99	170	59.86	26	9.15	284	100.00

由表5-19中的数据可知，西部农村农户对农业生产产前、产中、产后信息服务的需求不同，具体差异表现在以下三个方面：

一是对于产前信息服务，农户优先考虑的信息服务方式依次是收看电视、收听收音机，参考邻居计划，农技人员介绍，村信息服务站和村干部推广安排。

二是对于产中信息服务，农户优先考虑的信息服务方式依次是合作社指导、当地农业企业收购、大户带动、报纸杂志、网络查找、到集市了解价格、经纪人及合作社收购、自己的经验、咨询电话、农技人员传授、信息服务站、手机发布、网络查询、根据订单与合同由合作社指导、跟邻居大户学、看书报纸杂志。

三是对于产后信息服务，农户优先考虑的信息服务方式是靠上门收购。

由上述信息可知，西部农村农户比较重视产前信息服务，非常重视产中信息服务，却严重忽略了产后信息服务。因此，未来的信息化建设工作应在继续加强产前、产中信息服务建设的同时，大力发展农业生产产后信息服务建设。

四、农村多元信息化服务进村入户的途径与办法

"十三五"时期是新型工业化、信息化、城镇化、农业现代化同步发展的关键时期，信息化成为驱动现代化建设的先导力量，农业农村信息化发展迎来了重大历史机遇。在这一阶段，我国围绕推进农业供给侧结构性改革，构建现代农业产业体系、生产体系、经营体系，把信息化作为农业现代化的制高点，以建设智慧农业为目标，着力加强农业信息基础设施建设，着力提升农业信息技术创新应用能力，着力完善农业信息服务体系，加快推进农业生产智能化、经营网络化、管理数据化、服务在线化，全面提高农业农村信息化水平，让广大农民群众在分享信息化发展成果方面有更多获得感，为农业现代化取得明显进展和全面建成小康社会提供强大动力[1]。西部农村已经着手建设农业农村综合信息智能化网络服务平台，该平台将实现面对面式的农业信息服务，同时利用智能信息采集技术，实现信息服务智能化采集、分类、整合、发布与管理，解决信息资源采集难题，减少人工采编投入，实现农业农村信息自动采集、无须人工，最后，通过专用智能终端实现智能、自动、简化，力争实现贯穿产前、产中、产后的"一站式"农业信息服务与全程指导。要建设完善的农业农村综合信息智能化网络服务平台，我们就需要从几个方面着手。

（一）突破行政区划界限，构建区域性农业农村综合性智能平台

突破综合性智能化信息服务平台的行政区划界限，是使该平台产生规模效应的前提条件。首先，农村综合性智能信息服务平台是一个规模化的信息服务平台，该平台在农业农村信息设计制作环节就是一个跨地区、跨行业的生产过程，信息源由无数专家学者、农村科技人员、农户及信息加工编辑人员共同组成，只有突破行政区划界限，才有可能全面调动这些人员来最大限度地设计、制作农业农村信息。其次，该平台在进行信息采集、传播时面向所有农户、农

---

① 市场与经济信息司. 农业部关于印发《"十三五"全国农业农村信息化发展规划》的通知 [EB/OL]. （2016-08-30）［2021-03-17］. http://www.moa.gov.cn/ghjh_1/201609/t20160901_5260726.htm.

业企业、农业专业合作社、种养大户等，突破行政区划界限才能确保所有农户共享农业农村信息。最后，实现区域一体化有利于该平台在服务品牌、服务标识、服务标准等方面进行统一的科学管理，简化管理程度，降低管理成本，提高农业农村信息服务的效率。西部农村传统的行政管理体系的区、县、乡镇、村的行政分割会将农村综合性智能信息服务平台碎片化，从而阻碍该平台发挥规模效应、共享特性。

（二）突破政府主导的单一模式，构建多方参与的混合型信息化服务模式

传统的西部农村信息服务模式均以政府部门为主导，与信息服务紧密相关的一些企业或中介组织受体制、机制的约束，不能充分发挥其功能。未来的农业农村综合性智能信息服务平台建设需突破单一的政府主导模型，充分引入社会力量，构建多种成分并存的混合型信息化服务模式，这样才能充分挖掘各方潜能，最大限度地发挥该信息服务平台综合、智能的优势。

在西部农村，最典型的政府主导型农村信息服务模式是农村无线电视及广播信息服务体系，由各市县广电部门主管，通常会将农业农村生产信息及时传播到农户那里，对农村的信息化建设至关重要，但该信息服务体系具有特别鲜明的官僚特性，整个服务运行僵化，通常都是死板地传播农业农村信息，对农户在生产中产生的一些需求缺乏有效的沟通与反馈机制，所以在农村的电视、广播节目基本实现全覆盖后，其本身业务就难有大的提升，而"十三五"期间国家大力推行"互联网+"农村农业综合性智能信息服务平台建设，该信息服务模式的局限性就愈加凸显出来。

在综合性智能信息服务平台建设过程中积极引入农业企业，甚至允许其在某一子系统中占据主导地位。西部农村土地流转开始大量出现，农业现代化逐步实现，农业企业在农业现代化进程中起着主导作用，当发展到一定规模后，其对农业信息服务的需求会发生质的改变。一方面它们是需求者，另一方面它们又是农业信息制造者与传播者，将农业企业融入综合性智能平台之中，其可以将自己在生产过程中产生的信息及时通过该平台传播到其他需求者那里，达到信息资源采集与信息服务的良性互动，对该信息链条的上下游信息需求者都会产生积极的促进效应。

中介组织主导型信息服务模式指的是以中介组织作为投资主体，开展农村信息服务的一种形式（黄志文，2009）。该信息服务方式是伴随着农林牧渔服务业的发展而产生的一类新兴信息服务方式，是对传统农业农村信息服务方式的有益补充形式。中介组织型的农业农村信息服务组织都是私营性质的，其信息经营者具有很强的主观能动性，在农业农村信息的互动方面有很大优势。该信息服务组织的出现，有效弥补了政府主导的信息服务部门灵活性不足的问

题，对优化农业农村综合性智能信息服务平台有着积极的作用。

（三）改进信息传播运营模式，提升信息化服务效率

当前，围绕个性化服务开展的信息资源建设工作迫在眉睫。随着农村信息化工作的不断深入推进，特色信息资源及贴近农村、贴近实际的乡土信息资源缺乏的问题日益凸显。农村急需区域新技术、新品种信息、种养大户、贩销大户、涉农企业和专业合作组织等信息；急需贴近当地实际的优势特色产业专题信息；急需贴近实际、直观易懂易学的视频信息；急需较靠近农产品市场的行情信息等。新时期农村信息服务需求呈现出新的动向，概括起来主要是：终端操作简便性、信息交流直观性和信息内容贴近性（黄志文，2009）。

西部农村信息入户的信息接收设备主要有电话、手机、电脑、收音机、广播、电视、机顶盒和电视、信息机等。我们以 2015 年的甘肃为例，每百户家庭电视机拥有量达 109 部、移动手机拥有量达 244.6 部、固定电话拥有量达 24.6 部，农村电视节目人口覆盖率达 98.14%，农村广播节目人口覆盖率达 97.63%。实地调研表明，通过电视关注或获取信息的农户所占比例达 80.84%，但通过其他媒介获取信息的比例直线下降，如报纸 40.68%、图书 30.45%、手机短信 28.87%、广播 26.25%、杂志 24.15%、宣传资料 23.62%、网站 21.26%，而农户通过面对面的直接交流的方式获取信息的比例更低一些，如通过亲戚、邻居、朋友获取信息的比例为 27.03%，其他方式的比例由高到低依次是村干部 25.46%、人际交往 25.20%、讲座培训 15.22%、农业技术员 12.07%、种养大户 8.66%、农业合作社 7.87%、技术示范观摩 6.56%、农业企业 3.67% 和信息员 2.62%。

实践已经证明，人与人之间面对面的互动式信息交流方式最直接，效率最高，但上述调研数据表明，现阶段西部农村信息服务模式过于依赖广播、电视等传统信息传播方式，对新兴的农业农村信息方式开发程度很低，不足以满足农户对农业生产信息的需求。改进信息传播运营模式就是要突破电话、互联网、短信、广播、电视等信息传输方式的局限性，增加农户与农业技术专家、农业企业、农业合作社及信息员的直接接触机会，或者将上述传统信息传播方式与农业技术专家等方式结合起来，从而提高农户对农业生产信息的利用效率。在实践中可以尝试"电话+农业技术专家""电话+广播""电视+互联网""短信+信息员""手机应用+农业企业"等方式，其中"电话+农业技术专家"信息传输模式就是通过热线电话实现农技专家与农民的互动交流；"电话+广播"则是将电话与广播结合起来，向广大农户传送信息；"电视+互联网"是电视与互联网结合的信息传输方式，即 IPIV 信息服务，可以根据农时、节令、生产环节传播农户需要的信息；"短信+信息员"则方便了信息员与农户的直

接沟通，方便准确地将信息传播给农户；"手机应用+农业企业"则有利于农业企业一对多地及时向农户专项发布最新生产信息，便于农户与农业企业之间建立紧密的信息传播关系。当然，在实际信息服务工作中，我们可以根据实际情况建立更多的传统媒介与新兴媒介、农业利益相关方相结合的信息传播方式，全面升级农业农村综合智能化信息服务平台的服务功能，大幅度地提高该平台的信息服务效率。

第三节　实施乡村振兴战略的逻辑关系

在 2017 年的中央农村工作会议上，习近平总书记发表了重要讲话，对实施乡村振兴战略进行全面布局，提出我国的乡村振兴战略要分 3 个阶段共 33 年来完成。这为布局 2017 年党的十九大提出的乡村振兴战略做好了铺垫。2018 年，习近平总书记在乡村振兴的 5 年规划公布的批示中提出，要让乡村振兴成为全党与全国人民的共同行动。2020 年是一个特殊的年份，既是实施乡村振兴三年试点的最后一年，也是脱贫攻坚的最后一年。2021 年则是全面实施乡村振兴的第一年，"三农"工作的重心从 2021 年开始不再是解决贫困问题了，而是要为农业农村现代化服务，要全面实施乡村振兴战略。未来的农业要高质高效，未来的乡村要宜居宜业，未来的农民要富裕富足，这可谓"三农"工作重心的历史性转移。

粮食安全无论是从现在来看还是从长远来看都是非常重要的，粮食安全必须重视，我们要重视保护农民的积极性，要重视良种，重视科技，重视高标准农田建设等。

习近平总书记在 2020 年的中央农村工作会议上指出，要牢牢把握住粮食安全主动权，粮食生产年年要抓紧。他从土地、农业科技、农民种粮积极性、党政同责等方面做出重要指示，覆盖粮食生产的各个环节，还回应了生猪生产、餐饮浪费等大家关心的问题。粮食安全就是国家安全。未来的乡村振兴也必须加强顶层设计，以更有力的措施汇集更强大的力量。

一、生活富裕目标的实现——五个方面缺一不可

（一）产业兴旺——产业是乡村振兴的基础

乡村要实现振兴、农村要实现改变，就需要相关产业的带动。各地在实施乡村振兴战略时，要依据当地的自然资源优势、生态环境类型、文化风俗习惯和社会经济发展水平，选择适宜、容易被农民接受的农业产业，可以发展单一

的种植业或养殖业，也可发展种养结合产业、农副产品加工业，将农业产业延伸即与第二、第三产业有机融合，发展观光休闲农业与乡村旅游产业等；要构建现代农业产业化体系，以市场作为导向，发展地区主导产业，做好区域布局与规划；要实现四个"创新"，即产品创新、经营创新、科技创新和文化创新；要实现"四化"，即专业化、品牌化、信息化、标准化；要形成种养加、产供销、贸工农、农工商、农科教一体化的经营体系；要依靠龙头及新型农业经营主体、市场带动，使农业逐步走上自我积累、自我发展、自我创新、自我协调的道路；要通过拓展农业产业链，壮大乡村经济，吸收和带领更多农村劳动力创业就业，走上致富道路。

（二）生态宜居——生态是乡村振兴的前提

乡村要实现振兴、农村要实现改变，第一步就是居住环境的改善。各地要重视和加强农村生态环境保护；要牢记习近平总书记"金山银山不如绿水青山，让绿水青山变成金山银山"的理念，对于环境优良的乡村要保护生态平衡，适度开发、绿色生产，产业引进与发展要减少对环境的破坏；对环境出现恶化的乡村要加以改造，增加绿色植被、修建基础服务设施，让农村居民生活环境尽快"绿"起来，"美"起来。实现生态宜居，不仅要关注大环境的安全，还要注重农民生活小环境的改善，主要是指建设农民的幸福家园，整治村容村貌。政府要在尊重农民意愿的基础上，继续推进危房改造工程和易地扶贫搬迁项目，科学规划县域乡村建设，让农村居民有房可住、住得安心。

（三）乡风文明——乡风是乡村振兴的象征

乡村要实现振兴、农村要实现改变，关键仍是精神面貌的改善。乡风是一个乡村几百年甚至是几千年来流传下来的、固有的文化习俗和精神风貌。乡风文明的核心是推进农民的知识化、文明化、科学化和现代化（赵增彦，2010）。各地在乡风文明建设方面，首先要充分挖掘和了解乡风内涵。其次要辨别精华与糟粕，并不是所有的乡风都可以继承与弘扬，要充分认识乡风的价值，在尊重原有乡村文化体系的基础上吸收现代文明，可将乡风文明与乡村建设相融合。乡村振兴的实现需要乡村中所有村民的同心协力，要增强乡村内部的凝聚力和聚合力，团结协作才可事半功倍。乡风文明的建设还体现在要形成本乡村特有的建筑格局、组织制度、乡规民约等。加强农民思想道德教育，培育农村新民。最后还要注意使乡风文明的内容随着形式与社会进步和环境变化与时俱进。

（四）治理有效——治理是乡村振兴的保障

乡村要实现振兴、农村要实现改变，落到实处仍需要治理水平的提高。乡村治理就是要把法治、德治和自治结合实现"三治合一"（赵增彦，2010）。

法治和德治可以国家和地方的相关法规为蓝本，保证一切行为都在法律允许的范围内。农村社会的综合治理，要建立良性互动的社会治理机制。有关自治，乡村治理需要注意以下几点：一是要充分尊重村民的意愿。"水能载舟，亦能覆舟"，农民群众的力量不容忽视，因而要保证农民的参与权与知情权、表决权，不做损害农民利益的事情。二是要公平公正。村民委员会、村基层党委会要通过民主选举、民主决策的方式产生，还要对其进行民主监督，选举出真正有实力、为老百姓办实事的管理者。三是要制定规划，循序渐进。一个乡村就是一个整体，要想实现发展壮大就要确定乡村发展的方向与目标，制定乡村发展的总体规划与具体实施策略；结合发展要求合理配套公共服务设施，使乡村各项服务更完善、乡村人际关系更加和谐。

（五）生活富裕——富裕是乡村振兴的目标

乡村要实现振兴、农村要实现改变，最主要的还是要看村民是否富裕。农民是乡村振兴的主力军也是最终受益者，乡村振兴的实现要摒弃"等、靠、要"思想，充分调动农民的积极性、主动性和创造性。当前许多农民宁可背井离乡外出打工也不愿被束缚在土地上，究其原因仍是单纯的农业生产无法满足家庭开支需求，严重抑制农民从事农业的热情。国家不断深化农村改革，调整不利于农业生产的生产关系，并不断加大对农业农村的投入和支持力度。实施乡村振兴也是要让农民、基层工作者看到希望，让农民共享改革发展成果。

产业兴旺、生态宜居、乡风文明、治理有效和生活富裕五个方面息息相关、相互影响、缺一不可。产业兴旺是重点，有优势突出、效益高的产业作为支撑可以大幅度提高农村生产力水平，可为实现其他四个方面的内容奠定基础；生态宜居体现了人与自然和谐共生的美好向往；乡风文明融入乡村建设各方面，会使乡村振兴的目标早日实现；治理有效可以保证社会的公平与稳定，保障农村居民的权益；农民是乡村的主体，产业兴旺、生态宜居、乡风文明和治理有效都是为了生活富裕目标的实现。乡村振兴是经济的振兴、生态的振兴、文化教育的振兴和社会的振兴。

二、实施乡村振兴战略应关注的重点

（一）产业发展是基础，因地制宜选择主导产业

乡村振兴从根本上要靠大力发展农业产业解决问题。离开产业发展，乡村振兴就是空中楼阁，就是一句空话。因此，各地实施乡村振兴发展战略，要选择适宜当地社会经济发展水平和生态类型的农业产业，包括种植业、养殖业、农产品加工业、休闲农业与乡村旅游产业，使第一、第二、第三产业有机融合，拓展农业产业链，带动和吸收更多农村劳动力就业，增加农民收入。

（二）政府支持是关键，制定适宜的扶持政策

农业是弱质性产业，在市场经济中处于不利地位，需要政府政策的扶持。发达国家农业支持政策更加强调解决农民收入、风险管理、环境外部性和创新等问题，我国也可借鉴发达国家的经验，尽快建立起以非价格支持为主导的新型农业支持政策体系（程郁，2017）。政府对于农业的支持政策包括产业发展政策、农业金融支持、贷款贴息扶持、科技创新推广政策、农村人才培育政策和基础设施补助政策等。通过各项农业支持政策措施，政府可以引导农业农村发展方式的顺利转型。

（三）人才培养是根本，大力培育新型职业农民

当前我国农业农村正在发生深刻变化，处于转型升级过程中。乡村振兴要重视解决农村人口和农业劳动力老龄化问题，培养新农民、推广新技术、推进农村创业创新是一项重要举措；要健全体制机制，大力营造农村创业创新的良好环境，吸引更多人才投入农业发展和农村建设，使农业农村现代化发展有更多的新动能；可以引导、鼓励农民工、大学生、城市退休人员回村创业，发展多种形式的农业产业类型，努力构建知识性、开拓型、技能型的新型农民队伍；要让农民成为有吸引力的职业，让农业成为有奔头的产业，让农村成为安居乐业的美丽家园，早日实现乡村振兴的战略目标。

（四）资金投入是保障，持续增加"三农"投入

增加农业农村资金投入，一是要广辟来源、多措并举，配置公共资源优先向"三农"倾斜；二是将农业、农村优先发展理念贯穿于乡村规划及有关政策的制定全过程；三是把发展普惠金融的重点放到农村，加强对乡村振兴的金融支持，引导社会资本共同参与乡村振兴；四是注重完善农业支持保护制度，继续加大对农业的补贴和扶持力度，增加中央财政、地方财政对农业发展、农村改革的转移支付，为农业农村发展提供财力保障。

（五）项目落实是重点，改善农村基础条件

乡村振兴的重点就是要把各种项目落到实处。一是改善农村基础条件，完善农村交通、水利、通信和生态环保等设施；二是提高农村公共服务水平，推动教育、医疗、文化、养老、社保等基本公共服务资源向农村倾斜；三是深化农村配套改革，要着眼于提高农村居民收入。政府部门、科研院所和新型农业经营主体等多部门、多主体通过发展社会化服务，帮助完成传统小农自身无法完成或是完成成本较高的农业生产环节，实现降本增效，使农民收入结构更加均衡、更加稳定。

（六）深化农村综合改革，提高农村经济实力

综合改革是农业农村进一步发展的动力。通过深化农村改革，我们可以进

一步释放各种生产要素的活力，增强其流动性，产生更高的经济效益；深化农村土地制度改革，完善承包地"三权"分置，保持土地承包关系稳定并长久不变，第二轮土地承包到期后再延长 30 年；深化农村集体产权制度改革，开展农村集体产权确权登记办证及农村集体产权流转交易市场等改革试点；深化农业供给侧结构性改革，解决供需两难问题；深化农村金融服务制度改革，鼓励金融机构为农业农民提供金融服务，让农业农民资金缺乏的问题得到缓解；深化农村综合改革，促进农业农村经济社会的全面协调和可持续发展。

（七）实现小农户和现代农业发展的有机衔接

在未来一段时间内，我国农村人口仍会增加，而土地数量因工业化、城镇化的推进处于逐步减少状态，分布面广而又分散的小农户仍是农业生产的主体。我国要实现农业现代化，最重要的是要实现小农户与现代农业发展的有机衔接。要实现小农户和现代农业发展的有机衔接，我们可以借助农业龙头企业、家庭农场、种养大户、农业合作社等新型农业经营主体的力量。新型农业经营主体具有传统小户无法比拟的优势，如发展多种形式的适度规模经营，提高农业生产效率和劳动效率；拥有较强的资金、技术、信息和人才优势等。新型农业经营主体实现对小农户的农业服务规模化，保障小农户的就业和生存，既有利于提高小农户的收入，也可以加快农业现代化进程（王海娟，2016）。同时，我们还要重点做好四个对接：一是利益机制的对接；二是科技推广的对接；三是农业金融支持的对接；四是农业生产生活服务的对接。

三、农村信息贫困治理的可持续问题

信息时代的到来，极大地改变了人们的生产、生活方式，使广播、电视、互联网、手机等大众传播媒体得以快速地在广大农村地区得到普及与覆盖，农民接收信息的条件和使用信息的能力得到了极大的改善与增强。但是，随着农业农村信息化的快速发展，诸如"信息鸿沟""信息边缘化""信息断裂"等一系列问题也开始进入人们的生活当中，农村信息贫困就是在这样一系列的问题中诞生的，并逐渐得到人们的广泛关注。

农村信息贫困即农村区域范围内对于信息的需求得不到满足的状态。农民一旦有了准确、及时的交易信息，便能够及时利用获得的交易信息应对市场的不断变化，这将最大限度地减少农业生产过程中的盲目性与滞后性，降低市场交易风险，提高农业市场流通效率，保障农民的权益，为农民带来丰厚的收益，这将大大激发农民的生产积极性。

匮乏的信息将严重影响农民的生产决策能力，造成信息资源的获取不足，从而无法有效地促进农业增产增收。解决农村信息贫困问题是一个漫长的过

程，需要政府予以充分的重视，应加强对农村信息贫困工作的组织领导，建立起协调跨部门、跨行业、跨地区的农村信息贫困扶持、监督和管理机构，形成上到规划、布局、投入，下到建设、运行和监管等各个方面的协调的反贫困机制。政府要加强培训，提升农村整体信息化水平，加大对农民培训的补贴力度，采取有效的补贴形式，通过减免职业技能培训和职业鉴定等一系列的培训费用，切实减轻农民的负担；同时，还要通过经济诱导的方式激发农民培训的积极性，从而使农民自觉、自愿地接受教育，提高农村整体信息化水平。

（一）增加人力资本投入，引进优秀人才

政府要加大人力资本的投入力度，要制定相关政策积极鼓励大、中专院校尤其是农业院校毕业生及信息或计算机专业的毕业生投身于农村中，鼓励他们去发展农村、改变农村。

（二）加快信息基础设施建设

在农村信息减贫过程中，政府要积极加强信息基础设施建设，大力推进三网（电信网、广播电视网、互联网）信息基础设施建设；同时，还要积极建设覆盖所有行政村的网络服务站，让农民学会通过网络检索和查询来获取自己所需要的农业信息，配合报纸、杂志、培训手册等其他传统信息传播渠道，实现传统与现代途径相结合以提高农民在信息传播中积极参与的主体意识。通过调研获知，西部农村在信息获取渠道、信息基础设施建设、信息获取和利用等方面还存在不足。我们还需逐步完善多元资金投入制度，建立政府、社会以及企业等团体之间互惠互利的筹款与发展机制，从而实现良性、可持续发展（吴炯丽 等，2015）。

信息贫困是伴随着信息社会和信息化进程的发展而出现的新型贫困现象。信息化环境、信息化建设和信息化应用是信息贫困的衡量指标，西部农村信息化环境欠缺、信息化基础设施不足、信息化应用比例不高，使得农村地区仍处于信息贫困阶段。

信息具有价值的重要研究成果是阿克尔洛夫、斯蒂格利茨、斯宾塞三人提出信息不对称理论的重要基础。信息不对称理论进一步强调了信息现在甚至是未来在经济领域的重要地位、市场体系中存在的不合理因素、政府干预的必要性和合理性，我们将信息不对称理论运用在本书中可以说明农民信息素质在市场中扮演的重要角色。例如，在市场交易中，第三方往往拥有更多的信息资源，农民则因为信息来源和渠道的缺乏而处于劣势，难以获得其应得的全部利益。目前，如果想要有效破除这一局面，最直接的方式就是从农民的信息素质入手，增强其信息意识，使其从原有的被动获取信息变为主动获取信息，通过信息的获取和利用成为信息富有者。

（三）实现精准管理

精准管理就是在运营过程中不断地修正和更新管理模式，"精"要简洁，具有可操作性，"准"即以需求为导向，命中目标结果。精准管理是一种规范化的管理模式。在信息扶贫工作中，我们把规范化建档立卡、细密化退出人口、加强考核评估和监督检查作为完整准确管理的重要流程提出来。

1. 规范化建档立卡

规范化建档立卡就是进一步规范建档立卡的环节，确保每一步都有据可查，把相关档案管理精准落到每一户。对农户精准造册，必将极大地方便有关其的信息更新和动态管理工作。

2. 保证真实性和广泛性

监督检查是纪检监察机关的首要职责，也是对事件是否达到预期效果的评估保障。首先，在考核工作当中，在年初工作计划下达之时就需要将具体的考核标准细化标注。其次，在监督方面要实行多层级监督。再次，及时发现和解决工作当中存在的问题，尤其要对相关人员的培训工作进行全面的考核评估，对其培训计划的制定、培训组织的实施、培训经费的使用等情况进行全面测评。最后，在考评监督的过程中，政府各部门要坚守原则性问题。加强评估和监督，是检验信息扶贫效果的途径，也是增强信息扶贫的实效性的重要手段。合理的绩效评估手段，可以大大刺激干部努力完成工作任务的积极性，给整个组织带来活力。

信息不对称理论指出在市场经济活动中，各类人员对信息的掌握程度是有差异的，信息掌握得比较充分的人员在市场经济活动中往往处于优势地位，而信息贫乏的人员往往处于不利地位。在典型的城乡二元社会体系中，尤其是西部农村地区，信息不充分则会导致低收入群体处于信息博弈过程中的弱势地位，其带来的利益分配不均衡和社会不公平现象尤为明显，这剥夺了个体公平享受社会资源的权利（左孝凡 等，2020）。

信息是一种"赋能资源"，也是一种无形资本，已成为催化社会经济繁荣不可或缺的生产要素。农村信息化的发展，一方面能够提高信息传递的便利性以及带动信息流动和共享，从而缓解信息不充分问题，改善低收入者不利的博弈地位；另一方面还能够强化农村基层治理、拓宽非农就业渠道以及推广普惠服务等以改善居民的生活质量（崔凯 等，2020）。

随着信息化建设的不断推进，互联网在农村地区迅速得到推广与使用，2020 年 9 月，中国互联网络信息中心（CNNIC）公布的第 46 次《中国互联网络发展状况统计报告》指出：截至 2020 年 6 月底，我国农村网民规模为 2.85 亿人，占整体网民的 30.4%，较 2020 年 3 月增加 3 063 万人；农村互联网普及率达到52.3%，较2020年3月提升6.1个百分点，城乡地区互联网普及率差距进一步缩小6.3个百分点，农村和城市"同网同速"的时代正在来临，信息化建设正深刻影响着农村居民的生产生活。党的十九大以来，国家持续聚焦信息化建设状况，相继发布了《中共中央、国务院关于实施乡村振兴战略的意见》《国家乡村振兴战略规划（2018—2022年）》《数字乡村发展战略纲要》等一系列政策文件，这些文件均着重强调我国农村信息化建设的必要性，并突出说明农村信息化建设对推进我国乡村振兴战略和实现区域性精准脱贫具有重大影响。由于生态环境脆弱、基础设施薄弱以及信息空间不足等原因，西部农村地区信息化建设的起步和发展要比东部沿海发达地区缓慢和滞后，区域间存在着较大的"信息鸿沟"，非平衡性增长的"涓滴效应"制约着西部地区群众均衡获取经济发展红利，这显然不利于我国全面建成小康社会目标的实现。

信息扶贫作为加速弥合城乡"数字鸿沟"和培育形成"造血机制"的有效途径之一，其在相关工作中扮演的角色越发重要。因而瞄准现代信息对西部地区的信息减贫效用，验证信息化建设西部农村地区生活福利改善的推动作用，以及回答如何最大程度地发挥现代信息技术的益贫作用，这有助于激发西部地区信息减贫的内生动力，推动减贫事业高质量完成，进而实现与乡村振兴有效衔接的重要意义。

参考文献

梅方权，1998. 从农业现代化走向农业信息化［J］. 山东社会科学（1）：35-37.

汪晓岩，等，1999. 面向 INTERNET 的个性化智能信息检索［J］. 计算机研究与发展（9）：1039-1046.

王炬，2003. 加快农村信息化建设 促进农村现代化进程［J］. 农业图书情报学刊（4）：12-15.

郑怀国，孙素芬，谭翠萍，2003. 加强农村信息资源开发 推进农村信息化进程［J］. 农业图书情报学刊（5）：86-88.

谭英，2004. 欠发达地区不同类型农户科技信息需求与服务策略研究［D］. 北京：中国农业大学.

杨永红，2004. 论信息服务在农业生产中的重要作用［J］. 农村经济（5）：94-95.

安秀敏，2005. 农村信息化发展的理论基础及发展机制探讨［J］. 现代情报（12）：24-25.

何玉香，刘源，2005. 现代农村信息化建设现状分析和发展规划［J］. 农业网络信息（3）：4-6.

罗长寿，等，2005. 发展农村信息化 促进农村经济发展［J］. 现代化农业（5）：1-3.

盛晏，2005. 农业信息化与农村全面小康建设［J］. 农业网络信息（1）：4-6，12.

韦志强，等，2005. 农村信息化服务体系的构建模式［J］. 甘肃农业（11）：26.

王玉珍，2005. 我国农村信息化建设存在的问题及对策研究［J］. 农业网络信息（9）：4-6.

辛仁周，2005. 推进农业和农村信息化任重道远［J］. 通信世界（10）：35-36.

陈燕，翁翘，2006. 论农村科技信息化支撑体系的构建［J］. 农业网络信息（7）：26-28.

范凤翠，等，2006. 国外主要国家农业信息化发展现状及特点的比较研究
[J]. 农业图书情报学刊（6）：175-177.

龚秀萍，孙海清，2006. 我国农村信息化与新农村建设发展的思考 [J]. 农业
网络信息（10）：4-6，9.

贺文慧，邹奎，2006. 农户信息服务需求分析 [J]. 技术经济（12）：38-41.

黄浩，2006. 我国农村信息化及实现途径的探索 [J]. 科技情报开发与经
济（4）：72-74.

刘勇，2006. 浅谈信息化农业与新农村建设 [J]. 中共伊犁州委党校学报
（4）：56-58.

卢光明，2006. 论农业农村信息化的市场主体 [J]. 中国信息界（12）：
44-46.

陆安祥，等，2006. 农村信息化发展测度指标体系研究 [J]. 农业网络信
息（12）：50-52.

李源生，武敏，刘金花，2006. 我国农村信息化建设评价指标的选用研究
[J]. 农业科技管理（5）：66-68.

梁敬东，2006. 我国新农村信息化建设现状、内涵与技术对策 [J]. 南京
农业大学学报（社会科学版）（3）：25-27，38.

刘琳，乔忠，刘伟，2006. 政府在我国农业信息化建设中的投资作用[J]. 中国
农业大学学报，11（2）：103-107.

刘旭东，裴霞，2006. 西部农村信息化建设的思考 [J]. 农业网络信息
（12）：13-15，19.

马赛平，盛晏，2006. 我国农户信息需求特征分析 [J]. 农业网络信息
（5）：6-8.

邱思开，2006. 推进"三农"信息化：建设社会主义新农村的现实途径
[J]. 中共福建省委党校学报（10）：67-71.

邱晓红，2006. 加快农村信息化促进农业现代化策略研究 [J]. 江西农业
大学学报（社会科学版）（1）：37-40.

邱建军，高春雨，2006. 农村社会服务信息化建设刍议 [J]. 中国农业资
源与区划（3）：36-39.

孙琳，2006. 对农村信息化进程中政府责任的探讨 [J]. 甘肃农业（11）：
64-65.

魏蕾如，2006. 推进我国农村信息化进程的探讨 [J]. 科技情报开发与经
济（7）：84-86.

万尚钦, 2006. 以农村信息化助推社会主义新农村建设 [J]. 湖南农业科学 (4): 107-108.

吴彦华, 周亚明, 王雅玲, 2006. 信息化与西部农业和农村经济发展 [J]. 内蒙古民族大学学报 (社会科学版) (2): 104-106.

许建红, 黄国勤, 2006. 加速信息化, 建设新农村 [J]. 江西农业大学学报 (社会科学版) (1): 41-43.

杨从科, 孟宪学, 2006. 新农村信息化发展的瓶颈问题及有效解决思路 [J]. 东北农业大学学报 (5): 718-720.

岳大波, 刘全, 晏正春, 2006. 对推进我国新农村信息化建设的探讨 [J]. 办公自动化 (4): 16-17.

钟娟, 王丹, 2006. 我国农村信息化服务的现状及对策研究 [J]. 农业网络信息 (7): 29-31.

赵燕杰, 李海燕, 2006. 我国农村基础设施对农业信息化发展的制约与对策分析 [J]. 现代情报 (12): 55-56.

张家麟, 蒋金富, 凌莲莲, 2006. 论农村信息化建设与我国农村可持续发展 [J]. 农业科技管理 (1): 15-18.

刘丽伟, 2007. 完善政府在农业信息化建设中的主导行为研究 [J]. 学术论坛 (12): 112-114.

于良芝, 等, 2007. 农村信息服务效果及其制约因素研究: 农民视角 [J]. 图书馆杂志 (9): 14-21.

白万平, 2008. 新农村信息化建设效果评价指标体系研究 [J]. 安徽农业科学, 36 (31): 13910-13912.

安世全, 钟珍, 2008. 基于农村信息化基础设施建设出资问题的博弈分析 [J]. 改革与战略 (4): 79-81.

程勇, 2008. 论新农村的信息化建设: 基于农村经济发展视角 [J]. 中共乐山市委党校学报 (5): 48-51.

郭作玉, 2008. 分层次建构农村信息化 [J]. 中国计算机用户 (39): 16.

贺文慧, 杨秋林, 2008. 国外农村信息化对我国的启示 [J]. 科技潮 (6): 23.

李尚民, 2008. 新农村建设中的农业信息化问题探析 [J]. 江西农业学报, 20 (11): 112-113, 116.

李亚玲, 2008. 手机媒体与农村信息化分析 [J]. 传媒观察 (10): 24-25.

吕永辉, 2008. 农业信息化与新农村建设的关系研究 [J]. 河北农业科技 (22): 53-55.

林弓长，李明东，2008. 以信息化推进社会主义新农村建设 [J]. 资源与产业 (1)：91-93.

林瑜胜，2008. 中国农村社会转型的信息化特征分析 [J]. 社科纵横 (11)：34-35，63.

刘永，王继娜，2008. 以网站为平台的智能信息服务探讨 [J]. 档案管理 (1)：24-25.

李梅，2009. 首都农村信息化需求分析及发展对策 [J]. 农业网络信息 (1)：47-49.

李太杰，张丹平，2008. 中国新农村信息化管理问题研究的前提与反思 [J]. 东北农业大学学报（社会科学版），6 (1)：1-4.

吕建东，2008. 构建科学的农村信息化评价体系 [J]. 通信企业管理 (7)：76.

李广乾，2008. 四川省农村信息化建设的案例研究 [J]. 电子政务 (1)：23-28.

李道亮，2008. 我国农村信息化发展趋势与发展政策 [J]. 中国信息界 (1)：74-77.

刘世洪，许世卫，2008. 中国农村信息化测评方法研究 [J]. 中国农业科学 (4)：1012-1022.

喇娟娟，张学军，郝晓薇，2008. 推进农村信息化 服务新农村建设 [J]. 科技管理研究 (6)：217-218.

彭锦图，戴荣辉，2008. 农村信息化期待模式创新 [J]. 中国电信业 (3)：54-56.

沈蓉蓉，2008. 浅议农村信息化建设中的问题和对策 [J]. 科技情报开发与经济 (4)：103-105.

沈祥成，等，2008. 信息化条件下农村综合服务体系建设研究 [J]. 农业现代化研究 (3)：297-301.

温茵茵，程刚，2008. 我国农村信息化发展进程研究 [J]. 农业网络信息 (12)：4-6.

王荣国，2008. 关于推动农村信息化向纵深发展的几点思考 [J]. 山东行政学院山东省经济管理干部学院学报 (6)：81-83.

王自洋，2008. 文化信息资源共享工程助推农村信息化建设浅论 [J]. 农业图书情报学刊 (8)：115-118，121.

吴结兵，童晓渝，杨跃，2008. 短信息实现农村信息化的创新模式与建设效果分析：基于四川省调查数据的实证研究 [J]. 农业经济问题 (5)：78-83.

位志宇，杨忠直，2008.农村信息化公众满意度指数模型研究［J］.情报科学（2）：278-283.

谢中亮，林弓长，2008.新农村建设中的信息化程度指标体系研究［J］.中国集体经济（13）：144-145.

杨晓蓉，王文生，姜丽华，2008.中国农村信息化建设的思考［J］.世界农业（3）：19-21.

杨诚，2008.以农为本推进农村信息化建设［J］.理论导刊（10）：67-69.

杨芳，2008.对新疆农村信息化现状及发展的分析与思考［J］.中共乌鲁木齐市委党校学报（1）：38-41.

翟希仁，2008.浅谈当前我国农村信息化建设面临的困境与解决策略［J］.中国商界（下半月）（2）：169-170.

张永雄，2008.农村信息化与新农村建设研究［J］.肇庆学院学报（6）：49-51.

郑业鲁，等，2008.广东农村信息化需求研究［J］.广东农业科学（3）：81-83.

张超，2008.西部农村信息化建设的现状、问题与对策［J］.西安文理学院学报（社会科学版）（4）：62-64.

张林约，李蕊，赵春锋，2008.加快推进西部地区农村信息化之战略思考［J］.农业网络信息（4）：4-7.

张红胜，2008a.我国新农村信息化建设的问题与对策探讨［J］.中共四川省委省级机关党校学报（1）：57-59.

张红胜，2008b.信息化是新农村建设的一项重要内容和有力促进手段［J］.图书馆理论与实践（4）：45-47.

张鸿，张权，2008.西部农村信息化困境分析与发展定位研究［J］.科技进步与对策（10）：79-83.

张喜才，秦向阳，崔长雷，2008.农村信息化的经济学分析［J］.农业网络信息（5）：12-14，30.

程勇，2009.新农村信息化建设路径探析：以乐山市农村为例［J］.广州广播电视大学学报，9（3）：87-92，111.

程时林，2009.构建农村公共管理与服务的信息平台：广州农村社区信息化建设的实践与思考［J］.中共福建省委党校学报（7）：67-72.

崔运鹏，刘世洪，2009.低成本信息化与农村信息化研究［J］.中国科技资源导刊，41（5）：42-46.

杜旭林，朱勤，温怀玉，2009.新农村信息化现状与发展对策［J］.农村经济（8）：95-98.

房玉勇，张玲，2009. 加快农村信息化建设之我见 [J]. 改革与开放（7B）：51.

傅宝玉，2009. 新农村信息化建设的现状及对策研究 [J]. 经济研究导刊（15）：43-44.

郭作玉，2009. 农村信息化及农村市场信息服务 [J]. 中国信息界（Z1）：61-71.

黄志文，2009. 农村信息服务模式创新研究 [J]. 科技创业月刊，22（8）：13-14.

嵇留洋，张璇，2009. 江苏省农村信息化建设的现状、问题与对策 [J]. 商场现代化（13）：371-372.

李曼，2009. 基于社会资本理论的农村信息化发展研究 [J]. 科技进步与对策，26（18）：56-59.

刘盛华，2009. 辽宁农村信息化发展现状及展望 [J]. 农业科技与装备（3）：164-165.

李习文，赵晖，方涛，2009. 宁夏农村信息化从"试点"到"示范"的跨越 [J]. 图书馆理论与实践（12）：28-31.

李习文，梁春阳，张玉梅，2009. 宁夏新农村信息化建设的基本经验与存在的问题 [J]. 宁夏社会科学（2）：64-67.

刘小平，2009. 加强我国农村信息化建设对策分析 [J]. 安徽农业科学，37（21）：10223-10225.

刘兴海，2009. 以农业信息化推进新农村建设 [J]. 贵州农业科学，37（6）：244-246.

李习文，张玉梅，2009. 信息化发展与欠发达地区的新农村建设：关于宁夏新农村信息化建设经验的思考 [J]. 情报资料工作（5）：26-30.

龙从霞，2009. 欠发达山区农村信息化建设策略 [J]. 情报杂志，28（2）：187-189.

马明远，秦向阳，2009. 农村信息化产品市场的经济学分析 [J]. 中国农学通报，25（7）：268-271.

马志辉，2009. 发展农村信息化 推动新农村建设 [J]. 农业网络信息（6）：39-40，42.

孙素芬，2009. 北京市农村信息化建设发展现状与分析 [J]. 中国农学通报，25（23）：456-459.

谭越峰，2009. 针对农村信息化建设的探讨 [J]. 中国科技信息（5）：

272, 274.

涂维亮, 2009. 我国农村信息化系统工程建设模式探讨 [J]. 湖北农业科学, 48 (7): 1787-1789.

韦东方, 游专, 2009. 我国农村信息化综合信息服务点的内涵与体系结构研究 [J]. 商场现代化 (2): 378-379.

王栓军, 2009. 中国农村信息化建设的一个分析框架 [J]. 农业经济 (10): 69-71.

吴文斗, 段杰新, 沙茜, 2009. 农业信息化和农村信息服务平台建设探讨 [J]. 云南农业 (5): 48-49.

文启湘, 王俊杰, 2009. 农村市场信息供给失衡问题研究 [J]. 商业经济与管理 (11): 21-26.

吴坤, 2009. 以信息化促进农村剩余劳动力转移 [J]. 调研世界 (12): 33-34, 39.

王栓军, 孙贵珍, 李亚青, 2009. 中国农村信息化建设战略探析 [J]. 中国农学通报, 25 (18): 431-434.

肖倞, 2009. 农村信息服务需求影响因素研究 [D]. 上海: 复旦大学.

徐智慧, 候宣, 2009. 农业信息化发展与加快贵阳农村信息化建设的对策 [J]. 贵州农业科学, 11: 223-226, 235.

宣琳琳, 2009. 黑龙江省农村信息化建设问题研究 [J]. 商场现代化 (36): 58-60.

叶娟, 2009. 我国新型农村合作医疗信息化建设的思考 [J]. 科技创新导报 (2): 242-243.

余蕾, 雷体南, 2009. 农村信息化建设现状的分析与思考 [J]. 江西农业学报, 21 (8): 200-202.

禹亚男, 杜漪, 彭军, 2009. 西部地区农村信息化建设现状及其对策: 基于西部五省市十县的调查分析 [J]. 乡镇经济, 25 (4): 20-23.

杨成洲, 余璇, 何树燕, 2009. 对加快我国农业和农村信息化建设的整体思考 [J]. 农业经济 (3): 3-5.

杨诚, 蒋志华, 2009. 我国农村信息化评价指标体系构建 [J]. 情报杂志, 28 (2): 24-27.

杨熹连, 2009. 农村信息化建设的思考 [J]. 情报科学 (6): 854-856, 868.

张俊, 等, 2009. 宁夏、内蒙古农村信息化调研分析 [J]. 农业网络信息 (2): 33-37.

周应萍, 2009. 对推进农村信息化建设的探讨 [J]. 现代情报, 29 (3):

56-58.

赵锴，等，2009. 对吉林省农村信息化问题的思考：以吉林省长岭县永久镇葛平村为例 [J]. 全国商情（经济理论研究）(11)：85-86，94.

张其斌，等，2009. 甘肃省农村信息化发展模式探讨与研究 [J]. 甘肃科技，25 (17)：1-4.

张忠德，2009. 美、日、韩农业和农村信息化建设的经验及启示 [J]. 科技管理研究，29 (10)：279-281.

白桂清，2010. 新农村信息化建设模式与对策研究 [J]. 情报科学，28 (7)：985-989.

陈献辉，2010. 农村信息化建设推进策略研究 [J]. 硅谷 (1)：218.

陈诗波，刘冬梅，2010. 消除城乡数字鸿沟，以信息化服务"三农"的有效探索：基于宁夏农村信息化省域试点的案例研究 [J]. 科技创新与生产力 (11)：10-14.

丁疆辉，刘卫东，吴建民，2010. 中国农村信息化发展态势及其区域差异 [J]. 经济地理，30 (10)：1693-1699.

邓培军，陈一智，2010. 我国农业信息化与农村经济增长相关性研究 [J]. 资源开发与市场，26 (4)：338-340，367.

冯娜，2010. 农村信息化建设管理体制浅析 [J]. 经营管理者 (23)：368.

付宏东，2010. 广东农村地区信息化建设情况调查与思考 [J]. 沈阳农业大学学报（社会科学版），12 (6)：651-654.

高兴明，2010. 因地制宜 突出特色 多模式推进农业农村信息化发展：甘肃农业农村信息化建设与发展回顾 [J]. 农业科技与信息 (1)：3-5.

韩丽，张彬，2010. 新农村信息化中农业信息服务平台的建设与发展 [J]. 科技情报开发与经济，20 (34)：104-106.

霍永刚，2010. 关于推进农村信息化建设的思考 [J]. 中共太原市委党校学报 (3)：36-39.

黄志文，2010. 农村信息化与农村经济发展相关关系的实证研究 [J]. 现代农业科技 (12)：332-334.

黄兵，2010. 贵州农村信息化发展存在的问题及发展策略 [J]. 贵州财经学院学报 (4)：107-110.

贾崇吉，周应萍，2010. 新农村建设的农业信息化发展研究：以陕西省为例 [J]. 统计与信息论坛，25 (9)：58-62.

刘淑华，等，2010. 论国外农村信息化发展 [J]. 现代农业科技 (2)：30-31.

刘军艳，2010. 英国农村信息化的实施及与我国农村的比较 [J]. 农业考古 (6)：283-285.

罗章，王涛，2010. 基于社会资本理论的农村信息化建设的路径选择 [J]. 安徽农业科学，38 (27)：15382-15384.

卢明芳，2010. 基于农民信息需求的图书馆信息服务研究 [J]. 河南图书馆学刊，30 (5)：13-15.

李宁，漆玉超，2010. 浅析农村信息化建设的现状、问题与对策：以湖北省黄冈市为例 [J]. 安徽农学通报（下半月刊），(16) 16：10-11.

刘平，蓝春花，2010. 农村信息化对农村生产发展的协整关系研究：基于2003—2008年省际面板数据 [J]. 情报杂志 (12)：159-164，128.

李秀峰，艾红波，张磊，2010. 我国农村和农业信息化技术现状与未来选择 [J]. 中国农业科技导报，12 (2)：145-149.

马振，2010. 安徽农户信息需求与获取途径的实证研究 [D]. 合肥：安徽大学.

区晶莹，俞守华，李玉儿，2010. 广州农村社区信息化服务现状实证分析 [J]. 农业网络信息 (9)：90-93.

任续池，2010. 新农村信息化建设研究 [J]. 山西农经 (4)：10-15.

饶旭鹏，刘海霞，2010. 信息化与农村社会发展 [J]. 天府新论 (5)：104-108.

史炜，等，2010. 50县市农村信息化发展情况调查 [J]. 世界电信，23 (10)：31-36，6.

孙焱，降国樑，2010. 山西省新型农村合作医疗信息化建设 [J]. 中国农村卫生事业管理，30 (8)：618-620.

施韶亭，曾硕勋，2010. 农村信息化服务模式问题及对策分析：以甘肃为例 [J]. 甘肃科技，26 (9)：1-4.

覃学强，吴砚峰，李芳云，2010. 农村信息化建设实践途径的比较分析 [J]. 经济研究导刊 (8)：21-22.

王政峰，赵晖，赫晓辉，2010. 宁夏新农村信息化建设现状分析 [J]. 农业网络信息 (9)：100-102，121.

汪路明，2010. 农村信息化应用与发展 [J]. 合作经济与科技 (2)：123-124.

杨诚，2010. 四川农村信息化水平比较与发展对策 [J]. 图书馆理论与实践 (4)：48-52.

袁学国，2010. 对我国农村信息化发展战略的思考 [J]. 安徽农业科学，

38（36）：21061-21063，21065.

严小青，2010. 农村文化遗产保护对"信息化"的诉求 [J]. 江苏农业科学 (5)：34-36.

杨文，夏晓渝，2010. 对新一轮西部大开发中农村信息化问题的思考：以贵阳市为例 [J]. 贵阳市委党校学报 (6)：16-19.

叶甫泉，黄红兴，2010. 浙江省临安市山区农村信息化建设问题与对策 [J]. 浙江林学院学报，27 (5)：770-775.

张超，张权，2010. 陕西省新农村信息化建设存在的问题及对策研究 [J]. 安徽农业科学，38 (25)：14114-14115，14151.

朱卫末，孙秀成，2010. 我国新农村信息化建设的研究现状及发展趋势 [J]. 南京邮电大学学报（社会科学版），12 (3)：18-24.

周跃锋，等，2010. 基于模糊综合评价法的农村信息化指标体系研究 [J]. 农村经济与科技，21 (8)：20-22.

翟希仁，2010. 大力推进农村信息化建设加快新农村建设步伐 [J]. 现代商业 (30)：93-94.

张博，李思经，2010. 我国农村信息化建设现状及对策建议 [J]. 中国农业科技导报，12 (3)：62-66.

赵洪亮，张雯，侯立白，2010. 新农村建设中农民信息需求特性分析[J]. 江苏农业科学 (1)：391-392.

赵晖，等. 宁夏引黄灌区农村信息化对农业总产值的影响 [J]. 中国农学通报，26 (20)：378-382.

蔡淑红，等，2011. 信息化助推河北新农村建设的几点建议 [J]. 河北农业科学，15 (1)：127-129.

陈善浩，宁凌，蔡霞，2011. 农村信息化建设中的资源整合方法浅析 [J]. 湖北农业科学，50 (8)：1724-1728.

陈发鸿，2011. 农村社区信息化建设问题研究 [J]. 河北学刊，31 (4)：228-231.

董越勇，等，2011. 应用先进实用信息技术促进农村基层信息化模式的构建 [J]. 浙江农业学报，23 (5)：1044-1052.

董增礼，2011. 推进农村信息化建设促进区域农村经济快速发展 [J]. 农业网络信息 (3)：5-9.

杜鹃，2011. 根据农民信息需求推进农业和农村信息化建设 [J]. 山东省农业管理干部学院学报，28 (6)：21-22，29.

冯蕾，2011. 做农村信息化的拓荒者 天津移动致力于缩小数字鸿沟推进农

村信息化 [J]. 通信企业管理（1）: 34-37.

　　郭萍, 王亚红, 2011. 农村信息化推动现代农业发展的思考 [J]. 陕西行政学院学报（2）: 121-123.

　　高万林, 等, 2011. 关于农业信息化与农村信息化关系的探讨 [J]. 中国农学通报（1）: 466-470.

　　韩雪, 孟庆强, 孟威, 2011. 廊坊市农村信息化现状与对策研究 [J]. 现代商贸工业, 23（1）: 83-84.

　　贺洪明, 肖友国, 2011. 中美农村信息化建设的特点比较研究 [J]. 图书与情报（1）: 82-85, 103.

　　韩文靓, 2011. 农村社会社区信息化建设研究 [J]. 农业图书情报学刊, 23（11）: 136-141.

　　贾先文, 2011. 农村信息化建设中社区社会资本的作用 [J]. 图书馆理论与实践（10）: 43-46.

　　姜寒, 杨小勇, 2011. 城乡统筹框架下重庆农村商贸信息化研究 [J]. 市场论坛（9）: 61-63.

　　廖桂平, 等, 2011. 湖南农业农村信息化现状与发展 [J]. 情报杂志, 30（2）: 62-65.

　　李倩茹, 王政嘉, 郑娜, 2011. 如何利用信息化农业为新农村建设服务 [J]. 河北农业科学, 15（11）: 90-92.

　　兰佩文, 2011. 论农业信息化与社会主义新农村建设 [J]. 理论导报（4）: 22, 24.

　　刘波, 徐稳, 沈岳, 2011. 湖南农村信息化现状调研与启示 [J]. 吉林农业（5）: 61-63.

　　李艳军, 2011. 农村信息化建设中的制约因素与政府责任 [J]. 安徽农业科学, 39（31）: 19621-19622, 19625.

　　李明昆, 傅伟江, 郑磊, 2011. 农村基层政府信息化案例研究 [J]. 电子政务（7）: 48-53.

　　李长江, 陶诚华, 2011. 中国农村信息化境况与公共信息服务网络平台建构: 以浙江省金华市为例 [J]. 华东经济管理, 25（11）: 35-42.

　　马明远, 秦向阳, 2011. 北京农村信息化工作绩效考评指标体系研究 [J]. 中国农学通报, 27（30）: 285-289.

　　皮光辉, 廖桂平, 2011. 农垦改制区农村农业信息化现状及发展对策研究 [J]. 农业网络信息（12）: 87-92, 95.

　　邱祥阳, 2011. 信息化在新农村建设中的作用及对策研究 [J]. 求实

（2）：94-96.

王来，马鑫，2011. 农村信息化发展"最后一公里"问题浅议 [J]. 农业科技管理（3）：63-65.

王华丽，蒲春玲，2011. 欠发达少数民族地区农村信息化服务模式与运行机制：以新疆为例 [J]. 广东农业科学，38（11）：190-192.

吴洪，胡春，2011. 农村信息化新模式研究：兼论政府在农村信息化中的作用 [J]. 科技与经济，24（4）：43-47.

王彦，李忠斌，毛中明，2011. 民族地区农村信息化与农民收入关系研究：基于恩施州利川市调研结果的实证分析 [J]. 中国人口·资源与环境，21（S1）：255-258.

杨智慧，2011. 中外农村信息化服务模式比较 [J]. 黑龙江档案（1）：115-116.

游泳，龙从霞，2011. 边远山区县域农村信息化发展水平测度与评价：以毕节试验区为例 [J]. 安徽农业科学，39（29）：18276-18278，18324.

张莉，等，2011. 农村信息化对农民生计改善的影响分析 [J]. 农业技术经济（5）：13-19.

张世龙，段芳芳，马春燕，2011. 农村信息化与资源配置水平的测评及回归分析 [J]. 农业网络信息（10）：80-84.

周冬根，刘志坚，2011. 江西省农村信息化软环境建设的现状、原因及对策研究 [J]. 农村经济与科技，22（12）：138-140.

章轶鸣，宋金生，余向伟，2011. 新农村信息化建设探讨 [J]. 企业经济（5）：140-142.

张艳君，2011. 山西农村信息化发展对策研究 [J]. 吉林农业（5）：57-58.

张磊，李秀峰，艾红波，2011. 以信息化推进我国农村社会的发展 [J]. 农机化研究，33（4）：246-248，252.

张鹏飞，袁秋红，2011. 农村信息化推进实践中的对策研究 [J]. 软件导刊，10（1）：11-12.

白毅，2012. 新农村建设中农民主体地位实现的信息化路径 [J]. 山西高等学校社会科学学报，24（6）：30-33.

成巍，邹能锋，2012. 农村信息化水平的测度与评价：基于华东六省一市 [J]. 沈阳大学学报（社会科学版），14（3）：14-17.

曹良元，王世虎，胡兴邦，2012. 农业农村信息化与新农村建设关系探析 [J]. 安徽农学通报（上半月刊），18（1）：41-42，89.

丁疆辉，刘卫东，吴建民，2012. 农村信息化空间作用的影响因素与影响

机理 [J]. 地域研究与开发, 31 (6): 151-155.

董婷, 吕鑫, 袁勤俭, 2012. 促进江苏省农村信息化发展的策略研究 [J]. 中国发展, 12 (2): 43-48.

樊露露, 2012. 新疆农村信息化发展水平指标体系的构建 [J]. 农业图书情报学刊, 24 (11): 91-94.

郭永田, 2012. 中国农业农村信息化发展成效与展望 [J]. 电子政务 (Z1): 99-106.

龚淼林, 李旭辉, 2012. 农村信息化评价指标体系理论构建及应用研究 [J]. 赤峰学院学报 (自然科学版) (22): 48-50.

黄水清, 沈洁洁, 2012. 发达地区农村信息化体系的组织要素与组织结构 [J]. 图书馆理论与实践 (1): 33-38.

黄水清, 2012. 农村信息化与农村居民信息行为 [J]. 图书情报工作, 56 (12): 38.

李旭辉, 龚淼林, 2012. 新农村建设下农村信息化水平测度模型构建: 基于安徽省的实证分析 [J]. 长春理工大学学报 (社会科学版), 25 (12): 107-109.

李新, 2012. 农民专业合作社在农业信息化中的应用 [J]. 中国科技信息 (12): 114-135.

刘鑫, 2012. 浅谈信息化如何促进新农村建设: 以三台县为例 [J]. 科技信息, (24): 120-121.

梁春阳, 2012. 论农业信息服务绩效评价体系的构建: 兼评我国农业及农村信息化测评模型研究 [J]. 图书馆理论与实践 (9): 31-35.

李瑾, 赵春江, 张正, 2012. 三网融合与农村信息化: 机遇、困境及路径选择 [J]. 农业经济问题, 33 (10): 105-109.

李瑾, 郭美荣, 马晨, 2012. 基于信息化的农村通信市场发展策略研究 [J]. 中国软科学 (11): 11-18.

米增渝, 2012. 信息化与中国农村新型工业化 [J]. 中国软科学 (6): 43-50.

宁丽鹏, 2012. 智能信息处理技术研究 [J]. 湖南农机, 39 (7): 54-55.

宋燕华, 施韶亭, 由源清, 2012. 我国农村信息化发展影响因素分析 [J]. 图书与情报 (4): 138-140.

唐斯斯, 2012. 信息化对农村居民收入影响的实证分析 [J]. 中国经贸导刊 (10): 38-40.

王兆亮, 张国庆, 2012. 山东省农村信息化现状及对策研究 [J]. 安徽科技 (7): 21-23.

王萍，徐林，2012. 基于新农村建设视角的农村集体三资档案信息化管理分析 [J]. 档案学研究 (2)：65-68.

王艳，2012. 贵州省农村信息化建设探析 [J]. 科技信息 (35)：947，684.

肖珠，2012. 农村信息化建设将力促农产品加工业快速发展：《全国农业农村信息化发展"十二五"规划》摘要 [J]. 农产品加工 (创新版) (2)：13-16.

叶华，2012. 浙江省农村信息化水平的比较分析 [J]. 图书馆理论与实践 (7)：36-38.

尹思佳，李旭辉，2012. 浅析农村信息化与现代农业的发展 [J]. 农业图书情报学刊，24 (11)：137-139.

朱莉，2012. 拓展农业产业链视野下的农村信息化建设 [J]. 安徽农业科学，40 (5)：3199-3201，3204.

张笑涓，丁佳俊，万嫱，2012. 农村会计信息化建设问题研究 [J]. 中国集体经济 (28)：4-5.

周方，李行行，张晓慧，2012. 浅析实施农村信息化建设存在的问题及必要性 [J]. 经济研究导刊 (36)：57，85.

陈威，杨立新，2013. 美国农业农村信息化建设新经验透视 [J]. 河北农业大学学报，36 (6)：128-132.

丁永健，2013. 河南省农村信息化建设的实践探索 [J]. 决策探索 (下半月) (7)：27-28.

杜璟，李道亮，陈英义，2013. 我国农村信息化影响因素的关系结构分析 [J]. 江西农业学报，25 (7)：125-130.

郭永田，2013. 英国农业、农村的信息化建设 [J]. 世界农业 (2)：105-109.

胡扬名，李燕凌，2013. 农村信息化服务队伍建设问题研究 [J]. 广东农业科学，40 (24)：190-194.

焦林，郑纪业，2013. 我国农村信息化发展现状与对策 [J]. 中国农村科技 (1)：71-73.

孔媛，姚志春，2013. 新农村建设背景下农村居民信息化素质的调查研究：来自甘肃省21个地州市的样本分析 [J]. 生产力研究 (10)：31-34.

廖宝红，等，2013. 农村信息化在推进河北省扶贫攻坚工作中的作用研究 [J]. 河北农业科学，17 (6)：98-100，104.

刘晓红，2013. 我国农村居民互联网消费需求的经济学分析 [J]. 商业时代 (17)：31-32.

许柳威，2013. 浙江省农村信息化建设存在的问题及对策研究 [J]. 中国农机化学报，34（3）：263-265.

李燕凌，甄苗，2013. 农村信息化公共服务中农户需求满意度研究 [J]. 中国行政管理（10）：119-123.

刘和海，周妍妍，2013. 农村信息化服务体系构建和实施策略研究 [J]. 农业网络信息（12）：134-138，148.

刘江传，2013. 新农村建设中我国农村财务管理信息化建设路径 [J]. 中国管理信息化，16（21）：29-31.

李燕凌，甄苗，2013. 农村信息化公共服务中农户需求满意度研究 [J]. 中国行政管理（10）：119-123.

刘跃，彭春香，2013. 我国农村信息化建设模式分类研究 [J]. 广东农业科学，40（16）：210-213.

裴蕾，2013. "十一五"期间我国农村信息化的发展状况及对策建议 [J]. 安徽农学通报，19（12）：117-120.

阮怀军，赵佳，王利民，2013. 山东省农村农业信息化综合服务平台的研建 [J]. 山东农业科学，45（6）：1-3，10.

舒中正，等，2013. 农村信息化建设调查分析：以湖北省仙桃市的5个村镇为典型调查对象 [J]. 安徽农学通报，19（21）：5-9.

谭艺平，2013. 湖南农村农业信息化"分区建设"路径探析 [J]. 经济地理，33（1）：155-159.

王芳，纪雪梅，田红，2013. 中国农村信息化政策计量研究与内容分析 [J]. 图书情报知识（1）：36-46，77.

徐润森，贾丹华，周晓平，2013. 我国农村信息化平台建设架构研究 [J]. 南京邮电大学学报（社会科学版），15（4）：14-20.

薛飞，王莉娜，2013. 农村信息化新范式探析 [J]. 安徽农业科学，41（16）：7369-7371，7394.

杨勃桠，李巧云，关欣，2013. 湖南省农业信息化发展与农村经济增长关系的实证研究 [J]. 中国农学通报，29（20）：205-209.

尹惠兰，2013. 加强农村信息化建设 服务农村经济发展 [J]. 农村经济与科技，24（2）：41-42.

朱保安，等，2013. 新农村信息化建设存在的问题及发展对策 [J]. 农业网络信息（9）：95-99.

张向红，2013. 顺应信息化趋势发展农村科普期刊 [J]. 企业科技与发展（18）：9-11.

赵意焕, 2013. 河南省新型农村信息化发展路径探讨［J］. 河南农业科学, 42（12）：162-164.

周建农, 张星星, 彭爱东, 2013. 我国农村信息化区域差异及演变研究［J］. 图书馆理论与实践（7）：19-22.

张新红, 于凤霞, 唐斯斯, 2013. 中国农村信息化需求调查研究报告［J］. 电子政务（2）：2-25.

陈文胜, 王文强, 2014. 全国农村农业信息化示范省建设的湖南实证研究［J］. 湖南社会科学（6）：160-164.

冯阳, 等, 2014. 新形势下中国农业农村信息化发展的挑战与前景［J］. 农业展望, 10（10）：48-50, 56.

胡新景, 2014. 新农村信息化建设存在的问题及对策［J］. 河南科技学院学报（3）：41-44.

何波, 涂飞, 2014. 电子商务智能信息推荐系统研究［J］. 情报科学, 32（2）：100-102, 117.

焦越, 胡温格, 娄旭, 2014. 农村信息化水平现状与影响因素分析：基于浙江省与甘肃省的对比研究［J］. 中国集体经济（27）：5-6.

孔晓娟, 邹静琴, 黄嘉琪, 2014. "乡村信息化善治"：乡村治理的目标选择和路径分析：以广东农村信息化实践为例［J］. 广东农业科学, 41（15）：231-236.

孔令孜, 等, 2014.2002—2012 年广西农村信息化发展测评［J］. 南方农业学报, 45（5）：911-916.

刘思峰, 等, 2014. 灰色系统理论及其运用［M］. 北京：科学出版社.

李文峰, 等, 2014. 云南省低成本农业农村信息化模式研究［J］. 中国农学通报, 30（11）：306-309.

李文峰, 杨林楠, 2014. 云南省农业农村信息化的调研与分析［J］. 云南农业大学学报（社会科学版）, 8（5）：50-53.

律素华, 2014. 对农村财务信息化建设的冷思考［J］. 新经济, 17：119-120.

蔺建霞, 2014. 山西省农业农村信息化建设现状分析［J］. 山西财政税务专科学校学报, 16（3）：58-60.

岳奎, 胡军, 2014. 时空维度下的我国农村信息化建设研究［J］. 社会主义研究（5）：95-101.

商荣华, 马长杰, 2014. 以信息化带动农村流通体系快速发展［J］. 渤海大学学报（哲学社会科学版）, 36（1）：76-78, 81.

汤曼，夏建群，2014. 农村信息化主要问题研究 [J]. 图书馆理论与实践 (6)：38-41.

涂平荣，2014. 农村信息化建设的困境与对策 [J]. 宜春学院学报，36 (10)：56-61.

吴飞鸣，李宇飞，2014. 我国农村信息化技术支撑体系研究 [J]. 科技进步与对策，31 (18)：56-60.

王素贞，张霞，杨承霖，2014. 农村信息化水平测度方法研究 [J]. 世界农业 (7)：34-38.

熊春林，符少辉，2014a. 农村农业信息化服务能力的构成及其关系 [J]. 甘肃社会科学 (5)：204-208.

熊春林，符少辉，2014b. 试论农村农业信息化的内涵与特征 [J]. 农业图书情报学刊，26 (9)：5-8.

袁野，等，2014. 农村信息化服务模式研究：以云南省"数字乡村"为例 [J]. 北京邮电大学学报（社会科学版），16 (1)：73-78.

杨丽，2014. 探究农村信息化建设中存在的问题及对策分析 [J]. 农民致富之友 (2)：1, 5.

张艺，方琳，2014. 公安信息化引领农村警务模式创新的思考 [J]. 江西警察学院学报 (5)：52-55.

周海霞，2014. 农村互联网使用的调查研究：以重庆赵家街道为例 [J]. 科教导刊（上旬刊）(17)：243-244.

褚月红，2015. 信息化手段在农村经济管理中的运用 [J]. 农业科技与信息 (16)：6-7.

陈静，2015. 城乡一体化背景下农村信息化服务体系建设研究 [J]. 湖北农业科学，54 (5)：1265-1269.

丁亮，樊志民，2015. 农村信息化的科学内涵和历史地位 [J]. 西安财经学院学报，28 (2)：89-92.

杜娟，2015. 关于农业信息化与农村信息化关系的探讨 [J]. 农业与技术，35 (20)：203.

樊振宇，戴罗彧，戴小鹏，2015. 互联网对当代农村的影响分析 [J]. 湖南农业科学 (12)：117-119, 123.

贺大力，2015. 鄂东地区农村信息化建设现状及对策研究：以湖北省黄冈市黄州区和武穴市为例 [J]. 基层农技推广，3 (3)：7-9.

彭爱东，茆意宏，2015. 农村科技服务信息化需求实证分析 [J]. 农业图书情报学刊，27 (1)：5-9.

戚鹏飞，2015. 农村信息化建设现状及发展方向研究 [J]. 商 (1)：213.

荣丽丽，2015. 山东省新农村信息化建设评价指标体系及实证研究 [J]. 经济与管理评论，31 (6)：135-140.

宋斌，等，2015. 天津市农业农村信息化指标体系建立研究 [J]. 天津农业科学，21 (5)：97-100.

王艾敏，2015. 中国农村信息化存在"生产率悖论"吗?：基于门槛面板回归模型的检验 [J]. 中国软科学 (7)：42-51.

万宝瑞，2015. 我国农村又将面临一次重大变革："互联网+三农"调研与思考 [J]. 农业经济问题，36 (8)：4-7.

吴炯丽，张磊磊，王新哲，2015. 基于农村信息贫困的反贫困难点与对策研究 [J]. 农业网络信息 (5)：9-11.

杨晓虎，罗曦，2015. 基于农村信息化的贵州省农村广播发展研究 [J]. 科技传播，7 (7)：143-144.

周晓迅，熊春林，李燕凌，2015. 农民视角下的农村信息化建设绩效评价 [J]. 江苏农业科学，43 (6)：438-443.

张世涛，黄洪雷，2015. 安徽省新农村信息化服务体系建设现状、问题及对策研究 [J]. 陇东学院学报，26 (4)：102-105.

张汉香，2015. 贫困地区农村信息化建设策略研究：以十堰市农村信息技术集成应用示范区建设为例 [J]. 中国管理信息化，18 (13)：227-229.

赵施迪，杨德才，施汉忠，2015. 新型城镇化和农村信息化发展相互影响机理研究：基于复合模糊物元面板数据的实证分析 [J]. 西南大学学报 (社会科学版)，41 (4)：62-70，190.

车霞，张春兰，杨灿君，2016. 信息化对农村居民生活方式影响的研究报告：以南京市浦口区 W 村为例 [J]. 农村经济与科技，27 (17)：221-224.

段如娴，2016. 信息化时代农村财务管理的信息化发展 [J]. 农业经济 (5)：116-118.

冯献，李瑾，郭美荣，2016. "互联网+"背景下农村信息服务模式创新与效果评价 [J]. 图书情报知识 (6)：4-15.

费豪，2016. 新农村建设中安徽省农村信息化建设制约因素及优化措施：基于安徽蚌埠市周边农村调研 [J]. 农村经济与科技，27 (23)：231-232.

胡发龙，2016. 湖北省农村信息化发展现状及改革分析 [J]. 长江大学学报 (自科版) (9)：83-86.

霍明，张复宏，赵伟，2016. 信息化视角下农村社区协同治理的影响因素研究：基于复合系统协同度与截尾回归的分析 [J]. 当代经济管理，38 (7)：

31-38.

蒋秀莲, 2016. 农村信息化与农村经济增长关系实证研究: 以江苏省徐州市农村为例 [J]. 江苏农业科学, 44 (7): 579-582.

李文杰, 2016. 基于鱼骨分析法的农村信息化建设问题及对策 [J]. 安徽农学通报, 22 (6): 143-145.

刘湖, 张家平, 2016. 互联网对农村居民消费结构的影响与区域差异 [J]. 财经科学 (4): 80-88.

刘晓倩, 韩青, 周磊, 2016. 信息化对农村经济增长影响实证分析及展望: 基于区域差异的比较 [J]. 农业展望, 12 (8): 47-52.

李凤琦, 2016. 城镇化、信息化对农村生活能源消费影响实证分析 [J]. 统计与决策 (23): 123-126.

罗京, 2016. 农村信息化网络建设方式对比 [J]. 时代农机, 43 (9): 85-86.

农业部, 2016. "十三五" 全国农业农村信息化发展规划 [J]. 新疆畜牧业 (11): 4-12.

彭海静, 郦丽, 江敏, 2016. 基于 "互联网+" 的苏北农村地区新型城镇化建设研究 [J]. 中国管理信息化, 19 (1): 164-166.

吴健雄, 2016. 2001—2014 年广东农村信息化建设测评 [J]. 新经济 (25): 19-24.

吴画斌, 毛薇, 2016. 农业智能信息服务平台建设及实施策略研究: 以畜禽养殖业为例 [J]. 生产力研究 (8): 36-38.

吴淑芳, 2016. 信息化手段在农村经济管理中的应用 [J]. 财经界 (学术版), 14: 122.

王东, 2016. 苏北新农村信息化建设现状及其水平评价 [J]. 天津农业科学, 22 (12): 116-119.

熊春林, 周晓迅, 2016. 彰显农民主体地位: 农村信息化建设绩效改善的有效途径 [J]. 科技管理研究, 36 (4): 173-176, 200.

朱宪臣, 2016. 新时期南疆农村基层党建信息化的实践探索与发展趋势 [J]. 喀什大学学报, 37 (4): 1-5, 13.

周广竹, 李红平, 2016. 城乡一体化下重庆农村信息化建设现状分析 [J]. 农业经济 (8): 51-53.

蒋和平, 2017. 实施乡村振兴战略及可借鉴发展模式 [J]. 农业经济与管理 (6): 17-24.

莫光辉, 陈正文, 2017. 脱贫攻坚中的政府角色定位及转型路径: 精准扶贫绩效提升机制系列研究之一 [J]. 浙江学刊 (1): 156-163.

朱美芹，2017. 信息化在农村经济管理中的应用 [J]. 中国集体经济 (6)：8-9.

魏后凯，2018. 2020 年后中国减贫的新战略 [J]. 中州学刊（9）：36-42.

张月琴，张小倩，杨峰，2018. 民族村落信息贫困形成机理研究：以四川凉山州彝族村落为例 [J]. 图书馆论坛，38（8）：40-46.

吕娜，2019. 农村信息贫困的精准扶贫 [D]. 哈尔滨：黑龙江大学.

崔凯，冯献，2020. 我国农业农村信息化的阶段性特征与趋势研判 [J]. 改革（6）：125-135.

王志章，杨志红，2020. 西部地区脱贫攻坚与乡村振兴战略的融合之路：基于 10 省 85 村 1143 户的微观调查数据 [J]. 吉首大学学报（社会科学版），41（2）：71-81.

郑景丽，沈洋，周鹏飞，2021. 西部地区农村信息化建设的反贫困效应研究：基于 CFPS2018 的实证分析 [J]. 西北人口，42（2）：95-105.

BLUM, ABRAHAM, 1989. Use of different information sources for decision making by traditional farmers in a progressive knowledge system [J]. Journal of Extension Systems, 5（1）：60-73.

RIESENBERG, et al., 1989. Farmers´ preferences for methods of receiving information on new or innovative farming practices [J]. Journal of Agricultural Education, 30（3）：7-13.

LECKIE, GLORIA J, 1996. Female farmers and the social construction of access to agricultural information [J]. Library and Information Science Research, 18（4）：297-321.

GLOY B A, AKRIDGE J T, 1999. Segmenting the commercial producer marketplace for agricultural inputs [J]. International Food and Agribusiness Management Review, 2（2）：145-163.

ADOMI, et al., 2003. Gender factor in crop farmers, access to agricultural information in rural areas of Delta State, Nigeria [J]. Library Review, 52（8）：388-393.

JIYANE, et al., 2004. An exploratory study of information availability and exploitation by the rural women of Melmoth, KwaZulu-Natal [J]. South African Journal of Libraries and Information Science, 70（1）：1-8.

FORD S A, BABB E M, 2010. Farmer sources and uses of information [J]. Agribusiness, 5（5）：465-476.

ORTMANN G F, et al., 2010. Use of private consultants and other sources of information by large cornbelt farmers [J]. Agribusiness, 9 (4): 391-402.

INGO ZASADA, et al., 2017. A conceptual model to integrate the regional context in landscape policy, management and contribution to rural development: Literature review and European case study evidence [J]. Geoforum: 82.

附 录

西部地区农户信息需求情况调查问卷

本调研旨在对西部农民信息需求主体、内容分类、渠道分类和需求特点进行研究，并对需求率、获得率和影响因素及信息服务的对接进行分析。本调研属学术研究，谢谢您的大力支持！

一、填表人的基本情况（请在"_____"处直接填写或打"√"）

1. 您的家庭住址：_____省_____市_____县_____乡（镇）_____村_____组。

2. 您的性别：男_____，女_____；电话：_____。

3. 您的年龄：18 周岁以下_____，18～39 周岁_____；40～59 周岁_____，60 周岁及以上_____。

4. 您从事的职业：种植业_____，畜牧业_____，养殖业_____，加工业_____，运输业_____，贩运业_____，管理者_____，打工者_____，其他_____。

5. 您的家庭年人均纯收入：2 000 元以下_____，2 000～3 000 元_____，3 001～4 000 元_____，4 001～5 000 元_____，5 000 元以上_____。

6. 您的受教育程度：文盲_____，小学_____，初中_____，高中（职高/技校）_____，大专及以上_____。

7. 您的家庭主要从事哪一行业：种植业_____，养殖业_____，畜牧业_____，加工业_____，商业_____，其他_____。

二、填表人的信息需求情况（请注意多项与单项选择的区别）

1. 您平时从哪个途径获取信息？（可多选，请打"√"）

（1）电视 （2）报纸 （3）杂志 （4）图书 （5）广播 （6）网站
（7）宣传资料 （8）人际交往 （9）亲戚、邻居、朋友 （10）种养大户
（11）农业技术员 （12）信息员 （13）集贸市场 （14）农业合作社
（15）讲座培训 （16）远程教育 （17）技术示范、观摩 （18）手机短信

（19）村干部　　（20）农业企业　　（21）其他渠道

　　2. 您平时得到信息的难易程度？（选一项，请打"√"）

（1）容易得到　　（2）不容易得到　　（3）得不到

　　3. 您获取信息的目的是？（可多选，请打"√"）

（1）提高农业产量　　（2）增加科学知识　　（3）解决疑难问题

（4）了解情况　　（5）其他

　　4. 您村子里有哪些信息服务项目？（可多选，请打"√"）

（1）讲座培训　　（2）远程教育　　（3）农家书屋　　（4）信息公示栏

（5）农村信息服务站　　（6）科技推广站　　（7）其他

　　5. 您上网的目的是？（可多选，请打"√"）

（1）娱乐（聊天、看电影、听音乐等）　　（2）获取信息　　（3）下载资料

（4）了解市场　　（5）发布信息　　（6）寻找商机　　（7）其他

　　6. 您通过什么途径上网？（可多选，请打"√"）

（1）家里电脑　　（2）信息服务站　　（3）网吧　　（4）手机

（5）图书室/文化站　　（6）其他

　　7. 您经常看哪些农业网站？（可多选，请打"√"）

（1）综合类　　（2）专业类　　（3）科技类　　（4）交易类　　（5）其他

　　8. 您最关心的农村信息是？（可多选，请打"√"）

（1）农业政策　　（2）惠农政策　　（3）务工信息　　（4）健康信息

（5）子女教育　　（6）特色养殖　　（7）药材种植　　（8）种子种苗

（9）病虫害防治　　（10）市场供求信息　　（11）市场预测　　（12）技术推广

（13）气象与灾害预报　　（14）法律法规　　（15）金融信贷　　（16）农业科技

（17）市场信息　　（18）农业商机信息　　（19）致富类信息　　（20）职业技术
培训信息　　（21）农业新闻　　（22）家庭生活　　（23）其他信息

　　9. 您最关心的日常生活信息是？（可多选，请打"√"）

（1）电视信息　　（2）社会新闻　　（3）社会生活时事　　（4）娱乐信息

（5）体育信息　　（6）文化信息　　（7）教育信息　　（8）法制信息

（9）医疗保健　　（10）科技信息　　（11）宗教信息　　（12）其他

　　10. 您了解的农业信息内容偏重于哪一方面？（可多选，请打"√"）

（1）国内外大事　　（2）国家农村经济政策　　（3）市场、消费等信息

（4）实用知识与技术　　（5）有趣的新鲜事　　（6）教育孩子　　（7）休闲娱乐
保健　　（8）其他

　　11. 信息对您生活的影响作用？（选一项，请打"√"）

（1）影响很大　　（2）有些影响　　（3）可能有影响　　（4）没有影响

（5）不清楚

12. 您认为村里生活过得比较不错的人，信息对他们起的作用是？（选一项，请打"√"）

（1）影响很大　（2）有些影响　（3）可能有影响　（4）没有影响
（5）不清楚

13. 您经常参加哪一种信息服务？（可多选，请打"√"）

（1）党员干部现代远程教育　（2）文化资源共建共享服务站　（3）农村综合信息服务站　（4）农家书屋　（5）网上视频　（6）手机短信
（7）利用互联网进行农产品市场交易　（8）互联网电视（IPTV）
（9）网络呼叫服务　（10）电话咨询　（11）其他

14. 您认为自己找到的信息的有用程度是？（选一项，请打"√"）

（1）有用　（2）用处不大　（3）没用

15. 最喜欢的信息利用方式（可多选，请打"√"）

（1）合作社提供信息　（2）乡、村黑板报　（3）农技人员传授
（4）手机短信　（5）热线电话　（6）看电视　（7）上网查询信息
（8）集贸市场获取信息　（9）信息服务站（点）提供信息　（10）村头聊天
（11）农家书屋　（12）报纸、杂志、图书　（13）人际交往　（14）经纪人发布信息　（15）农业企业提供信息

16. 您对获取信息熟悉的程度？（选一项，请打"√"）

（1）熟悉　（2）知道一点　（3）不清楚

17. 您觉得哪类农业电视节目对您的作用最大？（可多选，请打"√"）

（1）中央台农业频道　（2）本地农业节目　（3）外地农业节目　（4）农业科技节目　（5）农业专题节目

18. 您每天查找农业信息时，需花费多长时间？（选一项，请打"√"）

（1）10分钟以下　（2）30分钟　（3）1个小时以上

19. 您获得了信息后，如果还不清楚怎么办，通常怎么解决？（可多选，请打"√"）

（1）找乡村能人　（2）找专业户或经纪人（3）找农技推广站
（4）找信息站　（5）上网查　（6）电话询问（如12316、农业科技"110"等）

20. 当前您在信息利用过程中面临的主要问题是？（可多选，请打"√"）

（1）文化程度低问题　（2）理解不透问题　（3）电脑操作问题
（4）知识不够　（5）信息与市场结合不起来

21. 您获取的农业政策的渠道是？（可多选，请打"√"）

（1）村委会　（2）村喇叭　（3）集贸市场　（4）图书报刊

（5）电视广播 （6）宣传材料 （7）信息服务站 （8）邻居、亲戚、朋友

22. 您平时掌握农业技术的信息是？（可多选，请打"√"）

（1）跟周围农户学习 （2）县乡村农技人员传授 （3）收看电视、收听收音机 （4）自己看书、报纸、杂志 （5）上农广校学习 （6）根据合同或订单 （7）农业合作社 （8）热线电话 （9）乡、村黑板报

23. 您在生产中曾获得过哪些有用的信息？（可多选，请打"√"）

（1）农业政策 （2）生产经营 （3）农产品市场 （4）农业科技信息 （5）适用技术 （6）科学知识 （7）法律法规

24. 您认为目前的信息服务对农业增产、农民增收起了什么作用？（选一项，请打"√"）

（1）起了一些作用 （2）没起什么作用 （3）说不清

25. 您需要的农业市场信息主要有？（可多选，请打"√"）

（1）新技术、实用技术 （2）新品种优良品种信息 （3）农兽药肥料 （4）农机质量 （5）病虫害预报、疫情 （6）全国农产品市场供求信息 （7）本地农产品市场价格 （8）本省农产品市场价格 （9）天气预报 （10）生产资料价格信息 （11）农产品订单信息 （12）农村政策和优惠措施 （13）农产品的收购信息 （14）生产资料供应信息 （15）农产品质量标准 （16）国际市场价格 （17）农产品进出口信息 （18）贮藏保鲜加工技术 （19）农产品加工信息 （20）田间管理技术

26. 您的农产品销售的主要信息渠道是？（可多选，请打"√"）

（1）在集市了解 （2）靠上门收购 （3）种养大户 （4）广播电视求购信息 （5）根据合同 （6）听邻居说 （7）看报纸、杂志 （8）信息服务站 （9）网上查询 （10）专业协会（合作社）等

27. 在农产品销售中，您最需要的信息服务方式是？（可多选，请打"√"）

（1）农业信息服务站 （2）网上发布信息 （3）电话咨询 （4）有人上门收购

28. 您生产经营的信息依据主要是？（可多选，请打"√"）

（1）根据市场情况变化安排 （2）去年啥卖得好今年就种养啥 （3）别人种养啥我种养啥 （4）按照自己的计划进行 （5）听从技术员或村干部安排 （6）随大家的情况种养 （7）了解信息再做决定

29. 您决定种植、养殖、加工计划的主要依据是？（可多选，请打"√"）

（1）自己的经验　　（2）农技人员介绍　　（3）参考大户的做法
（4）电视　　（5）报纸、杂志　　（6）村干部布置　　（7）网上查找　　（8）农业合作社组织　　（9）根据合同或订单

30. 在农业生产中，您最需要什么信息服务？（可多选，请打"√"）
（1）产前订单信息　　（2）省内相关市场信息　　（3）国内相关市场信息
（4）国外相关市场信息　　（5）农业投入信贷信息服务　　（6）农业生产资料供给信息服务　　（7）农业科技成果及服务　　（8）生产管理信息
（9）气象信息　　（10）防灾防病信息

31. 您认为哪种信息服务方式对您有实际帮助？（可多选，请打"√"）
（1）电视　　（2）互联网　　（3）电话　　（4）广播　　（5）书刊和科技小报
（6）科教录像光盘　　（7）讲座培训　　（8）技术示范、观摩　　（9）农业技术人员走访

32. 您在您的村子里可以享受哪些信息便利？（可多选，请打"√"）
（1）电视　　（2）网络（3）村务宣传公告黑板报　　（4）信息站服务
（5）技术培训　　（6）农家书屋

33. 您获得的信息方式主要有？（可多选，请打"√"）
（1）通过媒介了解　　（2）参加培训　　（3）自己边干边学　　（4）向别人学习　　（5）根据需要了解信息　　（6）看到效果后再干

34. 您得到过本村信息服务站（员）的服务吗？（选一项，请打"√"）
（1）经常得到　　（2）很少得到　　（3）没有得到　　（4）不清楚

35. 您的村信息服务站（员）提供给您的信息的有用程度是？（选一项，请打"√"）
（1）有用　　（2）用处不大　　（2）没用

36. 村信息站或农业技术员向您提供信息服务吗？（选一项，请打"√"）
（1）提供　　（2）不提供　　（3）有时提供　　（4）自己去问就提供

37. 您所在的地方政府以哪些方式开展农业信息服务？（可多选，请打"√"）
（1）电视　　（2）广播　　（3）网站　　（4）报刊　　（5）信息公告栏
（6）信息服务站　　（7）农业科技特派员　　（8）农业技术推广　　（9）派人上门服务

38. 您最希望政府向您提供的信息服务项目是？（可多选，请打"√"）
（1）定期发放免费 VCD、DVD 光盘　　（2）农业科技资料　　（3）开通免费的农业类电话咨询　　（4）开通免费互联网服务　　（5）在农民的手机上定期发布免费农业信息　　（6）村上有专门的信息服务人员定期上门服务

39. 您最喜欢的信息服务方式是？（可多选，请打"√"）

（1）农技人员传授　（2）中央电视台农业节目　（3）广播　（4）报纸、杂志　（5）图书资料　（6）信息服务站　（7）信息员、经纪人　（8）传单明白纸　（9）当地大户　（10）乡村能人　（11）服务电话　（12）黑板报　（13）村喇叭　（14）网站　（15）信息发布会　（16）手机短信　（17）专业技术协会（合作社）等　（18）产业化龙头企业

40. 您对得到信息服务的满意程度是？（选一项，请打"√"）

（1）很满意　（2）满意　（3）一般　（4）不满意　（5）很不满意

41. 您认为农村信息服务中存在的主要问题是？（可多选，请打"√"）

（1）信息服务人员水平较低　（2）信息服务不及时　（3）需求的信息和提供的信息不一致　（4）信息服务方式单一　（5）信息服务站不规范　（6）信息服务不到位　（7）说不清

42. 您是否明确自己需要什么信息？（选一项，请打"√"）

（1）很明确　（2）比较明确　（3）不太明确　（4）模糊　（5）说不清楚

43. 您通常能够找到自己需要的信息吗？（选一项，请打"√"）

（1）能　（2）有时能，有时不能　（3）不能

44. 您怎样掌握获取信息的方法？（选一项，请打"√"）

（1）自己摸索　（2）参加培训　（3）向别人学习　（4）别人帮助

45. 当您决定采用一条信息时，什么起了重要作用或关键作用？（可多选，请打"√"）

（1）网络　（2）电视　（3）报纸　（4）图书　（5）收音机　（6）电话　（7）亲戚、邻居、朋友　（8）村干部　（9）乡村能人　（10）技术培训　（11）政府　（12）宣传资料

46. 影响您信息使用的主要原因是？（选一项，请打"√"）

（1）不知道什么是信息　（2）不知道什么信息有用　（3）不知道信息的真假　（4）不熟悉方法　（5）文化水平低　（6）信息没有用

47. 您平时的信息费用支出主要用于？（可多选，请打"√"）

（1）购买图书　（2）订报纸杂志　（3）技术培训　（4）上网费　（5）电话费

48. 您手机的农业信息用途？（可多选，请打"√"）

（1）打电话咨询（12316、农业科技"110"等）　（2）短信发布农产品销售信息　（3）订制农业短信　（4）订制天气预报　（5）订制农业手机报

49. 您使用过"网上呼叫中心、远程视频对话"系统吗？（选一项，请打"√"）

(1) 使用过 (2) 没有 (3) 没有听说过

50. 如果信息服务可以带来效益，您是否愿意付费？（选一项，请打"√"）

(1) 可以付费 (2) 付一定的费用 (3) 不愿付费

51. 您认为对农民进行信息技术（或电脑）培训有作用吗？（选一项，请打"√"）

(1) 有作用 (2) 没有作用 (3) 说不清

52. 您平时在农家书屋喜欢阅读的书有哪些？（可多选，请打"√"）

(1) 文学 (2) 历史 (3) 农副产品加工 (4) 农业科学技术
(5) 农业种植养殖技术 (6) 日常生活知识 (7) 休闲娱乐 (8) 文化
(9) 医药卫生 (10) 子女教育 (11) 职业技能与教育 (12) 管理
(13) 社会趣味 (14) 体育 (15) 军事

53. 下列信息在您农业生产过程中的作用是？（请在词条后面打上记号：打"√"为产前需求，打"○"为产中需求，打"△"为产后需求）

靠上门收购_____，合作社指导_____，收看电视、收听收音机_____，当地农业企业收购_____，大户带动_____，报纸、杂志_____，参考邻居计划_____，网络查找_____，到集市了解价格_____，经纪人及合作社收购_____，农技人员介绍_____，自己的经验_____，村信息服务站_____，咨询电话_____，村干部推广安排_____，农技人员传授_____，信息服务站_____，手机发布_____，网络查询_____，根据订单与合同合作社指导_____，跟邻居大户学_____，看书、报纸、杂志_____，网络查询_____。

54. 您认为村级信息服务站最好建在什么地方？（选一项，请打"√"）

(1) 村委会 (2) 村小学 (3) 专业大户家 (4) 专业协会
(5) 合作社负责人家中 (6) 村干部家中 (7) 村口商店

55. 您家里有哪些信息设备？（可多选，请打"√"）

(1) 固定电话 (2) 手机 (3) 电视 (4) 收音机 (5) 电脑
(6) VCD、DVD机 (7) 图书 (8) 报纸 (9) 杂志 (10) 光盘

56. 您获得信息服务的困难主要有？（可多选，请打"√"）

(1) 无技术人员指导 (2) 村里没有信息服务场所 (3) 自己缺乏运用信息的能力 (4) 村里信息服务水平低 (5) 提供的信息没有用

（6）不需要信息

57. 您认为最应当优先建设的农村信息服务是？（可多选，请打"√"）

（1）农村信息员队伍建设 （2）"三农"呼叫中心的建立健全 （3）涉农数据库的共建共享 （4）互联网的进村入户 （5）村级信息服务站的完善

58. 您认为农村信息服务应该以谁为主要推动力量？（可多选，请打"√"）

（1）政府 （2）农业协会 （3）农业合作社 （4）电信企业 （5）农业经济组织 （6）农业服务企业 （7）乡村能人 （8）种养大户

59. 如果满分是 10 分，让您评价政府对农民信息需求提供的服务质量，那么您觉得该得多少分？（选一项，请打"√"）

（1）7 分以上 （2）6 分 （3）5 分 （4）4 分以下

60. 您认为农业信息利用效率不高的原因是？（可多选，请打"√"）

（1）信息不适用 （2）信息内容滞后 （3）服务不到位 （4）自己信息素质不够 （5）经济条件不允许 （6）基础设施不到位 （7）没有专人管理

61. 您了解家庭农场的概念吗？（选一项，请打"√"）

（1）知道 （2）知道一些 （3）不清楚

62. 您觉得家庭农场的发展关键是什么？（选一项，请打"√"）

（1）职业农民 （2）经营规模 （3）扶持政策 （4）先进的经营管理方式 （5）工商企业大面积租种农户承包耕地

63. 如果有条件，您愿意开办农场吗？（选一项，请打"√"）

（1）愿意 （2）没考虑过 （3）不知道

64. 请写一个您最熟悉的农村信息方面的一个词或一句话。（请在"_____"处直接填写）

_____

_____

65. 您对农村信息建设和服务有何想法或建议？（请在"_____"处直接填写）

_____

_____

_____